国家社会科学基金重大招标项目资助成果

中国城市公用事业特许经营与政府监管研究

仇保兴　王俊豪　等著

中国建筑工业出版社

图书在版编目（CIP）数据

中国城市公用事业特许经营与政府监管研究/仇保兴
王俊豪等著. —北京：中国建筑工业出版社，2014.5
ISBN 978-7-112-16855-2

Ⅰ. ①中… Ⅱ. ①仇… Ⅲ. ①公用事业-特许经营-监管

制度-研究-中国 Ⅳ. ①F299.241

中国版本图书馆 CIP 数据核字（2014）第 098705 号

　　本书分析了城市公用事业的特征和性质，探讨了城市公用事业特许经营的相关理论。在大样本调研的基础上，本书对我国城市水务、管道燃气和垃圾处理这三个典型行业特许经营的实践问题作了剖析，分析了城市公用事业特许经营对政府监管的需求，构建了相应的特许经营监管体制框架，讨论了特许经营监管的主要内容，并对上述三个行业特许经营监管的典型案例作了分析。

责任编辑：石枫华　兰丽婷
责任设计：董建平
责任校对：姜小莲　赵　颖

中国城市公用事业特许经营与政府监管研究
仇保兴　王俊豪　等著
*
中国建筑工业出版社出版、发行（北京西郊百万庄）
各地新华书店、建筑书店经销
北京红光制版公司制版
北京云浩印刷有限责任公司印刷
*
开本：787×1092 毫米　1/16　印张：19¾　字数：300 千字
2014 年 5 月第一版　　2014 年 5 月第一次印刷
定价：**52.00** 元
ISBN 978-7-112-16855-2
（25643）

序

在新中国成立后的相当长一段时期里，我国对城市公用事业基本上实行政府直接投资、国有企业垄断经营的管理体制。改革开放后，特别是党的十六届三中全会以来，我国相继出台了一系列重要政策，鼓励非公有制经济进入包括城市公用事业在内的领域。原国家建设部在 2002 年 12 月就制定了《关于加快城市公用事业市场化进程的意见》，2004 年 2 月颁布了《城市公用事业特许经营管理办法》，2005 年 9 月又颁布了《关于加强城市公用事业监管的意见》。这些重要政策推动了我国城市公用事业的特许经营与政府监管改革。但在政策实践中，不少地方对城市公用事业还没有实质性改革，继续沿用政企合一、政事合一、政资不分的管理体制，表现为对某些城市公用行业或项目的特许经营权大多采取行政授予的方式，缺乏通过市场竞争优选特许经营者的激励机制，从而不能有效发挥特许经营制的作用。同时，不少城市尚未建立与特许经营相适应的监管体制，存在缺乏必要的法规政策体系、监管职能分散、社会监督机制不完善等问题。这严重影响了政府对城市公用事业特许经营的有效监管。

党的十八届三中全会通过的《关于全面深化改革若干重大问题的决定》明确提出，对包括主要城市公用行业在内的自然垄断行业，要实行以政企分开、政资分开、特许经营、政府监管为主要内容的改革，根据不同行业特点实行网运分开、放开竞争性业务，推进公共资源配置市场化，进一步破除各种形式的行政垄断。坚持权利平等、机会平等、规则平等，废除对非公有制经济各种形式的不合理规定，消除各种隐性壁垒，制定非公有制企业进入特许经营领域具体办法。这为深化我国城市公用事业改革，推进城市公用事业特许经营，加强政府有效监管提供了重要的指导思想。

为推进我国城市公用事业特许经营和政府监管领域的深入改革，需要以实践问题为导向进行理论研究。本书基于对全国 31 个省级建设厅（局）、391 个城市的公用事业主管部门和 1917 家城市公用企业（其中，城市水务企业 976 家，城市燃气企业 609 家，城市垃圾处理企业 332 家）的问卷调查，并赴部分典型城市作了实地调研，掌握了大量第一手资料。本书对城市水务、管道燃气、垃圾处理这三个主要城市公用行业特许经营的现状、成效和问题作了客观的评价，在此基础上，分析了城市公用事业特许经营对政府监管的客观需求，构建了一个城市公用事业特许经营监管的理论体制框架，并讨论了主要监管内容。

本书以新兴的管制经济学为基本理论，以中国城市公用事业特许经营与政府监管改革实践为基础，强调理论联系实际，并努力在以下方面具有特色：

1. 系统探讨了城市公用事业特许经营的基本理论。从理论上分析了特许经营的渊源和实质，对目前学界和实践中较为模糊的，与特许经营相关的概念和内容作了系统阐释和深入研究，主要包括城市公用事业特许经营、商业特许经营、行政许可、政府购买服务与公私合作（PPP）等，探讨了城市公用事业特许经营与这些相关概念之间的联系和区别，以更准确地把握城市公用事业特许经营。在此基础上，本书还专题讨论了城市公用事业特许经营的四个关键问题和特许经营的三类模式及其具体方式。这为推进城市公用事业特许经营提供了重要的理论基础。

2. 对典型城市公用行业的特许经营实践、成效进行了深入的实证分析和案例研究。本书以城市水务、管道燃气、垃圾处理这三个典型城市公用行业为例，通过问卷调查（调查涉及 31 个省市的 1917 家城市公用企业）和实地调研对特许经营现状进行了深度的分析，并对这些行业特许经营取得的成效和存在的问题进行了实证研究和客观评价。同时，本书选取了城市水务、管道燃气、垃圾处理三个行业的特许经营案例，分别就各案例的项目背景、实施过程、政府监管和实施效果等方面作了详细阐释和具体分析，总结了各行业在实施特许经营方面的经验和教训。

3. 分析了城市公用事业特许经营产生的负面效应与监管需求。本书在肯定中国城市公用事业特许经营取得成效的同时，客观分析了在特许经营中一些城市出现的国有资产流失、价格过快上涨、普遍服务难以保障、政府承诺缺失和政府高价回购等负面效应及其原因，包括对特许经营的目标认识模糊、缺乏有效的法规政策、对特定的特许经营项目缺乏科学论证、缺乏对民营企业的有效监管等。论证了许多负面效应和一些城市政府对特许经营的监管缺位高度相关，在此基础上系统分析了城市公用事业特许经营对政府监管的客观需求，探讨了城市公用事业特许经营政府监管的目标。

4. 构建并论证了以实现有效监管为目标的城市公用事业特许经营监管体制框架。为适应城市公用事业特许经营对政府监管的新需求，实现有效监管，需要明确城市公用事业特许经营监管的基本原则，建立健全符合中国特色社会主义市场经济体制要求的监管体制。城市公用事业特许经营监管体制主要由城市公用事业特许经营的法律制度、监管机构和监督机制构成。其中，法律制度是城市公用事业特许经营有效监管的基础，相对独立的监管机构是有效监管的必要条件，多层次的监督机制是实施有效监管的保障。

5. 提出并论证了城市公用事业特许经营监管的主要内容。保障城市公用事业特许经营的高效率，需要加强政府对特许经营的全过程监管。因此，本书重点从特许经营权的招投标过程监管、特许经营协议签订的监管、特许经营协议执行的监管、特许经营终止与退出的监管等四方面来论证特许经营监管的主要内容。

本书是国家社会科学基金重大项目"中国城市公用事业政府监管体系创新研究"（批准号：12&ZD211）的阶段性成果。共同参与本书调研和撰写工作的有浙江财经大学、住房和城乡建设部城市建设司等相关部门，因此，本书也是浙江省 2011 协同创新中心"城市公用事业政府监管协同创新中心"的合作研究成果。同时，本书还得到浙江省哲学社会科学重点研究基地"政府管制与公共政策研究中心"的资助。参加本书撰写的还有浙江财经大学王建明教授、李云雁副研究员、陈无风博士和浙江工商大学周小梅教授。浙江财经大学王岭博士，博士研究生赵丽莉、龚道孝、宋炳坚等在课题调研、资料收集和整理等方面也做了大量工作。住房和城乡建设部城建司陆克华司长、陈蓁蓁巡视员等对本书的一些基本观点提出了建设性意见，并在课题调研和资料收集等方面给予大力支持。在此对大家一并表示感谢。

城市公用事业特许经营和政府监管是我国近年来经济体制改革中产生的新事物，可资参考的文献资料有限，实证资料缺乏系统性，加上笔者水平有限，在本书中难免存在一些缺陷，敬请大家批评指正，共同推进这一领域的科学研究，更好地为实践服务。

2014 年 3 月 28 日于北京

目　录

第一章　城市公用事业的特征和性质

本章讨论了公用事业和城市公用事业的区别与联系，分析了城市公用事业的主要特征，把城市公用事业分成网络型城市公用事业和无网络型城市公用事业这两种基本类型。在此基础上，运用公共产品理论探讨了城市公用事业的基本性质，为城市公用事业实行特许经营制度提供理论基础。

第一节　公用事业和城市公用事业

一、公用事业的范围

公用事业（Public Utilities）与公共需要（Public Demands）紧密相关，公用事业是为满足不断增长的公共需要而产生和发展的。而公共需要是一个社会为保证其物质生产、文化生活和公共秩序必不可少的整体需要。显然，公共需要具有多样性、复杂性和动态性等特点。因此，与公共需要相适应，广义的公用事业等同于公共事业，是指那些面向全社会，以满足社会公共需要为基本目标，直接或间接为国民经济和社会生活提供服务或创造条件，并且不以营利为主要目的的社会事业。它主要包括教育、科技、文化、卫生、基础设施、公共住房、社会保障、环境保护等事业。[①]而狭义的公用事业是指通过基础设施向个人和组织提供普遍必需品和服务的产业，主要包括电力、电信、邮政、铁路、

---

① 参见：朱仁显．公共事业管理概论．北京：中国人民大学出版社，2003：7.

有线电视、燃气、供热、供水和污水处理、公共交通、垃圾回收及处理等。[①] 显然，与本书讨论的城市公用事业相关的主要是狭义的公用事业。

可见，无论是广义的公用事业（公共事业）还是狭义的公用事业，其共同特点是，公用事业的服务对象是社会公众，目标是满足特定时期的社会公共需要，社会公众都有权享受公用事业所提供的各种产品（包括服务），因此，公用事业具有明显的公用性特点。而两者的区别是，狭义的公用事业只是广义的公用事业（公共事业）的组成部分，两者是从属关系。狭义的公用事业通常需要以一定的基础设施（主要是物理性的网络系统和一定的物质形态）为物质载体，更为普遍地向社会公众提供必需品的行业。

从现实情况分析，提供各种公用产品的主体既有科技、教育、文化和卫生等事业单位，也有电力、电信、供水和供气等公用企业。因此，根据公用产品的提供主体不同，狭义的公用事业主要是由公用企业提供产品的那些公用事业，而广义公用事业的提供主体除公用企业外，还有大量的事业单位。当然，广义和狭义的公用事业的边界具有动态性，随着中国事业单位管理体制改革的不断深化，部分事业单位将会转为企业，直接向市场提供有偿的公用产品。

二、城市公用事业的相关概念和范围

与城市公用事业（Urban Public Utilities）相关的概念主要有市政公用事业、城市公共事业、城市基础设施等。[②]不少学者对这些基本概念有不同的描述，但对城市公用事业尚缺乏较为明确的定义，而且理论界和实际部门对这些概念又有不同的理解。例如，刘戒骄认为，城市公用事业是受公共利益影响的产业及其活动，其范围包括为社会提供天然气、人工煤气、热力、洁净水、电力、垃圾处理和公共交通等产品和服务的产业。[③]卢洪友则把城市公共事业界定为：它

---

① 刘戒骄. 公用事业：竞争、民营与监管. 北京：经济管理出版社，2007：1.
② 显然，城市基础设施是城市公用事业的物质基础，是城市公用行业提供公用产品必不可少的物质载体。
③ 刘戒骄. 城市公用事业的放松管制与管制改革. 改革，2000，（6）.

是指那些生产或提供，供城市居民（包括自然人和法人）集体消费或使用的具有程度不同的非竞争性和非排他性混合商品的产业总和。[①] 而更多的学者在讨论城市公用事业时，主要是界定城市公用事业的业务范围，而且是大同小异。在实际部门，主要使用"市政公用事业"这一概念，并将其定义为：市政公用事业是为城镇居民生产生活提供必需的普遍服务的行业，主要包括城市供水排水和污水处理、供气、集中供热、城市道路和公共交通、环境卫生和垃圾处理以及园林绿化等。[②]

我们认为，城市公用事业是整个社会公用事业的一个"子集"，从属于公用事业，因此可以把城市公用事业界定为：以公共利益为基本目标，为城市居民和企事业单位普遍提供生产生活必需的公用产品（包括服务）的行业集群。构成城市公用事业的各个行业又由提供同类公用产品的公用企业组成。例如，一个城市的供水行业是由所有供水企业组成，这些供水企业可能实行取水、制水、管道输水和销售等垂直一体化生产经营，也可能实行垂直分离，只从事供水过程中的单一业务（如制水）。这一定义强调，城市公用事业以公共利益（而不是以私人利益）为基本目标导向，其服务对象主要是城市居民和所在城市的企事业单位，其提供的公用产品是为满足城市社会的公共需要，它是由多个特定公用行业组成的集群，这些行业相互联系、相互促进，共同承担城市公用事业的整体职能。

第二节 城市公用事业的主要特征

城市公用事业的行业范围比较广泛，而且这些行业之间存在很大的差别，但从总体上而言具有以下特征。

---

① 卢洪友. 中国城市公共事业经营管制机制研究. 北京：经济管理出版社，2007.
② 参见原建设部 2005 年 9 月 10 日颁布的《关于加强市政公用事业监管的意见》。

一、基础性

城市公用事业在城市经济发展和社会生活中具有基础性地位，主要体现在两方面：一是城市公用事业所提供的公用产品是城市经济部门进行生产经营和人们生活的基础性条件，城市公用事业不但为制造业、加工业、商业和服务业等产业的生产经营活动提供必要的水、气、城市道路等基础条件，也为城市居民提供必要的生活基础；二是城市公用事业所提供的公用产品价格构成了其他部门产品和服务的成本，其性能和价格的变化，必然对其他部门产生连锁反应。同时，城市公用事业的基础性，意味着城市公用事业具有先导性，要发展城市经济，提高城市文化、生活水平，就要求优先发展城市公用事业。

二、垄断性

城市公用事业具有投资额大，投资回报期长、资产专用性强、沉淀成本大、规模经济与范围经济显著等特点，因此，从技术经济的角度看，城市公用事业存在成本弱增性（Subadditivity），表现为：在特定的业务范围内，由一家企业提供一定数量的产品比两家或两家以上的企业提供相同数量的产品具有更大的生产效率，即具有自然垄断性。同时，由于城市公用事业在整个社会中具有十分重要的地位，对国计民生具有重大影响，为避免重复和浪费，需要通过一定的法律程序，允许其垄断经营。这些都是城市公用事业不可能实现充分竞争，政府必须实行准入监管，采取特许经营的基本理论依据。

三、网络性

许多城市公用事业具有生产、输送、销售等业务垂直一体化的特点，其中网络输送业务是核心业务，许多产品只有通过物理网络才能进入消费领域。[1]因

---

① 有的学者认为，在我国，公用事业可以进一步划分为以全国性网络和以区域性网络为基础的公用事业，燃气、供热、供水和污水处理、公共交通、垃圾回收及处理、有线电视等产业的网络具有区域性的特点，城市公用事业通常就是指这些区域性公用事业。但在实践中，园林绿化、道路与河道养护、道路照明等行业也属于城市公用事业的重要行业。

此，这些城市公用事业必须有一个完整统一的网络，并实行全程全网联合作业，实现网络的有效协调和高效运行。因此，这些城市公用行业通常被称为网络性行业（Network Industries）。而建立与形成供水和燃气管道网络等往往需要巨大的投资，投资回报期较长，资产专用性强，沉淀成本大。但这些网络建成投入使用后，对生产者而言，表现为较高的固定成本和较低的边际成本，规模经济十分显著。而对需求者来说，使用者越多，所分摊的成本价格就越低，具有较为显著的需求方规模经济。为此，政府应鼓励企业投资、扩大网络，并提高网络运行效率，以增强城市公用事业的供给能力，更好地满足城市生产和生活的需要。

四、外部性

作为城市基础设施行业，城市公用事业的发展，不仅会相互促进这些行业的自身发展，而且为推动整个城市社会经济发展提供基础条件，从而产生巨大的正外部性。但除正外部性外，城市公用事业的某些活动也会产生负外部性，例如，未经完全处理的污水流入江河、海洋会造成水污染；又如，如果缺乏适当的生产工艺和装备，在生产燃气的过程中，会产生大气污染。因此，政府监管的一个重要目标，就是要鼓励企业采取能产生正外部性的行为，防止企业采取产生负外部性的行为。

五、公用性

城市公用事业所提供的许多产品，与其他产品不同，一般不是为特定对象服务，而是为大众服务，而且在使用和服务过程中一般不能独占或排他性消费，具有明显的公用性。这意味着经营城市公用事业的公用企业应承担普遍服务义务，向所有存在现实或潜在需要的消费者，以可承受的、无歧视的价格提供公用产品，并满足以下要求：

（1）可获得性。即只要消费者需要，公用企业都应该高效率地向消费者提供有关产品。

（2）非歧视性。对所有消费者一视同仁，在服务价格、质量等方面不因地理位置、种族、宗教信仰等方面的差别而存在歧视。

（3）可承受性。即产品价格应该合理，使大多数消费者都能承受。

同时，城市公用事业所提供的许多产品，不仅是城市居民的生活必需品，需求弹性较小，而且下文将要详细讨论，城市公用事业的性质决定了其提供的产品是那些介于公共物品和私人物品之间的准公共产品，具有公益性的特点。这些都决定了城市公用事业还具有政策性，即使对城市公用事业实行市场化改革后，也不能完全根据市场机制定价，政府仍然需要监管价格，采取低价政策，切实保护广大居民消费者的利益。

六、地域性

这是城市公用事业区别于电信、电力、铁路等具有全国性网络的自然垄断行业的一个重要特征。由于各地区在自然条件、经济发展水平、地方政府财政状况、居民消费水平和城市公用事业管理体制等方面存在较大差异，这决定了各地城市公用事业具有较显著的地域性。对此，有的学者早已指出，一项公共工程，如不能由其自身的收入维持，而其便利又只限于某特定地方或某特定区域，那么把它放在国家行政当局管理之下，由国家一般收入维持，总不如把它放在地方行政当局管理之下，由地方收入维持，来得妥当。① 有的学者更直接地指出，铺设道路、安装路灯、打扫街道，这类工作有时是由中央政府来做，但更多的时候而且一般说来也更为适当地是由市政当局来做。② 这也决定了城市公用事业不可能在全国采取一种完全统一的特许经营和监管模式。

七、整体性

城市公用事业是由众多行业集合而成的综合系统，并作为一个整体的系统

---

① 亚当·斯密. 国民财富的性质和原因的研究（下卷）. 北京：商务印书馆，1974：292.
② 约翰·穆勒. 政治经济学原理（下卷）. 北京：商务印书馆，1997：371.

提供其特殊的产品，其建设和经营都要从整体上考虑。这种整体性具体表现在两个方面：一是城市公用事业的服务能力是由各个子系统综合形成的，缺一不可，在城市公用事业的开发、建设、经营和管理中需全盘考虑、统筹安排。如城市道路、供排水管网等就需作为一个有机整体进行规划建设。二是从功能和效率发挥的角度看，城市公用事业内部各个子系统之间还须保持合理的比例关系。如城市供水系统中的制水能力需与供水管网设施的传输能力相匹配，以形成一定的供水能力，而城市运输系统中的道路规模必须与交通运输设施保持一定的比例，以形成一定的运输载荷能力。因此，应根据城市发展前景与功能，综合考虑经济实力等各种因素，做好城市公用事业发展规划。

第三节　城市公用事业的行业类型

城市公用事业由多个行业组成，各特定行业具有不同的特点。根据特定行业在提供公用产品过程中是否必须通过输送管网，我们可以把城市公用事业分成网络型城市公用事业和无网络型城市公用事业这两种基本类型。

一、网络型城市公用事业的特点

城市供水、污水处理、管道燃气、供热、城市公交（特别是轨道公交）等行业尽管提供的产品完全不同，但这些行业的共同特点是，在向消费者提供产品的整个供应链中，必须通过一定物理输送网络，才能完成整个生产供应过程。所以这类城市公用事业和电信、电力、铁路运输行业一样，也被称为网络型行业（Network Industries）。网络型城市公用事业是一个城市公用事业的主要基础设施行业，具有以下基本特点：

（一）投资额大、投资回收期长

网络型城市公用事业以城市供水管网、污水处理管网、燃气管道网、供热管网和城市公交道路网为核心基础设施，这些基础设施必须具有一定的覆盖面才能产生效用，而且这些基础设施的造价较高。另一方面，这些基础设施的建设周期较长，即使投入使用后，也不能通过向消费者收取高价而在短期内收回投资成本。这些都决定了网络型城市公用事业的投资额大，而且投资回收期长。

（二）资产专用性强、沉淀成本大

网络型城市公用事业的资产专用性很强，其基础设施建成后，只能用于提供特定的产品或服务，而且不能转作他用。例如，供水和燃气等行业的管网一旦埋设，就难以再起用于其他地方或其他用途，因此，其沉淀成本很大。

（三）规模经济显著、外部性明显

在可容纳的范围内，网络型城市公用事业的消费量越大，单位成本就越低，边际成本呈递减状态，呈现出显著的规模经济。而且，网络型城市公用事业具有明显的外部性，网络型城市公用事业的发展，能优化城市的生产和生活环境，为促进整个城市社会经济发展提供更好的基础条件，从而产生正外部性。当然，如果网络型城市公用事业管理不善，可能造成管网爆破危及财产和生命安全，也可能产生水污染、空气污染、噪声污染等负外部性问题。

二、网络型城市公用事业中不同业务领域的性质

（一）自然垄断基本理论

为说明网络型城市公用事业中不同业务领域的性质，有必要简要讨论自然垄断理论。网络型城市公用事业中的物理网络是自然垄断的物质基础，因此，网络型城市公用事业又被称为自然垄断性城市公用事业。直观地看，特定城市的供水、管道燃气等行业中的管道输送业务由一家企业经营比两家或更多企业经营效率更高，而从理论上分析，这都源于这些行业的自然垄断性。

经济学家们对自然垄断有不同的描述，如克拉克森（Clarkson）等经济学家主要是从规模经济的角度来说明自然垄断产业的技术经济特性的。[①] 沃特森（Waterson）则认为，自然垄断是这样一种状况：单个企业能比两家或两家以上

---

① Kenneth W. Clarkson, Roger Leroy Miller. Industrial Organization: Theory, Evidence and Public Policy. McGraw-Hill Book Company, 1982: 119.

的企业更有效率地向市场提供相同数量的产品。[1] 而夏基（Sharkey）和鲍莫尔（Baumol）等著名学者则认为，自然垄断最显著的特征是其成本函数的弱增性（Subadditivity）。[2]

如果某一行业中的企业只提供单一的产品，则这一行业具有自然垄断性的基本条件是，在一定的产业范围内，由一家企业提供产品比多家企业共同提供产品具有更高的效率。若以 Q 表示产量，以 C 表示成本函数，以 $C(Q)$ 表示一家企业提供产量 Q 所发生的各种成本；为方便起见，假定其他企业的成本函数也为 C，如果产量 Q 由 k 家企业共同生产，企业 i 的产量为 q_i，则 k 家企业生产 Q 产量的成本之和如式（1-1）所示：

$$C(q_1) + C(q_2) + \cdots + C(q_k) = \sum_{i=1}^{k} C(q_i) \tag{1-1}$$

则该行业在产量 Q 范围内存在自然垄断性的充要条件如式（1-2）所示：

$$C(Q) < \sum_{i=1}^{k} C(q_i) \tag{1-2}$$

在式（1-2）中，$Q = \sum_{i=1}^{k} q_i, k \geqslant 2$。 $\tag{1-3}$

为进一步说明规模经济与成本弱增性的关系，我们以图 1-1 加以说明：

图 1-1 显示了单个企业的平均成本曲线。在产量达到 Q' 之前，平均成本是不断下降的，当产量超过 Q' 后，平均成本就开始上升。即当产量小于 Q' 时存在规模经济，产量大于 Q' 时则存在规模不经济。

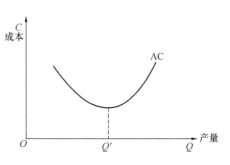

图 1-1　单个企业的平均成本曲线

成本弱增性所要讨论的是，由一家企业提供整个产业的产量成本较低还是

① Waterson M. Regulation of the Firm and Natural Monopoly. Oxford：Basil Blackwell，1988.

② William W. Sharkey. The Theory of Natural Monopoly. Cambridge University Press，1982：4-5；W. J. Baumol. On the Proper Cost Tests for Natural Monopoly in a Multiproduct Industry. American Economic Review，December 1977.

这家企业与另外的企业共同提供相同产量的成本较低。显然，当产量小于 Q' 时，由一家企业生产能使成本最小化，所以，在这一产出范围内，成本当然是弱增的。为了考察当产量大于 Q' 时能使成本最小的方案，我们可引进两个企业的最小平均成本函数，在图 1-2 中，我们假定这两个企业具有相同的生产效率，则 AC_2 就是这两个企业的平均成本曲线，而 AC_1 则是从图 1-1 中复制过来的单个企业的最小平均成本曲线。

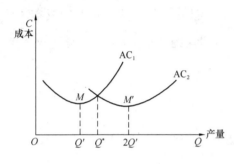

图 1-2　两个企业的平均成本曲线

在图 1-2 中，AC_1 和 AC_2 在产量为 Q^* 点处相交，Q^* 点决定了成本弱增的范围，当产量小于 Q^* 时，由单个企业生产成本最低，所以，在此范围内成本函数是弱增的。值得注意的是，成本弱增性是描述自然垄断经济特征的最好方法，尽管在产量 Q' 与 Q^* 之间存在规模不经济，但从社会效率看，由一个企业生产效率最高。由此可见，规模经济并不是自然垄断的必要条件，决定自然垄断的是成本弱增性。根据自然垄断的成本弱增性程度，我们还可以将自然垄断分为"强自然垄断"和"弱自然垄断"。在成本弱增的前提下，在平均成本持续下降，平均成本大于边际成本的范围内（即在图 1-2 中，当产量小于 Q' 时），被称为"强自然垄断"；而在成本弱增的前提下，在平均成本呈上升趋势，边际成本大于平均成本的范围内（即在图 1-2 中，产量在 Q' 与 Q^* 之间时），被称为"弱自然垄断"。

（二）网络型城市公用事业中的自然垄断性业务和竞争性业务

从整体上而言，在城市供水、污水处理、管道燃气、供热、城市公交（特别是轨道公交）这五个网络型城市公用事业中，都具有以物理网络为物质基础的自然垄断性业务，因此这些行业被称为自然垄断性行业。但这并不等于这些行业的所有业务都是具有自然垄断性质的。事实上，这些行业既有自然垄断性业务，又有竞争性业务（非自然垄断性业务），例如，城市供水行业包括自来水生产、管道输送和销售这三个主要业务领域，其中只有供水管道输送属于自然垄断性业务，而自来水生产和销售则是竞争性业务。从大量的国内外文献资料看，多数学者认为，城市公用事业中自然垄断性业务是指那些固定网络性操作业务，如供水、污水处理、管道燃气等行业中的管道输送业务，其他业务则属于竞争性业务。

进一步分析，在上述 5 个行业的自然垄断性业务中，按照自然垄断程度，自然垄断性最强的是供水和污水管道网络业务，这是因为，自来水是所有居民的生活必需品，没有替代品，而且需要整个城市联网供应自来水，然后集中实行污水处理；其次是燃气和供热管道网络业务，因为管道燃气和供热具有电力等替代品，并不是生活必需品，特别是供热系统可在较小范围内独立运行；自然垄断性最弱的是城市公交道路网络业务，它和其他网络业务相比具有特殊性：一是因为城市公交道路除城市主干道路外，建设成本相对较低，并可根据需要容易改道；二是因为在城市公交道路网络业务中，即使同一条线路也可由两家或更多家企业同时运作，成本弱增性并不明显。

表 1-1 列出了城市供水、污水处理、管道燃气、供热、城市公交（特别是轨道公交）这五个网络型城市公用事业的两类不同性质的业务领域。

网络型城市公用事业的自然垄断性业务与竞争性业务　　　　　　　表 1-1

行业名称	自然垄断性业务	（潜在）竞争性业务
供水	供水管道网络	自来水生产、销售业务等
污水处理	污水管道网络	污水收集、处理业务等
管道燃气	燃气管道网络	燃气生产、储存、销售业务等
供热	供热管道网络	热能生产、销售业务等
城市公交	城市公交道路网络	公交车辆运行、票务业务等

值得一提的是，由于网络型城市公用事业具有动态性，随着技术的进步和市场范围的扩大，其自然垄断性业务和竞争性业务领域也会作相应调整。因此，表 1-1 只是根据目前和可预见的将来的技术经济特征，对上述五个网络型城市公用事业的两类不同性质的业务作了粗略的划分。其目的是为讨论不同类型的城市公用事业的特许经营做必要的准备。

三、无网络型城市公用事业的特点

无网络型城市公用事业是指那些提供产品或服务过程中无需管网系统支持的城市公用事业，主要包括垃圾处理、园林绿化、道路与河道养护、道路照明、环卫等行业。这些行业的基本特点是：

1. 其功效具有公共产品性质

无网络型城市公用事业似乎和城市生产与居民生活没有直接的联系，因此通常难以向企业和城市居民收费。大多属于非经营性行业，其产生的功效具有类似于公共产品的性质。

2. 具有外显性

无网络型城市公用事业是一个城市的"脸面"，在美化城市，吸引旅游者，为城市居民提供舒适、优雅、卫生的生活环境等方面具有特别重要的作用。

第四节　城市公用事业的基本性质

一、公共产品基本理论

（一）公共产品的基本特点

公共产品（Public Goods）是一个外来词，也被称为公共物品、公共品、共用品等。国内外学者对其有不同的定义，例如，国外学者代表性的观点认为，公共产品有两个特点，一是对它们的理性使用不可能，二是对它们的理性使用也不必要。也就是说，前者意味着排除某一个体对它的消费是不可能的或者成本太高；后者意味着该产品在消费上具有非竞争性，即一个人的消费并不减少其他人对该产品的消费。[①] 而国内学者代表性的观点是，公共产品是指一个人对

---

① Kienzle E. C. Study Guide and Readings for Stiglitz Economics and Public Sector. W. W. Norton & Company，1989. 转引自：吕振宇. 公共物品供给与竞争嵌入. 北京：经济科学出版社，2010：30.

某些产品的消费并不减少其他人同样消费或享受利益。公共产品的特征表现为消费的非竞争性和提供的非排他性。①

可见，综合国内外学者对公共产品的讨论，公共产品具有两个基本特征：一是非排他性（Non-excludability）。对某种特定产品的使用进行收费也许是不可能的，或者耗费极大的。换言之，将无贡献者排除在外也许是不可能的。这基本上是一个技术问题，并取决于可获得的技术。② 即公共产品是供社会公众消费的，它被提供后就无法排除一部分人消费，或排除的成本太大，在经济上得不偿失。二是非竞争性（Non-rivalry）。当增加一个人消费某产品的边际成本为零时，这种产品就可以说在消费上是非竞争的。即某公共产品在一定的容量范围内，并不增加提供这一产品的可变成本，因此也不增加其边际成本。灯塔的服务是公共产品的一个经典例子。塔顶的灯亮了，很多船只都可以一起用灯塔的"普照之光"而得益。当一条船利用灯塔的时候，它一点也没有影响其他船只去共用同一灯塔。此外，国防、法律制度、路灯、无线电广播、环境保护、新鲜空气等也是公共产品的典型例子。

（二）纯公共产品和准公共产品

在现实世界中，完全符合严格定义公共产品很少，因此，一些学者从消费技术角度研究了准公共产品，认为完全具有非排他性和非竞争性的纯粹公共产品在现实生活中较少，而准公共产品（只具有局部非排他性和局部非竞争性的产品）较多，从而推动了公共产品理论的发展。③有的学者甚至认为，我们已经知道了公共产品的定义，但应该马上意识到，大概现实中没有哪种产品会满足纯公共产品的严格定义，甚至国防和制止犯罪也都不是谁都可以同等得到的（公共产品）。④

为此，根据公共产品的非排他性和非竞争性的程度，国内外学者一般将公

①　胡代光，周安军．当代西方经济学者论市场经济．北京：商务印书馆，1996：18-19.
②　阿特金森，斯蒂格利茨．公共经济学．上海：上海三联书店，上海人民出版社，1994：619-620.
③　详见：尹伯成．西方经济学说史．上海：上海复旦大学出版社，2000：424-425.
④　史蒂文斯．集体选择经济学．上海：上海三联书店，上海人民出版社，2003：74.

共产品分为纯公共产品（Pure Public Goods）和准公共产品（Quasi-Public Goods）两大类。① 纯公共产品是具有完全的非排他性和非竞争性的公共产品，如上述的国防、法律制度等。而准公共产品只是具有有限非排他性和非竞争性的公共产品，绝大多数公共产品都属于准公共产品。同时，准公共产品又可分为两类：一类是与规模经济有联系的公共产品，如铁路运输系统、邮政系统、供水系统、下水道系统、天然气煤气系统、电力输送系统、电话电讯系统、道路照明设施等。这类公共产品多属社会基础设施。另一类为优效产品或福利产品（Merit Goods），② 主要指那些不论人们的收入水平如何，一般都应该消费或强制性消费的公共产品，如社会卫生保健、中小学教育、传染病免疫措施、使用安全带等必要的社会安全保障条件。由于纯公共产品和准公共产品中的优效产品涉及复杂和广泛的研究领域，主要是政治和社会保障、福利制度的研究内容，与本书直接相关的主要是准公共产品中与规模经济相联系、属于社会基础设施的那部分城市公共产品。

（三）公共产品的拥挤性

以布坎南（James M. Buchanan）为代表的一些经济学家对公共产品的拥挤性问题进行了深入的研究，提出了著名的"俱乐部经济理论"（Economic Theory of Clubs）。③ 他们把那些介于私人产品和公共产品之间产品称为"俱乐部产品"，其一个特点是有限的非排他性，即俱乐部产品对俱乐部全体会员来说具有非排他性，而对非俱乐部会员存在排他性。另一个特点是有限的非竞争性，即在一定的消费容量范围内，单个会员对俱乐部产品的消费不会影响其他会员对同一产品的消费，但一旦超过一定的临界点后，非竞争性就会消失而产生拥挤状态。这种公共产品的"拥挤性"（Congested）特点，可用图 1-3 直观表示。

---

① 参见：郑秉文. 市场缺陷分析. 沈阳：辽宁人民出版社，1993：206-210.

② 参见：Joseph E. Stiglitz. Economics of the Public Sector. W. W. Norton & Company，1988：80-81.

③ 详见：J. M. Buchanan. An Economic Theory of Clubs. Economica，1965，vol. 32：2；J. T. Sandler Tand Tschirhart. The Economic Theory of Clubs：an Evaluative Survey. Journal of Economic Literature，1980 (12)：1481-1521；N. G. Yew-Krong. The Economic Theory of Clubs：Optimal Tax / Subsidy. Economica，1974，（8）：308-321.

在公共产品消费中，当消费者的数量从零增加到某一个可能是相当大的正数时，便达到"拥挤点"（the point of congestion），面临超负荷状态。在达到拥挤点之前，每增加一个消费者的边际成本很小，但随着消费者数量不断增加，超过拥挤点以后，新增加的消费者的边际成本开始上升，当最后趋向于容量的

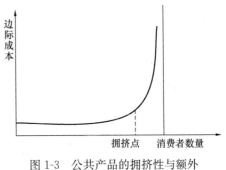

图 1-3　公共产品的拥挤性与额外
消费的边际成本

绝对限制时，增加额外消费者的边际成本就非常大，而且将会减少原有消费者的效用。

二、城市公用事业的公共产品属性

（一）城市公用产品的公共产品类型

根据前面的讨论，城市公用事业范围较广，既包括城市供水、污水处理、管道燃气、供热、城市公交等网络型行业，也包括垃圾处理、园林绿化、道路与河道养护、道路照明、环境卫生等无网络型行业。所有城市公用行业提供的产品都是为了满足城市公共需要，具有明显的公用性，这些产品可称为公用产品。按照公共产品的定义，从现实情况分析，网络型行业提供的公用产品不具有完全的非排他性和非竞争性特征，因为在一定的容量内，一人消费某一公用产品并不影响他人消费这一产品（如在供水管网及其设施建成后，在最大生产能力范围内，增加一个消费者的边际成本几乎等于零，甲消费自来水也不会影响乙消费自来水），消费这些公用产品不存在竞争性，但消费这些公用产品具有排他性，因为运用先进的量表等技术，这些公用产品在消费技术上具有可分性，这为实行收费制度从技术上提供了可能性，也就是谁不付费谁就无权消费这种公用产品。一个最直接的现实证据就是中国所有城市，对这类公用产品实行了按使用量多少而收费的政策。所以，网络型行业提供的公用产品都属于准公共产品。

　　再来分析垃圾处理、园林绿化、道路与河道养护、道路照明、环境卫生等无网络型行业提供的公用产品。到目前和今后相当长的时期内，在多数城市这类公用产品基本上属于纯公共产品。这是因为，在这类产品的消费上基本上不存在竞争性，即在一般情况下，一人的消费并不影响他人的消费。更为关键的是，这类公用产品在现行消费技术上还不具备可分性，故难以对其实行谁消费谁付费，按消费量收费制度。特别是道路与河道养护、道路照明等行业提供的公用产品，完全满足纯公共产品具有的消费上的非竞争性和非排他性特征，属于典型的纯公共产品。对于园林绿化、环境卫生行业，虽然少数城市对一些公园、公共厕所实行收费政策，但公园、公共厕所只是这些行业提供的小部分公用产品。因此对多数城市来说，园林绿化、环境卫生行业提供的公用产品仍属纯公共产品。

　　在无网络型行业中，较难界定或可能存在争议的是垃圾处理的公共产品属性，为此有必要作单独讨论。首先从公共产品的非竞争性特征分析，就消费者的角度看，一个消费者在小区内倒垃圾并不影响其他消费者倒垃圾，存在倒垃圾行为的非竞争性特征。而从公共产品的非排他性特征分析，在垃圾收集与处理行业，从目前的消费技术上，由于对谁倒垃圾以及倒垃圾量的监督成本太大，在某一社区产生的垃圾总量中难以界定各个消费者（家庭）的实际贡献，所以，不能按照特定消费者倾倒垃圾的数量收费。这就存在公共产品的非排他性特征。目前，多数城市都已实行垃圾收费政策，但由于垃圾处理存在非排他性特征，如何实行有效的收费政策就成为一个难题，对此许多城市作了积极的探索，例如，有的城市规定在小区物业费中提取一部分作为垃圾处理费，但由于住房面积和家庭人口多少不一致，很难客观反映特定消费者产生的垃圾数量；有的城市还试行与消费者的自来水消费量挂钩的办法，按照消费自来水消费量收取垃圾处理费，但由于生活习惯、家庭人口数量、季节性等因素的影响，特定消费者的自来水消费量和垃圾产生量之间不存在合理的可比性，因此这种做法难以推广。另外，目前从消费者收取的垃圾处理费占垃圾处理总费用的比例还比较低，主要由财政补贴支持城市垃圾处理行业的正常运行。例如，根据我们课题组调查，就是在经济较发达的浙江省和江苏省，财政补贴占生活垃圾处理总成本的平均比重高达 70% 以上，杭州市的财政补贴占比达 90%。

综合对垃圾处理的公共产品属性的分析，在理论上，垃圾处理基本符合纯公共产品的非排他性和非竞争性特征。但在现实中，各个城市都已实行垃圾处理收费政策，只是目前多数城市对消费者的收费标准还比较低，城市政府还是垃圾处理行业的主要支持者。所以，垃圾处理既不是纯公共产品（因为实行收费制度），也不是一般意义上的准公共产品（因为存在消费的非排他性而不能按消费量收费），我们认为垃圾处理是一种有别于城市网络型行业提供的特殊的准公共产品。而且，随着收费政策的不断强化，垃圾处理这种特殊准公共产品也将越来越偏离纯公共产品的属性。

（二）城市公用事业的拥挤性

从新中国建立一直到改革开放前，传统经济理论在城市公用事业建设和发展中占统治地位，这种理论认为，城市公用事业是一个典型的市场失灵领域，不可能发挥市场竞争机制的作用，并主张在一定的地域范围内，由一家或极少数家国有企业垄断经营。但在城市公用事业传统理论指导的管理体制下，普遍存在经营效率低，垄断经营使企业缺乏竞争活力，较为单一的投资渠道造成投资严重不足，价格形成机制不能刺激企业提高生产效率等体制性问题。城市公用事业改革势在必行。改革开放以来，中国民营经济快速发展，经济实力不断增强，充分显示了民营企业家的能力和企业家精神；同时，党和政府支持民营企业进入城市公用事业的政策导向日趋明确，政策措施不断具体化。这些都使城市公用事业市场化改革具有坚实的经济基础和明确的政策导向。特别是 2002 年 12 月，原建设部专门颁布了《关于加快市政公用行业市场化进程的意见》，强调指出，为促进城市公用事业发展，提高城市公用行业运行效率，应加快推进城市公用行业市场化进程，引入竞争机制，全面开放城市供水、供气、供热、污水处理、垃圾处理、公共交通等经营性城市公用设施的建设、运营市场和市政、园林绿化、环境卫生等非经营性设施的日常养护作业市场，建立和完善城市公用行业特许经营制度，鼓励社会资金、外国资本采取独资、合资、合作等多种形式，参与城市公用设施的建设。

经过十多年的改革，一批民营企业和大量的民间资本进入中国城市公用事业领域，在相当程度上促进了城市公用事业的效率，减轻了政府对城市公用事业的财政负担，增强城市公用事业的有效供给。但城市公用事业的拥挤性问题还依然存在，特别是城市道路的交通拥堵和垃圾围城问题在许多城市普遍存在，甚至有越来越严重的趋势。

城市道路的交通拥堵是描述城市公共产品拥挤性的最好例子。按照公共产品的定义，城市道路具有完全的非排他性和非竞争性特征，是典型的纯公共产品。城市道路交通畅通无阻的前提条件是要有比较宽阔且结构合理的路网系统作为基础设施，这应是政府提供的纯公共产品。同时，政府还应以"公交优先"为原则，提供城市公共交通（包括地铁）系统，由于对公共交通消费实行低价收费政策，城市公共交通是政府向公众提供的准公共产品。但当公共交通不能较好地满足城市居民上下班和其他出行需要时，就会选择使用出租车或购买私人轿车，人们收入水平不断提高则为购买私人轿车提供了经济基础。① 这样，当城市各种公共交通车、出租车和私人轿车等交通工具超过了城市路网容量时，就会出现拥堵状态，从而产生城市道路的拥挤性问题。

城市道路的拥挤性已成为中国许多大型城市的普遍现象，进而演变为社会公众关注的重大民生问题。其中首都北京的交通拥堵问题最为突出。北京是中国的政治、经济、文化和旅游中心，除了北京市居民外，还有大量的外地务工人员和游客。虽然北京市具有全国最发达的公交（特别是地铁）路网系统，但除了公共交通车外，还有大量的出租车、私人轿车和相当数量的公务车，各种机动车数量增长迅速，交通流量持续攀升，这使北京市绝大多数道路处于饱和或超饱和状态，交通拥堵已成为常态，如果不采取有效的交通管制措施，交通拥堵问题还有恶化的趋势。根据有关资料，② 随着机动车保有量增长，全市路网

---

① 事实上，在一个城市中，除了城市居民购买的私人轿车外，还有一定数量的政府部门、企事业单位的公务车。一个城市的政府机构级别越高、数量越多，企事业单位越发达，公务车就越多。

② 乔雪峰. 北京拥堵时间再增半小时，摇号限行将继续实施. 人民网，2013 年 8 月 22 日.

平均负荷度已达 70%，其中干道系统达 90% 以上，城区道路基本处于拥堵状态。2013 年北京市的拥堵比 2012 年更为严重，工作日路网的平均拥堵时间是 1 小时 40 分钟，比 2012 年多了 30 分钟。虽然 2013 年上半年交通情况总体运行平稳，但是个别天拥堵十分严重，上半年北京晚高峰有 10 天出现严重拥堵，交通指数在 8.0 以上，[①] 比 2012 年多了 2 天。下半年交通运行状况总体上要比上半年差，预测交通拥堵指数将是 6.0，而且在特殊的月份和天数，比如 9 月和 12 月会相对更差。除北京市外，全国其他大型城市（特别是省会城市）都存在较为严重的交通拥堵问题。

城市道路的拥挤性问题实质上是反映了人们对城市道路这种纯公共产品的过度使用。为缓解这种状态，可通过制度和消费技术创新，在某些时段对通过某些主要道路的非公共交通车辆实行收费制度，使城市道路的使用具有排他性，从纯公共产品变为准公共产品。政府也要加大对公共交通的投入，建立更加发达的公共交通网络，让更多的人通过公共交通的方式出行来缓解交通拥堵。

---

① 交通指数是指通过出租车上面的车辆定位系统实时回传的车辆定位数据，得到每条道路的道路运行速度，再根据道路等级和平均的交通流量，得到全市的道路的总体运行状况。交通指数是 0～10 之间的数，每 2 个数之间是一档，0～2 是畅通，2～4 是基本畅通，4～6 是轻度拥堵，6～8 是中度拥堵，8～10 是严重拥堵。比如说指数在 8 以上就感觉非常堵，指数是 8 的话，基本全路网的速度在每小时 20 公里左右。

第二章　城市公用事业特许经营的基本理论

本章讨论了特许经营的渊源和实质，以较多的篇幅对城市公用事业特许经营与商业特许经营、行政许可、政府购买服务、公私合作（PPP）等相关内容作了系统而深入研究，探讨了它们之间的联系和区别，以更准确地把握城市公用事业特许经营。本章还专题讨论了城市公用事业特许经营的四个关键问题和特许经营的三类模式及其具体方式。

第一节　特许经营的渊源和实质

一、特许经营的渊源

从历史的角度看，特许经营的实践早于特许经营的理论研究。在英国等老牌资本主义国家处于大工业快速发展和公共财政的萌芽时期，一方面需要大规模的基础设施投入，另一方面政府公共财政有限，特许经营应运而生。早在1660年，英国就开始了第一个对高速公路的 BOT 特许经营。随后，英国和美国等国家对建设并运行大规模的运河和铁路项目实行 BOT 特许经营。在水务领域，1782 年法国将第一个 BOT 特许经营权授予佩里埃兄弟公司（Perier Brothers），以满足巴黎城市供水需要。紧接着，法国、西班牙、意大利、比利时和德国等国家也实行了类似的特许经营。这些特许经营项目的特许经营期主要取决于补偿对基础设施固定资产投资所需要的时间，如佩里埃兄弟公司获得 15 年的特许经营权，而苏伊士运河公司（Suez Canal Company）则获得长达 99 年的特许经营权。[①]

在特许经营实践的推动下，这些国家学者们开始研究特许经营理论。他们注意到，在包括城市公用行业在内的公用事业中，往往某个行业中的某些业务领域（如城市供水行业的管道输送业务领域）具有自然垄断性，成本效率要求在一定区域范围内只存在一个生产经营企业。但在缺乏竞争的环境下，这个独家垄断企业就会缺乏以技术创新、管理创新等途径，努力降低成本，提高效率的内在动力。同时，在缺乏有效的政府监管的情况下，垄断企业还会通过虚报成本等手段，以制定垄断价格，消费者利益就会蒙受损失。同时，当潜在竞争者观察到这家企业能获得超额利润时，就会进入该行业与之竞争，其结果使价格下降，但在一定的规模经济下，过多的企业进入行业就会造成重复建设，提高生产成本，结果导致企业间恶性竞争、两败俱伤。由此可见，在不存在政府有效监管的情况下，行业内只存在一个垄断者的通常结果是价格定得太高和（或者）诱使过多的企业进入，牺牲成本效率。这就为政府对城市公用事业或其特定业务领域进行政府监管提供了合理性。为了保证特定公用行业内只存在能使成本效率最高的企业数量，政府就要设置进入壁垒。可是，没有新竞争者进入的威胁，垄断者就会缺乏创新和提高效率的动力，还会制定垄断价格。因此，在城市公用事业中，怎样既保持单一企业生产的成本效率又避免企业的垄断行为，这就构成政府监管部门的两难选择。

为了解决这一两难选择问题，许多学者为此进行了长期的积极探索，直到1968年，美国经济学家德姆泽采（Demsetz）发表了"为什么监管公用事业"这篇重要的论文，提出了较为成熟的特许经营理论，[②] 对这一两难选择问题从理论上提供了解决思路和途径。这一理论强调在政府监管公用事业中引进竞争机制，通过拍卖的形式，让多家企业竞争在特定公用事业或业务领域中的独家经营权（即特许经营权），在一定的企业信誉、质量保证等要求下，由提供较低报价的

---

① Emmanuelle Auriol, Pierre M. Picard. A Theory of BOT Concession Contracts. Journal of Economic Behavior & Organization, 2013, (89): 187-188.

② Harold Demsetz. Why Regulate Utilities? Journal of Law and Economics, 1968, (11): 55-65.

那家企业取得特许经营权。

二、特许经营的实质

从上述理论可见，特许经营的实质是：在一定的约束条件下，把特许经营权看作是对愿意以最低价格提供产品或服务的企业的一种奖励。采用这种方式，如果在投标阶段有比较充分的竞争，那么价格可望达到平均成本水平，获得特许经营权的企业也只能得到正常利润，如图 2-1 所示。

在图 2-1 中，假定有 4 家企业为取得特许经营权而参加竞争性投标，以 AC_i（Q）表示第 i（$i=1$，2，3，4）家企业的平均成本函数。每家企业有不同的成本函数，这是因为每家企业受各自的生产技术、管理等因素制约。在这 4 家企业参加竞争的情况下，效率最大化的最优选择是让第 1 家企业获得特许经营权，并以 P_1 的价格向市场提供产

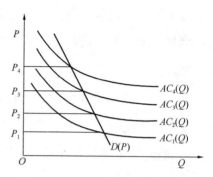

图 2-1　特许经营权竞争与价格决定

品。这就使最有效率的企业以其平均成本或近于平均成本的价格向市场提供产品或服务。可见，特许经营制度实质上是一种为打破垄断而运用竞争机制的选优制度，旨在提高城市公用事业的经营效率。从政策导向上，政府要尽可能发挥竞争机制的作用，筛选出高效率企业作为城市公用事业特许经营的被特许企业。

三、国内对特许经营的理解

国内对特许经营有不同的理解，例如，徐宗威将城市公用事业特许经营形象地概括为一句话："就是政府的事情，通过合同约定，交给企业去办"。也就是说，发展城市公用事业，为社会公众提供公共产品和服务是政府的责任，所以是"政府的事情"；在交办和办的过程中，必须明确政府和企业的权利和义务，所以在政府和企业之间，一定要有"通过合同约定"，才可以把一定的城市

公用事业项目委托给企业去做。"交给企业去办"，这个"办"包括了投入、建设、运行、管理等经营事项，尤其是要充分发挥企业灵活的运营机制和丰富的经营经验，来实现城市市公用事业的又好又快发展。[①] 而有的认为，城市公用事业特许经营是指，由政府部门授予企业在一定时间和一定范围内对某项市政公用产品或服务进行经营的独家权利，即特许经营权。取得特许经营权的企业为特许权取得人。[②]

根据原建设部在 2004 年颁布的《市政公用事业特许经营管理办法》，城市（市政）公用事业的特许经营，是指政府按照有关法律、法规规定，通过市场竞争机制选择城市公用事业投资者或者经营者，明确其在一定期限和范围内经营某项城市公用事业产品或者提供某项服务的制度。

本书认同原建设部对城市公用事业特许经营的定义，需要强调的是，根据特许经营的实质，企业必须通过市场竞争才能取得特许经营权，通过市场竞争机制筛选效率最高的企业。

第二节　城市公用事业特许经营与商业特许经营

在城市公用事业特许经营理论与实践中，一些人顾名思义，容易将公用事业特许经营（Concession）和商业特许经营（Franchise）混淆，从而在认识上产生误解，在实践中造成混乱。因此，本节的任务是从理论系统分析两者的区别，为城市公用事业特许经营实践提供指导。

商业特许经营和公用事业特许经营一样，已有较长的发展历史。根据有关资料，[③] 商业特许经营最早是由美国辛格缝纫机公司（Singer Sewing Machine Company）首创的。该公司创始人艾萨克·辛格（Isaac Singer）发明了缝纫机后，由于消费者对这一全新产品缺乏认识，辛格面临如何向分布广泛的消费者

① 徐宗威．公权市场．北京：机械工业出版社，2009：10-11.
② 大岳咨询有限公司．公用事业特许经营与产业化动作．北京：机械工业出版社，2004：18.
③ 参见：陈伟华．基于制度变迁视角的特许经营分析．［硕士学位论文］山东大学，2009.

现场促销和缺乏开拓市场的资金这两个难题。为此，辛格决定把销售它的机器及培训消费者的权利以一定的价格出售给当地商人，他称这些商人为受许人。这样，他的两个难题迎刃而解：培训缝纫机用户的事项转交给受许人，而辛格只要培训这些受许人；同时，受许人为取得特许权而支付的费用被辛格用作大批量生产缝纫机的资本。1850 年，辛格以 5000 美元出售个体特许经营权。受许人不仅接受如何使用缝纫机的全面培训，还接受如何经营一家缝纫中心的培训。而这种缝纫中心网络则为他的产品提供了分销渠道，同时为他提供了大量的企业发展资本。在这种新的经营模式下，辛格缝纫机公司快速成长，其产品很快占领全美市场。随后，这种特许经营模式被其他企业所模仿。1899 年，随着可口可乐第一家加盟店开张，标志商业特许经营这种新的经营模式正式在美国出现。然后，商业特许经营模式又被欧洲许多国家和日本等国采用。

商业特许经营在中国的发展是从开设分店、联营、合资等形式的基础上慢慢发展起来的，呈现出稳定推进，加速发展的轨迹。特别是进入 20 世纪 90 年代以来，一批国际著名的特许经营企业和中国企业开始以特许经营模式扩张。目前，商业特许经营已成为中国通用的经营模式，形成了数以千计的商业特许经营体系和数十万家特许经营加盟店，而且大有不断扩大之势。同时，在商业特许经营发展过程中，国家有关部门也出台了一系列法规政策，以规范这种新兴的商业经营模式。特别是在 2007 年，为进一步规范商业特许经营活动，促进商业特许经营健康、有序发展，维护市场秩序，国务院颁布并施行了《商业特许经营管理条例》（国务院第 485 号令），该条例第三条明确规定：商业特许经营是指拥有注册商标、企业标志、专利、专有技术等经营资源的企业（特许人），以合同形式将其拥有的经营资源许可其他经营者（称被特许人）使用，被特许人按照合同约定在统一的经营模式下开展经营，并向特许人支付特许经营费用的经营活动。①

---

① 为比较城市公用事业特许经营和商业特许经营，在本书中，我们也将城市公用事业特许经营中的招标方（政府）称为特许人，而将中标企业称为被特许人。

从以上讨论可见，城市公用事业特许经营和商业特许经营具有不同的起源与发展过程，特别是不同的定义。[①] 我们至少可以从以下五个方面分析两类特许经营的实质性区别。

一、特许经营的特许人

城市公用事业特许经营的特许人是拥有城市公用事业资源的政府。这里的政府是一个总体概念，既可能是一个特定城市的政府，也可能是两个或两个以上相关城市的政府，[②] 在实践中更多的是城市政府的相关部门（如市政公用局或城市管理局等），而签订特许经营协议的甚至还可能是政府所属的国有企业。[③] 而商业特许经营的特许人是拥有注册商标、企业标志、专利、专有技术等经营资源的企业。从被特许人看，无论是城市公用事业特许经营还是商业特许经营，被特许人都是企业，只是城市公用事业特许经营的被特许企业较为复杂，往往要求具有工程技术条件和较为雄厚的资金实力；而商业特许经营的被特许企业相对较为简单，一般以商业企业为主，企业规模也较小。可见，从两类特许经营的主体看，其本质特征在于特许人的区别，城市公用事业特许经营的特许人是政府，而商业特许经营的特许人是企业。

二、特许经营的目标

多年的实践证明，城市政府不可能直接经营技术要求高、管理复杂、关系国计民生的城市公用产品，国有企业垄断经营也必然产生低效率问题。而且，单一的政府财政不能支持社会公众对城市公用产品日益增加的刚性需求。这些都倒逼城市政府转变观念，发动社会力量提供城市公用产品。但由于许多城市

---

① 可对照原建设部颁布的《市政公用事业特许经营管理办法》和国务院颁布的《商业特许经营管理条例》中，分别对城市公用事业的特许经营和商业特许经营的明确定义。

② 例如，当某项城市公用事业项目是由两个城市联合开发时，就需要两个城市的政府联合作为特许人。如浙江省嵊州市和毗邻的新昌县联合建设了一个污水处理厂，两市县政府就联合作为特许人与企业签订特许经营协议。

③ 例如，2000 年杭州市政府对赤水埠水厂特许经营权进行了招投标拍卖，最后，杭州市自来水总公司受杭州市市政公用局委托和中标企业钱江水利开发股份有限公司签订了有关的特许经营协议。

公用行业具有自然垄断性，在一定时期和一定地域范围内只能由一家或极少数家企业垄断经营，为了保证效率，优选高效率的经营企业，城市政府就有必要采取特许经营这种激励性政府监管手段。因此，城市公用事业特许经营的特许人是政府这一性质所决定，城市公用事业特许经营的基本目标是有效地向社会公众提供具有公共产品或准公共产品性质的城市公用产品，更好地满足城市居民与企事业单位的公共需要，其追求的是社会公共利益。

而商业特许经营的特许人是企业，企业的性质决定了其从事商业特许经营的基本目标是企业利益最大化。作为特许人的企业将注册商标、企业标志、专利、专有技术等经营资源有偿让渡给被特许人使用，以收取稳定的资源使用费，提高企业品牌的知名度，提高专利和专有技术等资源的利用率，扩大市场份额，其最终目标就是为了取得更多的商业利润。

三、特许经营的特许人与被特许人的关系

在城市公用事业特许经营中，通过招投标等程序最后签订的特许经营合同是一种行政合同，但政府在特许经营中具有两重性：一方面，作为特许人的政府和作为被特许人的企业具有平等主体关系，双方经过谈判，自愿签订特许经营合同；而另一方面，政府具有对特许经营的监管职能，政府可能根据特定公用产品的技术与市场的变化情况，通过一定的程序，变更、调整特许经营合同的某些条款。当作为被特许人的企业违反法规政策时，还有权提前终止特许经营合同。

而商业特许经营中，特许人和被特许人签订的特许经营合同属于民事合同，双方完全是平等的主体关系。特许人企业通过特许经营活动，有利于实现低成本扩张，增强企业的资金实力，提高企业的核心竞争力。被特许企业则可以借助特许人企业的品牌、专利和企业声誉等无形资产，在较短时期内打开市场，并利于克服开业之初资金不足、技术短缺等劣势。所以，商业特许经营的双方是一种互为依存，互利共赢的合作关系。任何一方都不能单方面变更、调整特许经营合同。

四、特许经营的权利与义务

权利与义务是特许经营双方形成契约关系的重点内容。在城市公用事业特许经营中，作为特许人的政府拥有更多的权利，政府除了拥有一般特许经营主体的平等权利外，由于政府的一个重要职能是维护社会公众利益，保持社会稳定和安全，因此政府有权制定与动态调整城市公用产品价格，防止作为被特许人的企业取得垄断利益，保护广大消费者的利益。同时，政府还有权监管企业的经营行为，以维护市场秩序。另一方面，作为特许人的政府也要承担更多的义务（责任），例如当企业向弱势群体提供普遍服务而造成政策性经营损失时，政府就有义务向企业提供政策性补贴。而作为被特许人的企业，有权通过合法经营取得合理利润等正当权利。但在城市公用事业特许经营中，由公用事业的性质所决定，企业要承担较多的责任和义务，企业除了有责任向消费者提供高质量的公用产品外，还有责任保证城市公用产品供应的稳定性和连续性；而且也要承担普遍服务义务，保证每个消费者都能以合理的价格使用城市公用产品。

在商业特许经营中，特许人和被特许人的权利与义务是基本对等的。作为特许人企业，有权向被特许企业收取合同规定的特许经营费（或称权益金），也有义务向被特许人提供特许经营操作手册，并按照约定的内容和方式为被特许人持续提供经营指导、技术支持、业务培训等服务。作为被特许企业，有权按约定使用特许人企业的商标、专利、专有技术等经营资源，但也有义务向特许人企业交纳一定的特许经营费和维护特许人企业的经营资源和市场声誉等有形、无形资产。

五、特许经营的地域范围

由城市公用事业的地域性特点所决定，城市公用事业特许经营的地域范围是和作为特许人的城市政府的行政管辖范围高度一致的。[①] 这是因为，城市公用

---

① 当特许人是由两个和两个以上城市政府组成时，城市公用事业特许经营的地域范围也在这些城市政府的行政管辖范围内。

产品通常是公共产品或准公共产品，如何有效提供这些公用产品是当地城市政府的责任。虽然特定城市政府可能通过招投标方式，吸引其他地区的高效率优秀企业作为被特许人，但只是在城市政府行政管辖的地域范围内提供城市公用产品。因此，城市公用事业特许经营的地域性具有固定性。

商业特许经营的地域范围则可以是全国性的，也完全可以是全球性的，拥有注册商标、企业标志、专利、专有技术等经营资源的特许人企业可以将其经营资源有偿授予全国甚至全世界任何一个被特许企业。经济全球化则为商业特许经营不断扩大地域范围，形成可口可乐、沃尔玛等世界性的商业特许经营体系创造了条件。

第三节　城市公用事业特许经营与行政许可

一、《行政许可法》的背景和评价

中国的《行政许可法》（下称许可法）于 2004 年 7 月 1 日开始实施。改革开放以后，鲜有一部法律受到如《行政许可法》这样的重视程度。毫无疑问，许可法的出台对于规范行政权力的行使、推进行政许可行为的法制化、规范化产生了重要意义。行政许可法规定了公开、公平、公正、便民原则与信赖保护原则，对如何实行行政许可、保护行政相对人的权益起到了较好的统领作用，其中的信赖保护原则，首次在行政法立法中获得明确，可谓意义重大。有的学者认为，许可法中体现了许多先进的观念或原则，如权利观念、有限政府观念、有效政府观念、责任政府观念、公开政府观念、服务型政府与程序公正观念、廉洁政府观念和发挥中央与地方两个积极性的观念等。[①]社会各界对行政许可法的期待颇高，尽管在实施过程中仍然存在设置许可条件不明确、许可设置权限分配不尽合理、实施力度较弱、"变相许可"、"搭车许可"难以解决等问题，但

---

① 周汉华．行政许可法：观念创新与实践挑战．法学研究，2005，（2）．

随着行政审批和行政许可制度的厘清①及行政审批制度改革的进一步深化，这部法律对政府转变职能、改变监管方式将产生深远的意义。

二、城市公用事业特许经营与行政许可的关系

城市公用事业特许经营与行政许可是什么关系，是否适用行政许可法，这在理论和实践中都是一个需要探讨的重要问题。

中国城市公用事业改革的启动与推进，最早可追溯至20世纪80年代开始的国企改制，城市公用企业在此背景下迈出改革的步伐。自2004年原建设部出台《市政公用事业特许经营管理办法》（下称特许经营办法）以后，城市公用事业改革迈入新阶段，特许经营模式迅速发展，至今已近十年。无论是许可法的酝酿、出台还是特许经营办法的制定和实施，都按照各自相应立法程序反复讨论、协商、征求意见直至审议通过，可能正是由于这种平行立法，导致特许经营与行政许可的关系，一直都不够明确。对于这一问题，学术界有两种基本观点，第一种观点认为，城市公用事业特许经营权的授予属于行政许可。② 许可法第12条第2项规定"有限自然资源开发利用、公共资源配置以及直接关系公共利益的特定行业的市场准入等，需要赋予特定权利的事项"属于可以设定行政许可的事项。水、电、气等城市公用事业领域显然事关基本民生，属于关系公共利益的特定行业，对其市场准入的许可符合上述许可法规定的设定许可事项的范围，应当属于行政许可。第二种观点认为特许经营的双方主要是一种商事交易关系，并非管理与被管理、服从与被服从的行政管理关系。在特许协议中政府主要是作为民事主体而非行政主体的身份出现的。③ 因此，通过合同体现出来的特许经营应当是一种私法关系，而不是行政关系，特许经营权的授予也就不能认为是一种行政许可。在台湾地区，有些学说主张用源自德国的二阶理论来解

---

① 关于行政审批制度和行政许可制度的关系，参见：王克稳．我国行政审批与行政许可关系的重新梳理与规范．中国法学，2007，（4）．

② 章志远，李明超．公用事业特许经营中的临时接管制度研究——从首例政府临时接管特许经营权案切入．行政法学研究，2010，（1）．

③ 阎越．论行政合同的法律特征及其法律控制．当代法学，1999，（6）．

决这个问题，认为特许经营权的授予行为属于一个行政行为，而经授权的主体与授权方签订的合同则属于民事合同。① 如果能确定前者属于行政行为，则从行为类型化来看，其行政应属于行政许可。

尽管存在争议，学界多数意见仍认为特许属于许可的一种。从行政许可的分类来看，现行的许可法涵盖了特许和一般行为许可两类。这种分类背后的基础在于行政许可的法理思考。有种观点认为，许可行为属于"解禁"，即认为行政许可的内容本来是国家出于某种原因普遍禁止的活动，但为了适应社会生活和生产的需要，对符合一定条件者解除禁止，允许其从事某项特定的活动，享有特定的权利和资格。② 所以说，许可并不是赋予一项新的权利，而是对原本就有，只是被禁止的权利进行的恢复。另一种观点认为行政许可属于"赋权"，即认为行政相对人本来没有这项权利，因为获得许可，从而取得一般人没有的权利。③ 我们认为，仔细对照许可法中对可以设定许可范围的规定，上述第 2 项与其他项目的许可本质上便存在差异。比如对有限自然资源的开发利用，很难说是人人与生俱来的权利。而如其他条款规定的，提供公众服务并且直接关系公共利益的职业、行业的从业权，应该是属于本该享有的权利，只因其与公益的关联程度特别高，因而通过先全面禁止，再设定条件，对符合条件的人进行解禁的方法进行。因此对城市公用事业的特许经营，应当归入基于"赋权"而形成的许可类别，更确切地说是属于"特许"类许可，这类许可与一般行为许可在法理基础上存在差异，但应纳入现行许可法的调整范围，属于行政许可中的一类。

三、由《行政许可法》引出的问题

（一）立法层级

一旦将特许经营纳入许可法的规范框架，就产生一些问题。首先是规范层

---

① 详见：程明修. 公私协力契约相对人之选任争议——以最高行政法院九十五年判字第一二三九号判决（ETC案）之若干争点为中心. 台湾：月旦法学杂志，2006，（11）.

② 参见：马怀德. 行政许可. 北京：中国政法大学出版社，1994：421.

③ 关于行政许可的性质还有其他学说，如"折中说"、"特权说"等，但都没脱离这两种说法的框架。

级的问题。按照许可法的规定，可以设定行政许可的法律层级，包括法律、行政法规、地方性法规。在例外情形下，国务院决定和省级政府规章可以设定临时性的许可。除此之外，其他规范性文件一律不得设定行政许可。可见在许可法出台以后，行政许可的设定主体受到了严格限定。其中部门规章在无上位法规定的情况下，无权设定行政许可。而目前，城市公用事业的特许经营只能依照 2004 年特许经营办法的规定开展，从法律位阶上来说，原建设部的部门规章是无权设定行政许可的，包括特许经营权的授予。所以，目前这种状况亟待完善。一方面，许可法不允许部门规章设定许可，在实践中引发很多问题；另一方面，则应着力提升城市公用事业特许经营规范的层级，急需出台更具普遍意义、层级更高的法律，以规范城市公用事业的特许经营。

（二）法律原则的贯彻

虽然受到许可法的规范，但许可法中的不少程序只适用于特许以外的其他许可类别，比如对许可的申请程序和审查程序、许可的期限、许可的变更和延期等规定。由于上述程序对于适用招标程序或其他竞争程序的特许经营授权而言，不具有可行性，因而可以不予适用。但许可法所体现的公开、公平、公正、便民、信赖保护等原则却无法豁免。在选择特许经营人的整个过程中，如何对项目条件、招投标条件等进行有效范围的公开，如何公平地对待所有投标人，依照既定的规则进行评标等，都至关重要。此外，特许经营许可合同一般都会设定特许经营权的终止和变更条款，以便主管部门按照约定对特许经营权人进行履约监督，保证公共利益。但在特许经营权进行变更或终止以后，往往会涉及原特许经营权人的信赖保护问题，依照规定，在某些特定的情形下，许可被撤销的，被许可人的合法权益受到保护。若出于公共利益的需要，主管部门决定终止特许经营，进行接管，则如何处理原被许可人的信赖保护问题，尚未引起足够的重视。因此，许可法的信赖保护条款如何在特许经营领域展开适用还有待进一步探讨。

（三）许可程序

特许经营权的授予程序是开展特许经营的重要环节。依照特许经营办法的规定，主管部门提出城市公用事业特许经营项目，报直辖市、市、县人民政府批准后，向社会公开发布招标条件，受理投标。也就是说，目前的操作是采用招投标的方式进行。而招投标程序在 2000 年 1 月 1 日起施行《中华人民共和国招投标法》中有十分严格的规定。在实践中，严格依照招投标程序开展竞争，选择特许经营人往往产生一系列的问题。比如招投标程序成本较高，一旦流标，费时费力等。为此，各地在地方性法规中对特许经营权的授予程序也纷纷作出规定，方式不尽一致。有提出采用招标方式，且遵守招投标法的；① 也有规定采用招标方式但另行规定招投标程序的；② 还有以招标方式为主、其他方式为辅的。③ 此外，还有各种竞争程序平行采纳的。④ 各种规定五花八门。有些地方采纳了实践中形成的更符合城市公用事业特许经营权授予的"招募"程序，有些地方则依然坚持只能适用"招标程序"。

城市公用事业特许经营实践中的问题和各地立法的多样性，在目前的法律框架下无法得到较好解决。根据许可法的规定，城市公用事业的特许经营权授予应当通过招标、拍卖等公平竞争的方式做出决定。但是，法律、行政法规另有规定的，依照其规定。但到目前为止，上述的"另有规定"都不是法律或行政法规，虽然不排除运用法解释技术为各地的实际做法进行合法化的可能，但实践中的各种创新形式仍未获得立法上明确的接受。

总之，城市公用事业特许经营权的授予属于行政许可，受到许可法的规范。但由于各种原因，在立法层级、授权程序等方面和许可法还存在一定冲突。此外许可法本身的要求在实际特许经营开展过程中如何贯彻也仍有疑问。因此，

---

① 如《武汉市市政公用事业特许经营管理办法》第 9 条规定特许经营权应当通过招投标的方式授予。

② 如《天津市市政公用事业特许经营管理办法》第 8 条规定特许经营者通过公开招标方式确定。市建设行政主管部门按照以下程序确定特许经营者：（一）拟订特许经营的具体项目和招标条件，报市人民政府批准后，向社会发布；（二）按照法律、法规规定的招投标程序确定中标人；（三）与中标人签订特许经营协议，并向其颁发特许经营权证书。

③ 比如《杭州市市政公用事业特许经营条例》第 11 条规定通过招标等公平竞争方式，按照有关法律、法规的规定，公开、公平、公正地选择特许经营者。

④ 比如《兰州市市政公用事业特许经营管理办法》第 9 条规定，兰州市建设行政主管部门应当采取招标或者法律、法规、规章规定的其他方式，公平、公开、公正地选择市政公用事业的特许经营者。

一种较好的制度安排是出台专门的公用事业特许经营立法，以解决目前的法律冲突，并为城市公用事业的特许经营提供更明确的法律指引。

第四节　城市公用事业特许经营与政府购买服务

政府购买服务的主要实现形式是合同外包（Contract Out），虽然合同外包是很普遍的社会经济现象，但本书讨论的合同外包主要是指政府部门（公共部门）将一些专门的服务项目发包给私人部门承担。如将城市市容清洁、道路树枝修剪等服务交由私人部门提供，由政府部门付费以节省政府的人力成本，提高效率。通过合同外包可以促进竞争、产生创意和技术，外包方还承受着服务瑕疵和迟延将带来惩罚的压力。这将有利于解决在预算软约束下政府部门的低效率问题。城市公用事业的特许经营与政府购买服务经常被同时使用。两者的内涵是什么关系，所涉范围是有什么区别？对这些基本问题有必要进行深入讨论。

一、特许经营与政府购买服务的相关性

特许经营（Franchise）和合同外包（Contract Out）本来就源于不同英文词汇的翻译。两者就字面上看，其区别主要在于特许经营中具有经营性，一般存在消费者的费用支付，而合同外包通常不具有经营性，也不存在消费者支付问题。所以两者在交易结构、项目的投融资安排上会存在较大差异，通常特许经营项目的交易结构安排比合同外包更为复杂。但在实践中，两者为什么经常被相提并论呢？其主要原因：一是特许经营和合同外包都是为了满足政府向社会提供公共产品或服务的需求。开展特许经营的基础设施领域，提供的水、电、气、垃圾处理等产品都属于公共产品，是人们日常生活所不可或缺的基本必需品。实行特许经营，最终目的是更有效率地向社会公众提供产品或服务。合同外包也是基于同样的考虑，政府在教育、医疗等领域提供的公共服务也是不可替代、必不可少的，属于政府应当为此承担最终担保责任的领域。二是特许经

营与外包都是转变政府职能、建设服务型政府的重要手段。城市公用事业的特许经营旨在引入市场的力量、利用被授权方的技术、资金等优势，提高公共产品的供给效率，并减少政府在投资、建设、运营等环节的直接参与，转而承担更多的监管职责和最后担保责任。合同外包则是将适合由社会组织和市场提供的部分职能释放，转而承担起挑选、比较、监管服务商的职责。这两种形式都符合政府改变公共产品供给模式、整合社会资源、激发社会活力、提高公共产品和服务质量的改革路线。三是从广义上而言，特许经营也能纳入政府购买服务的一种方式，比如以污水处理厂的 BOT 为例，在现有项目模式下，虽然消费者需要为污水处理付费，但政府往往需要承担兜底责任，即污水处理收费不足以支付污水处理服务费时，政府需要支付差价，从这点上看，其实质也构成了一种政府购买服务。因此，某种意义上说，城市公用事业特许经营也带有政府购买服务的特征，可以纳入广义的政府购买服务的范畴。

二、特许经营与政府购买服务的相异性

尽管特许经营和政府购买服务有上述相关性，但两者在很多方面还是存在差异。

首先，实施的依据不同。特许经营实施的主要依据是原建设部于 2004 年发布的《市政公用事业特许经营管理办法》及各地发布的特许经营相关的地方性法规和政策。其一般体例是按照总则、特许程序、特许合同双方权利、义务关系、特许经营权的变更和终止、主管部门的监管责任、法律责任等部分展开的。可以说，尽管存在立法层级较低、各地立法差异性较大等问题，但在城市公用事业实施特许经营已有较充分的依据和指引。而有关政府购买服务的专门依据，至今仍然不充分。最高层级的立法是国务院办公厅发布的《关于政府向社会力量购买服务的指导意见》（下称指导意见），① 该指导意见指明了政府购买服务的重要意义和总体方向，并对购买服务的主体等内容进行了原则性的规定。但如

---

① 国务院办公厅：《关于政府向社会力量购买服务的指导意见》（国办发〔2013〕96 号），2013 年 9 月 26 日施行。

何具体实施政府购买服务，如何设立监管和绩效标准等问题，尚缺乏切实可行的实施细则。

其次，适用的范围不同。特许经营主要用于基础设施和公用事业领域，用于提供水、电、气、热、垃圾处理等公共产品，而政府购买服务主要用于社会福利方面，比如在指导意见里提到的，为流动人口提供生活扶助、就业援助、生计发展、权益维护等服务；为老年人和残疾人提供生活照料、精神慰藉、社会参与、代际沟通等服务；帮助药物滥用人员、有不良行为青少年、艾滋病患者、精神病患者、流浪乞讨人员、社区矫正人员、服刑人员、刑释解教人员等特殊人群纠正行为偏差、缓解生活困难、疏导心理情绪、改善家庭和社区关系、恢复和发展社会功能，等等。党的十八届三中全会通过的《中共中央关于全面深化改革若干重大问题的决定》明确提出，推广政府购买服务，凡属事务性管理服务，原则上都要引入竞争机制，通过合同、委托等方式向社会购买。因此，政府购买服务的范畴可以认定为"事务性的管理服务"。

第三，主体不同。目前城市公用事业特许经营的主体是人民政府授权的市政公用事业主管部门和获得特许经营权的企业。对于参与投标的企业，其资质、从业经历、经营方案等都有相应的要求。政府购买服务中购买服务的主体是各级行政机关和参照公务员法管理、具有行政管理职能的事业单位及部分纳入行政编制管理且经费由财政负担的群团组织。承接政府购买服务的主体包括依法在民政部门登记成立或经国务院批准免予登记的社会组织，以及依法在工商管理或行业主管部门登记成立的企业、机构等社会力量。可见，政府购买服务和特许经营的双方主体都存在差异，不能一概而论。目前对于政府购买服务的承接主体资格，还没有具体细化的规定，需要各地根据项目实际情况进一步讨论决定。

第四，主要模式不同。特许经营可以有 BT、BOT、BOOT、ROT 等各种具体模式，一般都存在消费者付费，用于支撑项目的长期运营。政府购买服务则更多的只是政府采购的过程，即一方提供服务，另一方直接付费，不存在更复杂的财务安排。因此从模式上来说，政府购买服务较为简单。

第五，程序不同。如前所述，城市公用事业特许经营的程序各地规定不尽一致，但有一个共同点，即通过竞争机制产生被特许人。具体的竞争机制可能各地有所差异，包括招投标、招募等。而合同外包的程序在实践中存在竞争机制和非竞争机制两类。在某些情况下，政府购买公共服务可以通过与有直接依赖关系的非独立组织签订合同进行；在另一些情况下，政府可以通过带有部分竞争性质的选择机制产生服务提供者，但其竞争机制又比招投标程序简单得多。因此，在程序要求上，政府购买服务的程序性规定没有特许经营那么严格。根据出台不久的指导意见的规定，政府购买服务应按照政府采购法的有关规定，采用公开招标、邀请招标、竞争性谈判、单一来源、询价等方式确定承接主体。因此，政府购买服务的程序具有多样化，可根据实际情况选择决定。

三、两者共同面临的挑战

根据一些学者的研究，中国目前已经开展的政府购买服务存在不少问题：例如，购买行为"内部化"，社会组织成为政府部门的延伸；购买标准不够清晰，政府责任较为模糊；社会组织缺乏足够的谈判能力，购买服务成为单向决定行为；购买程序规范程度较低，合作过程随意性较大；服务评价和监督体系缺失，服务成本难以控制；缺乏公众信任，购买过程形成额外成本。[①] 应当说，这其中有很多属于特许经营和政府购买服务所共同面临的挑战。如服务评价和监管体系的问题。根据以往特许经营项目的实施经验，对产品或服务产出（output）的严格界定往往是项目成功的关键。一旦特许人与被特许人对合同标的的理解存在偏差，往往会在后期的合作中发生很大的分歧，因此较好的做法是在合同项目下规定十分详尽的产品或服务要求，包括质量条款、价格条款、时间条款、不可预期事件条款、解释规则条款等。监管体系同样也是特许经营过程中的重中之重。发达国家和地区针对特许经营合同的监管已经建立了相当数量的规则与技术体系。因为各方都意识到，监管是否有效直接关系到整个项目的

---

① 王浦劬等，政府向社会组织购买公共服务研究．北京：北京大学出版社，2010：27-31.

成败。因此，对于特许经营和政府购买服务而言，完善合同双方的契约、制定成熟的特许或采购流程、对合作要求进行充分的定义、建立有效的监管体系是两者共同的任务。

由上面的分析可见，城市公用事业特许经营与政府购买服务在制度设计目标、功能上十分类似，在概念边界上也存在交错的可能。但两者在立法依据、适用范围、参与主体、具体模式和设立程序上都存在差异。基于类似理念和制度逻辑，两者在实际运作过程中面临许多类似的挑战，也能共享许多相同的解决经验。相对而言，比起特许经营，政府购买服务在国内实施的时间较晚、案例更为分散，但无疑随着政府改革的深入，两者都将积累经验，获得较快发展。

第五节　城市公用事业特许经营与公私合作[①]

一、全球的公私合作风潮

公私合作（Public-Private Partnerships，简称"PPP"）提供公共产品被誉为始于 20 世纪 80 年代的全球性制度革命，[②] 但私人部门参与基础设施建设已经有很长的历史，比如英国和美国早在几百年前就曾以私人收费的形式发展公路系统。近年来，公私合作模式迅速发展，1992 年巴塞罗那奥运会和 1998 年法国世界杯的体育场馆，甚至 2008 年北京奥运会的"鸟巢"（国家体育场）都是以 PPP 模式建和运营的，其发展的速度和规模都引起人们的高度关注。以最早提出 PFI[③] 的英国为例，[④] 出于可改变公共部门的资金筹措方式，无须将私人投资纳入公共开支以回避国会预算审查这一原因，英国在 1992 年就提出了私人投

---

① 公私合作在不同的场合下可被称为公私合营、公私伙伴关系、公私协力等，但基本上都对应同一个英文词组，即"Public-Private Partnerships"。

② 达霖·格里姆赛，莫文·K·刘易斯. 公私合作伙伴关系：基础设施供给和项目融资的全球革命.（中文版序）济邦咨询公司译. 北京：中国人民大学出版社，2008.

③ PFI 又称私人资助行动计划，最先在英国提出并运用，指通过私人投资来完成政府提供公共服务的活动。一般被认为是 PPP 的一种模式。

④ 2003 年，英国的公私合作项目占全球的 67%，可见其比重之大。

资行动的概念。1997年执政党轮替，新上任的工党仍然延续了这一政策，并将范围进一步推广，使其在所有与民众生活密切相关的公共事务领域，如道路、铁路、医院、学校、监狱、政府房舍及资讯通信系统等都得到广泛适用。截至2004年，英国共签署677份PPP合同，合同总金额将近427亿英镑。在德国，2003年开始之初，仅有两件公私合作案，到2004年，数量攀升逾14件，2005年有30件，2006年有52件，2007年上升至87件。仅在2006年和2007年间，每年即有22件及35件新案子增加，总投资金额从2004年的3.44亿欧元，增加到2007年的15亿欧元。^①从一份世界货币基金组织的报告可以看出，公私合作模式已在全球很多国家得到推广和运用。"许多欧洲大陆国家，包括芬兰、德国、希腊、意大利、荷兰、葡萄牙和西班牙都有公私合作项目。一部分中欧和东欧国家，包括捷克、匈牙利和波兰由于需要基础设施的大量投入，已开始着手开展PPP项目。在日本和加拿大，PPP项目正在逐步上升。在拉美，墨西哥和智利在这一领域最为领先，墨西哥于20世纪80年代便开始在建造高速公路时使用PPP方式。在其他国家里，巴西最值得关注，因为巴西正计划大幅度推广PPP。在亚洲，公私合作方式正在起步，特别是在韩国和新加坡。其余国家虽然没有大规模的PPP项目出现，但南非等一些国家已表现出浓厚的兴趣。"^②

2010年欧债危机以后，PPP模式在欧洲受到青睐，当然其直接动因在于政府财力不足，希望借民间力量加大投资，复苏经济。对于中国来说，自2008年4万亿基础设施建设资金投入以后，至2013年底，地方债务问题受到重视，十八届三中全会以后，政府着力寻求深化改革的方向，其中如何化解地方债务，防止出现危机也成为本届政府的一项重点工作。以国家财政部为首的几个部委对公私合作产生了浓厚的兴趣，试图通过推动基础设施领域的公私合作来刺激投资，缓解地方债务。这在客观上要求我们加强对公私合作的研究。这里我们

---

① Prof. Dr. Jan Ziekow. 公私协力在德国宪法与行政法上之挑战与发展．詹镇荣译．载《公私协力（PPP）法制国际学术研讨会论文集》，台湾政治大学法学院于2009年5月14至15日在政大综合院馆五楼国际会议厅主办。

② IMF，Pulic-Private Partnerships，March 12，2004.

重点讨论城市公用事业的特许经营与公私合作的关系。

二、特许经营与公私合作的关系

简单地说，特许经营其实应当纳入公私合作的范围，公私合作应当是比特许经营范围更广的概念。迄今为止，公私合作尚未形成明确的内涵和外延。私人部门和公共部门之间的任意合作都有可能被视为合作伙伴关系，因此最广义的公私合作几乎无所不包。而作为一种描述性的概念，公私合作可以被看作是公共部门为提供公共产品，与私人部门合作经由一定的结构设计实现共担风险并由公共部门承担最后担保责任的制度安排。① 私人部门在公私合作中参与的程度可以由小到大呈现光谱式的排列。从简单的政府业务外包到实行民营化，都能纳入公私合作的范畴。就公私合作涉及的领域而言，包括从基础设施建设到教育、医疗、技术、监狱、交通、福利等方面。从具体模式来说，包括本章第七部分将讨论的各种具体方式。因此，可以认为城市公用事业特许经营从属于公私合作。在公私合作过程中，需要通过特许经营明确公共部门和私人部门的责任、权利与义务等基本关系。

三、公私合作的三个重要问题

尽管特许经营与公私合作似乎一直以两种称谓在各自的理论脉络下发展，但两者的研究事实上是互补的。

公私合作的核心是对风险分担的认识及其对风险管理的技术。"在风险不能识别和控制的条件下，政府的承诺或担保成为商业金融介入基础设施的唯一的风险控制办法，换言之，一旦从技术上而不是概念上识别基础设施的风险所在，一旦从流程细节上而不是从整体轮廓上构造对基础设施的风险控制，基础设施投融资的风险是可以分散于公共和私营部门的。"② 比如在公私合作项目设计中，

---

① 陈无风. 公私合作中公法责任与行政效率的双赢.［博士学位论文］浙江大学，2010.

② 达霖·格里姆赛，莫文·K·刘易斯. 公私合作伙伴关系：基础设施供给和项目融资的全球革命.（中文版序）济邦咨询公司译. 北京：中国人民大学出版社，2008.

存在着设计风险、建造风险、启用日期风险、经营风险、法律和不可抗力风险等，需要在设计投融资结构、安排双方权利义务时，充分考虑各类风险，进行适合当地实际情况的评估，同时考虑项目所在地的会计核算、税收规则等问题，利用各类融资工具，使得项目可产生盈利并且项目收入可用于清偿项目借款。在项目执行过程中，则需要对所有建造、授权、运营和维护阶段进行管理，使资金达到最佳使用效率。

公私合作的特点是通过合同进行监管。合同签订以后，负责合同监管和实施的主管部门便承担了两种角色。一种角色是合同的一方主体，需要按约定主张合同权利、履行合同义务。另一种是合同监管者，其主要任务是确保服务达到了预定的质量标准。当然其前提是建立了可测量的服务标准。因此，如果所需要的公共产品或服务无法进行可测量的标准化，这种项目就不适合采用公私合作方式。为了保证服务标准的实现，合同可以约定一定的支付激励机制，这是用于监管产品和服务质量的重要法律手段。值得注意的是，这两种角色的调和在实践中有时会发生困难。主管部门作为履约方与被授权企业在法律上地位平等，但作为监管方，往往会渗透一部分行政权力，有时这种权力是基于行业主管的职责获得还是按照合同条款约定而取得，很难辨别。在国内，在特许经营合同的实施过程中，政府的履约诚信往往成为私人部门担忧的问题。比如不少污水处理项目经营企业担心正常运行以后，主管部门会拖欠污水处理服务费，且出现类似的违约时，由于中国官-民权力结构的惯性思维，企业一般不会选择追究公共部门的违约责任。因此，主管部门如何在合同监管的过程中，纠正以往的角色偏差、诚意履约、严格监管，也是公私合作项目成功的关键。另外，由于公私合作的期限可能长达30年之久，公、私部门间的合作一旦出现不协调的地方，双方的争议解决机制便十分重要。在公私合作项目中，最好的争议解决方式是协商，而不是走诉讼途径，调停、评估、专家决定、仲裁等程序都可用于解决项目实施中的争议。中国目前对公私合作合同的争议如何解决，还没有成熟的定论。尤其是合同到底是属于民事合同还是行政合同，也众说纷纭，因此走诉讼途径会烦琐且缺乏可预期性。较好的做法是注重项目结构的设计和项目初期的充分协商论证，以尽可能降低后期摩擦产生的机率。

最后，公私合作项目的关键是在于责任和透明。按照国际通行的做法，公私合作项目可以不列入公共部门的资产负债表，但会计核算仍然一直都是公私合作中的争议问题。以寻求资金最大使用价值为目标的公私合作安排在任何国家或地区都仍然无法回避公共利益和政府的最后责任问题。所有的制度安排都需要回应更有效率地提供公共服务这一制度初衷，因此政府承担了最后的担保责任。一旦出现任何可能损及公共利益的情形，政府可以按照合同条款中止经营权，承接公共服务。而整个责任保障的前提，在于透明的制度安排。在项目酝酿成立过程中，透明的竞争程序是保障公平、公正选择被特许人的前提。在项目运行过程中，信息公开则为合同监管和第三方监督提供依据。中国已在2008 年通过了《政府信息公开条例》①，但对于公用企业的信息公开如何安排，至今都没有明确。只有公开企业经营、产品质量等信息，才能为政府提供监管依据，也才能为第三方监督公用企业的产品和服务质量提供前提。

总结以上讨论，城市公用事业特许经营属于公私合作的一种类型，国内外对于公私合作的研究成果，对发展中国城市公用事业特许经营具有推动作用。公私合作项目的风险识别、分配和管理技术、项目的合同安排与监管、责任保证和透明机制设计都在特许经营项目中有广泛的应用。

第六节　城市公用事业特许经营的关键问题

从前面对城市公用事业的特许经营制度多视角的分析可见，这是一种很有效的激励性政府监管方法，它不仅通过投标企业的竞争提高了效率，而且减轻了监管者的负担。企业对特许经营权的竞争消除了传统政府监管所难以解决的企业对信息的垄断，是竞争决定价格而不是监管者决定价格。但在实践中，这种借助竞争的间接监管方法的实际效果，在相当程度上取决于能否有效地解决

---

① 国务院：《政府信息公开条例》（国务院令第 492 号），2008 年 5 月 1 日起施行。

特许经营权投标竞争不充分、资产转让、特许合同的款项与管理这三个关键问题。

一、特许经营权投标竞争不充分问题

造成这一问题主要有两个重要原因：一是存在投标者串通合谋的可能性，特别是当投标者数量很少时，这种可能性就更大。二是某家企业在竞争特许经营权中拥有战略性优势，其他企业就不愿与它竞争。例如，企业 A 现在拥有特许经营权，但需要重新投标竞争，如果企业 A 从它过去的经营活动中获得的经验对它减少经营成本有相当大的影响，那么，企业 A 比其他企业更有可能获得新一轮的特许经营权。这种情况会阻碍其他企业与该企业竞争未来的特许权，因为它们知道难以在竞争中取胜。当前拥有特许经营权的企业的另一个优势来自信息不对称。如果企业 A 当前拥有特许经营权，那么，企业 A 比其他企业掌握更多的有关成本和需求的信息，这也会阻碍其他企业与企业 A 争夺未来的特许经营权。这是因为，如果企业 B 以比企业 A 更低的报价夺得了特许经营权，很可能是企业 B 因不充分掌握有关信息而报价太低，企业 B 最后可能是得不偿失。这类问题有时被称为"胜利者的祸祟"（Winner's Curse），即胜利者最后会掉入泥潭而不能自拔。其影响是阻碍其他企业与掌握大量信息的企业 A 竞争特许经营权，而影响的程度则取决于竞争企业间的信息不对称程度。

可见，其基本政策含义是，为实现特许经营权投标竞争的充分性，应保证有相当数量的企业参与竞争；同时，尽可能避免实行垂直一体化经营的企业参加其中某业务领域特许经营权的竞争，以鼓励更多的企业参与公平竞争。

二、资产转让问题

假定企业 A 到目前为止拥有特许经营权，企业 B 刚在竞争中战胜企业 A 而取得了下一时期的特许经营权，那么，怎样处理企业 A 的资产呢？除非沉淀成本等于零（这是一种极端的、几乎不可能的情况），经济效益要求获得特许经营权的企业 B 从企业 A 那里接收这些资产。否则，就会造成资产的无效重复设置。

但为此如何评估这些资产？这里就存在一个双边垄断的问题。如果企业 A 没有其他选择，它就只能接受数额极小的资产报废价值；相反，如果企业 B 没有选择余地，它就只能支付高额资产的更新价值。因此，如果资产包含沉淀成本，资产的更新价值和报废价值之间的差额就相当大，达成合适的资产转让价格所产生的讨价还价和仲裁费用也将是一笔不小的数目。

资产转让问题实际上也暗示了更新特许经营权而竞争的性质。若以 X 和 Y 分别表示企业 A 和企业 B 在未来的特许经营中能够获取的利润额，它暂不考虑资产的转让成本和讨价还价的费用；以 Z 表示在企业 B 赢得未来特许经营权后付给企业 A 的资产转让成本；以 C_A 和 C_B 分别表示企业 A 和企业 B 在资产转让过程中的讨价还价费用。这样，如果企业 A 赢得了下一期的特许经营权，它就可能得到 X，如果企业 A 没有得到特许经营权，它可以得到 $Z-C_A$。所以，企业 A 争取特许经营权的刺激是 $X-(Z-C_A)$。而企业 B 在竞争中取得了特许经营权，它只能得到 $Y-Z-C_B$，如果企业 B 没有赢得特许经营权，它就一无所得。故，只要下式成立，则企业 A 比企业 B 就有更大的刺激去竞争特许经营权：

即：
$$X-Z+C_A > Y-Z-C_B$$
$$X+C_A+C_B > Y$$

当然，只要 $Z<Y-C_B$，Z 就不会阻止企业 B 和企业 A 争夺特许经营权，这是因为，虽然 Z 减少了企业 B 的刺激，但同时也减少了企业 A 的刺激。可是，如果 $Z \geqslant Y-C_B$，则 Z 的大小会影响对特许经营权的竞争，因为无论企业 B 如何投标，它都不可能得到正的利润。这就使企业 A 成为唯一的竞争者。这种情况表明，政府需要采取一定的监管措施控制 Z 的水平，以鼓励更多的企业参与特许经营权的竞争。

进一步分析，Z 的大小还会影响企业的报价水平。如果企业 B 能够以较低的价格购买企业 A 的资产，那么，企业 B 就会在投标中出较低的价格，反之亦反。与此相类似，如果企业 B 为取得企业 A 的资产必须支付较大的数额，则企业 A 就会减少竞争特许经营权的积极性。所以，Z 的大小必然影响企业对竞争特许经营权的刺激。同时，Z 的大小也是特许经营权持有企业（这里是企业 A）考虑投资决策的决定因素。如果企业 A 认为，一旦它失去了特许经营权，Z 就会很小，那么，只要在将来特许经营权更新的竞争中，企业 A 有失败的可能，它就会有尽可能减少投资的刺激；相反，如果资产会随着通货膨胀而增值，企业 A 就有过度投资的刺激。

可见，为避免资产转让中可能出现的复杂问题，有两种基本政策思路：一是由城市政府负责资产投资，而企业仅仅是竞争纯粹的特许经营权，但要从政策上防止企业破坏性使用资产；二是由取得特许经营权的企业投资，但在一定时期后无偿将资产交给政府。

三、特许经营合同的款项与管理问题

如果特许经营合同是有关一种质量、品种、需求、生产技术等十分明确的城市公用产品，那么特许人企业和被特许企业双方签订合同就相对简单，也不存在管理上的困难。但如果存在与产品有关的技术与市场的不稳定性，那么确定特许经营合同的具体款项就是一项十分复杂的工作，而且在合同执行过程中需要较为严格的政府监管。

威廉姆森对各种不同类型的特许经营合同作了重要的区别，归纳出完全合同（Complete Contract）和不完全合同（Incomplete Contract）这两大类。[1] 完全合同要求详细说明在合同有效期内供应产品的具体款项，对将来可能出现的意外情况的处理方法等。但由于市场与技术的动态变化，要准确预测未来各种可能发生的情况并反映在合同的相关款项中，这实际上是不可行的，因为对经济效益的考虑必然要求价格和质量适应需求和技术的变化情况。而不完全合同不明确规定在各种可能情况下的具体款项，但它需要对合同进行动态监管，这就不可避免地会发生相当的监管费用。

---

[1] Williamson O. E. Franchising Bidding for Natural Monopolies-In General and with Respect to CATV. Bell Journal of Economics，1976，（7）：73-104.

可见，在那些存在较大的需求波动和技术不确定性的城市公用行业或其业务领域，以特许投标方式竞争特许经营权并不比直接政府监管有更大的优势。事实上，除了对那些较为简单的产品外，特许经营还暗含了一系列并不是写在纸上的监管合同，通俗地说，需要监管者通过一系列监管活动不断地与被监管者取得协调。这也说明有效推行特许经营制度的前提条件是，必需建立有效的政府监管制度，以规范企业的特许经营活动。同时，特许经营合同是政府对特许经营企业监管的重要法律依据，这要求特许经营合同应尽可能完备而且具有前瞻性，明确政府和特许经营企业的责权利关系。

四 、特许经营期问题

城市公用事业特许经营的最后一个关键问题是特许经营期的合理长度问题。对此，我们有必要先从理论上分析"政府监管滞后效应"（Regulatory Iag Effect）。在政府监管实践中，政府监管政策并不是日新月异的，而是具有一定的稳定性。但它也不是一成不变的，政府需要根据需求和技术变化情况周期性地调整监管政策。例如，在城市公用事业特许经营中，作为特许人的政府一旦和被特许企业签订了为期 10 年的特许经营合同，企业的投资回报率等有关企业收益的政策将相对固定不变，[①] 这就为企业提供了努力降低成本，以增加利润的刺激，企业会自觉地进行生产要素的最佳组合。如果企业降低了成本，就能获得比预期的投资回报率更高的收益，当然，如果企业反而增加了成本，它就只能取得低于规定水平的收益。这种在监管政策调整周期（即特许经营期）内，对生产效率的刺激通常被认为是"政府监管滞后效应"的作用结果。如果政府缩短特许经营期，能使企业的实际投资回报率更接近规定的投资回报率，则就不存在政府监管滞后现象，但也就不存在企业追求生产效率的刺激。可见，政府监管滞后效应具有两面性，它既有相对稳定的投资回报率和不断变化的需求

---

① 按照有关规定，在城市公用事业特许经营中，政府不能向企业承诺固定的投资回报率。但企业从政府允许的收费价格和提供的补贴等相关政策以及企业的经营绩效评估中，还是能估算可得到的基本投资回报率。事实上，这也是一个理性的企业参与竞争城市公用事业特许经营权的前提。

与技术状况相背离的一面，也有刺激企业努力提高效率的一面。这也意味着，特许经营期的长度与政府监管滞后效应的强度密切相关。

从上述理论中不难推出这样的结论：政府监管滞后效应使企业在新一轮特许经营的监管政策调整前，可以通过提高生产效率取得较多的利润。延长特许经营期能增强企业通过技术创新来优化生产组合，以降低成本的刺激，但这使消费者在较长时期后才能享受到因企业提高效率而带来的利益。相反，如果特许经营期较短，消费者能在较短的时期内获得企业增进效率之利，但企业降低成本的刺激却大大减少。此外，政府监管滞后效应对企业努力降低成本、追求生产效率的刺激在整个特许经营期的分布是不均匀的。表现为企业获得特许经营权之初，企业有提高生产效率的强烈刺激，但随着时间的推移，企业就会越来越关注企业的现行努力对新一轮特许经营政策调整的影响。随着特许经营期的逼近，如果将来的管制价格等政策与现实成本水平挂钩，企业将很少，甚至毫无降低成本的刺激。这是因为，企业只能在很短的时期内获得因降低成本而带来的利益，但企业要在整个新一轮特许经营期内，因成本低而接受较低的管制价格，这种长期损失显然大大超过短期收益。所以，在新一轮特许经营期来临之际，企业宁可保持较高的成本。关心这一问题的读者，可参阅萨平顿（Sappington）的一篇论文："在动态调整过程下的企业战略行为"。[①]

从以上讨论可见，城市公用事业特许经营期的选择十分重要，这关系到政府监管滞后效应的强度和持续性，而且特许经营期的长度直接决定特许经营合同的有效期。从合同款项和管理上存在的困难而言，短期合同似乎比较合适，因为这会减少将来需要处理的意外情况。但高频率地组织竞争特许经营权会产生大量的费用，且所有在上面提到的资产评估和转让问题也会更频繁地出现，其结果会使某个城市公用行业或其特定业务领域处于动荡状况。

---

① Sappington D. Strategic Firm Behavior under a Dynamic Adjustment Process. Bell Journal of Economics，1980，(11)：360-372.

第七节　城市公用事业特许经营的主要模式

城市公用事业特许经营可采取多种模式，我们根据特许经营的产权关系，将特许经营模式分为三大类：运营管理特许经营模式、有限产权特许经营模式、永久产权特许经营模式。

一、运营管理特许经营模式

这种模式不涉及产权关系，只是在运营管理层面实行特许经营。它又可采取以下具体方式。

（一）作业外包（Operation Outsourcing）

它是指政府或其直属企业以签订外包合同的方式，将某些作业性、辅助性工作委托给外部企业或个人去承担和完成，以期达到集中于核心业务的目的。作业外包可以通过公开竞争的方式进行外包作业委托，使委托方获得更优厚的合同条件，合同期通常在 5 年以下。对在营项目还可以采用"管理竞争"（Managed Competition）的方式，让现有的运营企业与潜在竞争者展开竞争。

（二）委托运营（Operation & Maintenance Contract）

它是指政府通过签订委托运营合同，将城市基础设施的运营和维护工作交给专业运营企业完成。运营企业对基础设施的日常运营负责，但不承担资本性投资和风险，由委托方向运营企业支付服务成本和委托管理报酬。委托运营是实现专业化运营的重要模式，通过引入专业运营机构负责城市基础设施的日常运营，可以有效降低运营成本，提高基础设施的使用效率。委托运营的合同期以 5 年以内为宜，可以较好地划分运营的责任边界并约定委托管理报酬。由于合同期短，责任边界清晰，因此委托管理报酬可以通过公开竞争的方式竞价，便于委托方大幅度降低成本，并有效规避了运营成本信息不对称的问题。

二、有限产权的特许经营模式

有限产权的特许经营模式一般带有融资性质，被特许企业在特许经营期内对项目资产的所有权不是完整意义上的所有权。经营期满后，需要通过有偿或无偿的方式将项目资产移交给政府，即使在经营期内，政府对项目资产也具有特许协议下的监管权利和战略上的最终控制权。有限产权的特许经营模式以BOT最为常见，并由此衍生出BT、TOT、ROT、BOO等多种形式，是中国城市公用事业特许经营中运用最为广泛的形式，以至于一些人将特许经营等同于BOT。

（一）BOT

BOT（Build-Operation-Transfer）是建设、运营、移交的简称。它是指在政府授予的特许权下，被特许企业对设施项目进行融资，并负责建设、经营和维护这些设施，在一定期限（通常为10～30年）内向用户或特定部门收取费用；特许期满后，被特许企业将该设施及其所有权移交（通常无偿）给政府，因此，被特许企业对基础设施只有有限所有权。

（二）BOOT

BOOT（Build-Own-Operation-Transfer）是建设、拥有、运营、移交的简称。它是指政府通过特许经营协议，授权被特许企业在一定范围和一定时期内投资建设城市基础设施，并拥有项目的所有权，特许期满后，被特许企业将该设施及其所有权移交（通常无偿）给政府。在特许期内，被特许企业由于具有项目的所有权，可以将项目资产抵押给银行，以获得更优惠的贷款条件，从而降低融资成本，从而降低公用产品的价格，因此，其特许期一般比BOT长。

（三）BT

BT（Build-Transfer）是建设、移交（回购）的简称。它是指政府与被特许企业签约后，设立项目公司以阶段性业主身份负责某项基础设施的融资、建设，并在完工后即交付给政府，从而享有在一定期限内分次收回回购款（包含基础设施建设成本及融资回报）的权利。BT中政府用于回购项目的资金往往事后支付（可通过财政拨款，也可通过运营项目收费来支付），被特许企业必须出一定的资本金，不足部分以政府支付款（如可兑信用证）来获取银行有限追索权贷款。但在实际应用中，建设资金不是通过银行借的有限追索权贷款补足，而是由承包商通过其他渠道融资，造成项目融资成本高昂，虽解了政府的燃眉之急，但背离了 BT 强调的有限追索、提高效率（降低成本）、风险共担的原则，BT 方式异化为"承包商垫资建设"或"政府延期付款"。2006 年原建设部、发改委等四部委联合发文，禁止政府投资项目采用带资承包方式进行建设，政府对 BT 模式变得更加谨慎。

（四）TOT

TOT（Transfer-Operation-Transfer）是移交、运营、移交的简称。它是指政府将拥有的城市基础设施移交给被特许企业运营，通常被特许企业需要支付一笔转让款，以获得一定期限内运营管理该基础设施的收费权，并通过收费收回投资、获得回报；期满后再将设施无偿移交给政府方。

在国内实践中，TOT 方式移交给被特许企业的仅有经营权还是包含了所有权的两种交易条件都出现过。前一种交易条件下，政府资金宽裕，不需要通过项目套现，而是通过租赁获得定期租金收入，也称为 LOT（Lease-Operation-Transfer，租赁—运营—移交）方式。后一种交易条件非常类似于政府一次性收回几十年设施租金，因此也称为 POT（Purchase-Operation-Transfer，收购—运营—移交）方式。

（五）BTO

BTO（Build-Transfer-Operation）是建设、移交、运营的简称。它是指在政府授权下，被特许企业为城市基础设施融资并负责其建设，完工后即将设施所有权（项目的实体资产仍由被特许企业占有）移交给政府；随后政府再与被特许企业签订经营该设施的长期合同，使其通过收费收回投资并获得合理回报。

事实上，国内操作的相当部分名为 BOT 的项目，若严格从合同条件界定，更接近于 BTO 模式，因为其特许合同中规定政府对项目资产和土地等拥有所有权。

（六）ROT

ROT（Renovate-Operation-Transfer）是改扩建、运营、移交的简称。国内有些地方也将这种方式称为 TOT＋BOT，是指政府部门将既有的城市基础设施授权给被特许企业，由后者负责既有设施的运营管理以及扩建/改建项目的资金筹措、建设及其运营管理，当特许期满后，将全部设施无偿移交给政府部门。按照是否为受让既有设施支付一次性价格，ROT 又分为 B-BOT（Buy-Build-Operation-Transfer，购买—建设—运营—移交）和 L-BOT（Lease-Build-Operation-Transfer，租赁—建设—运营—移交）两种更为具体的方式，国内以前者居多。

（七）BOO

BOO（Build-Own-Operation）是建设、拥有、运营的简称。它是指在政府授权下，被特许企业负责投资建设城市基础设施，拥有该设施的所有权并负责设施运营。除非因严重违规等原因被政府收回特许经营权，否则被特许企业将长期拥有并经营该设施，但同时，被特许企业必须接受政府在运营质量和定价等方面的监管。

三、永久产权的特许经营模式

（一）股权/产权转让

股权/产权转让是指政府将国有独资或国有控股企业的部分股权/产权转让给外资、港澳台资或其他民营企业，从而建立和形成投资主体多元化的公司治理结构，同时政府授予新公司特许经营权，许可其在一定范围和期限内经营特定业务。通过股权/产权转让，政府可以实现基础设施投资的资金套现，转让套现的资金不留存于新公司中，很大一部分被用于其他基础设施建设，以缓解当地财政压力。

股权/产权转让方式的兴起反映了中国城市公用事业整合和企业引资改制政策和实践的演进过程。一方面，一些城市政府希望通过引入多元投资主体和战略投资者的方式，完善企业治理结构，提高企业管理水平和经营绩效。另一方面，在外资、港澳台资和民间资本进入城市公用事业时，由于担心政治风险，希望获得基础设施的所有权。在 2002 年我国颁布的《外商投资产业指导目录》中，明确将大中城市的供水管网列为外商可进入的限制类行业，此后，外资通过股权/产权转让模式进入管网领域的投资项目数量和规模逐步增大。

（二）合资合作

合资合作是指政府以城市公用企业的资产与外资企业、港澳台资企业或其他民营企业（通常以现金方式出资）共同组建合资公司，负责经营原来国有的基础设施和业务。同时，政府将授予新的合资公司特许经营权，许可其在一定范围和期限内经营特定业务。

合资合作的方式可以扩大原国有独资企业的资产规模，很大程度上缓解了国有企业扩张的资金压力，与城市政府通过出售股权套现的目的不同，合资合作更多的是出于企业做大做强的愿望。但为了做大资产规模，合资合作的项目一般也将管网资产打包入股，降低了政府对管网的控制权。同时，与股权/产权转让相类似的，由于原有企业股权被稀释，企业的经营决策将受到多方影响，特别是当合资合作方为竞争对手时，企业发展战略容易暴露，制约企业发展。

四、不同特许经营模式的比较

城市公用事业特许经营模式及其具体特许经营方式在运作方式、产权归属、风险收益分配和适用性等方面都存在差异。这里我们择其运作方式和适用性这两方面的差异作一简要分析。

（一）运作方式

在运营管理特许经营模式中，政府以采购的方式获得公用产品，然后提供给社会公众，政府与被特许企业签订特许经营合同，被特许企业主要负责城市基础设施的运营管理并获得相应收益，如图 2-2 所示。

在有限产权特许经营模式中，政府与被特许企业签订特许经营合同，组建项目公司，由项目公司负责城市基础设施的建设和运营并获得相应的投资回报，特许经营期满后将资产按合同转让给政府，如图 2-3 所示。

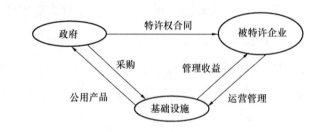

图 2-2　运营管理模式的运作方式

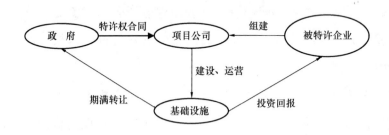

图 2-3　有限产权模式的运作方式

在永久产权特许经营模式中，政府通过向被特许企业转让股权或合资的形式组建合资公司，政府与合资公司签订特许经营合同，由合资公司负责城市基础设施的建设、运营并获得相应的投资回报，如图 2-4 所示。

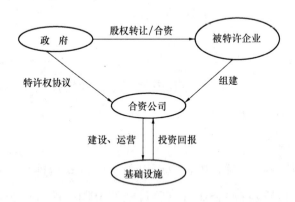

图 2-4　永久产权模式的运作方式

（二）不同运营模式的适用性评价

特许经营具体方式的选择取决于许多因素，其中，基础设施项目本身的特性和作为特许经营特许人的政府与作为被特许人的企业的期望目标起决定性作用。项目本身的特性包括技术复杂性、营利性、生产或消费的规模、资金需求的规模等，有的项目建造费用或风险较低，但运行维护费用或风险较高，有的项目则反之，建造费用或风险较高，但运行维护费用或风险较低。从特许经营双方的期望目标来看，对政府而言，有的地方政府希望通过特许经营实现项目融资，减轻政府的财政压力，有的地方政府则是希望通过特许经营建立健全市场运行机制，引入先进的管理者和运营商，促进技术进步和提高项目的运营管理效率。对被特许企业而言，有的企业目的在于从特许经营项目中获取投资最大利润，有的企业则关注长远，希望与政府部门建立良好关系，进一步扩大市场占有率。

需要指出的是，政府在考虑采用何种具体的特许经营方式时，通常需要考虑的因素包括：有无收费机制、项目经济强度、行业竞争性、排他性、公众消费心理、项目建设形态（存量/新建/改扩建）。另外，城市政府领导人改革的政治决心也非常重要，因为事实上即使是同一个项目，也可以制定和实施从运营管理外包到股权/产权转让的不同模式的特许经营运作方案。根据城市公用事业基础设施的建设形态类型，我们可归纳相应的特许经营方式并描述其适用性，见表2-1。

水务设施特许经营模式及其适用性 表2-1

设施类型	特许经营模式	适 用 性
新建城市 基础设施	BT	新建设施缺乏收费补偿机制，政府财力薄弱，投资者融资能力强，主要用于管网的建设投资
	BOT	新建设施具有收费补偿机制，被特许企业在合同期内（一般为20～30年）拥有设施所有权，并向用户或政府收取费用
	BTO	新建设施具有收费补偿机制，设施建成后即向政府转让所有权，但负责合同期内的设施运营，并向用户或政府收取费用
	BOO	新建设施的收益不高，易于监管，被特许企业拥有设施的永久性产权

续表

设施类型	特许经营模式	适 用 性
已建城市基础设施	作业外包	辅助性业务，易于监管，由授权者向被特许企业支付一定的费用
	委托运营	设施的物理外围及责任边界清晰，不确定因素少，政府财力充足
	TOT	设施具有收费补偿机制，特许经营权转让费用的多少取决于政府是否急于基础设施投资套现
	产权/股权转让	主要为引入战略投资者，多用于终端处理设施与管网的整体打包转让
改扩建城市基础设施	ROT	BOT＋TOT方式，将新建基础设施的建设与已有设施的运营管理相结合

第三章　城市水务行业的特许经营实践

自 20 世纪 90 年代试点城市水务行业特许经营项目以来，经过十余年的探索和发展，城市水务行业已基本实现了投资主体多元化、设施运营企业化，一定程度上缓解了城市水务行业资金不足的难题，也提高了城市水务行业建设运营的效率和服务水平。本章考察城市水务行业特许经营的历程、现状及其主要成效，在此基础上重点总结城市水务行业特许经营存在的关键问题。

第一节　城市水务行业特许经营的历程与现状

一、城市水务行业特许经营的历程

20 世纪 90 年代中期，随着经济建设的加快，市政公用事业的国家垄断开始逐步放开，面对日益突出的水务设施建设资金短缺和经营效率低下的矛盾，以特许经营制度为核心的城市水务行业市场化改革开始逐步深入，城市水务行业特许经营的实施大致经历了"试点—发展—提升"三个阶段。

（一）城市水务特许经营的试点阶段

20 世纪 90 年代中期至 2002 年，是城市水务特许经营探索试点阶段，以1995 年原建设部出台《市政公用企业建立现代企业制度试点指导意见》为标志。我国公用行业开始打破垄断、推进企业化和市场化的步伐，泰晤士、威立雅等"洋水务"通过资本优势试水中国的水务市场。中法水务 1995 年以 1.25 亿美元购得沈阳市第八水厂 50% 股权，合同期限 30 年；泰晤士集团 1996 年以 6800 万美元通过 BOT 取得上海大场水厂为期 20 年的经营权；1997 年，成都市第六水厂 B 厂作为原计委审批的首个城市水务行业的 BOT 示范项目，以项目融资的方式引入法国威立雅和日本丸红株式会社，二者分别出资 60％和 40％。该项目开创了城市水务建设向外商直接投资开放并允许外商独资的先河，建设所需资金由外方自行承担，打破了水务设施完全由各级政府运用财政性自己直接投资建设的传统做法，对后来的 BOT 模式发展影响深远。

（二）城市水务特许经营的加速发展阶段

2002 年至 2005 年，是城市水务特许经营加速发展阶段，以 2002 年 12 月原建设部出台《关于加快市政公用行业市场化进程的意见》为标志。面对日益紧张的市政设施建设资金的短缺以及民间资本、港澳台资本和国外资本大量介入水务等市政行业的局面，政府明确提出要在公用部门进行市场化改革，引入竞争机制，实行市政公用行业特许经营。随着《市政公用事业特许经营管理办法》的实施，外国资本和民间资本进入中国水务市场的法律、法规、政策等制度障碍得以解除，城市水务特许经营项目得到快速发展。在这一阶段，特许经营项目集中出现在经济较为发达的大中重点城市，项目规模普遍较大，较为典型的就有上海、北京、深圳、南京、常州、合肥、徐州、哈尔滨等城市的水务设施通过 BOT、TOT 等特许经营的方式，引进外资、港澳台资或民间资金，进行市场化经营。这一阶段以上海浦东自来水公司 50％股权转让项目为起点，从单一水厂特许经营逐渐向包含制水、管网际销售的供水全系统项目特许经营方式转变，且均为合资方式。其他典型项目如重庆江北水司 60％股权转让、常州水司 49％国有产权转让、芜湖水司 75％产权转让等。当然，这一时期也出现过以制水厂、污水处理厂等终端处理设施为对象的市场化方式，如厦门水务集团将几个污水处理厂和自来水厂分别打包转让 55％和 45％股权给中环保水务，但相对比较少见。

尽管这一阶段城市水务特许经营取得了快速发展，已基本实现城市水务企业化经营的改革目标，但经过近 10 年的探索和发展，也逐步暴露出一些特许经营制度实施过程中的问题和矛盾，如合同不规范、承包商带资承包建设、固定或变相固定投资回报等问题，较为典型的项目如，2004 年上海水务资产经营发展有限公司以 12％左右的回报率，折合 6.16 亿元现值回购上海泰晤士大场自来水有限公司 100％的股权，使政府财政和公众利益蒙受了巨大损失，也一定程度影响了政府诚信。

（三）城市水务特许经营的规范提升阶段

2005 年至今，是城市水务特许经营规范提升阶段，以 2005 年 9 月原建设部出台《关于加强市政公用事业监管的意见》为标志。在探索试点和加速发展的两个阶段基础上，城市水务特许经营项目得到进一步规范，外资进入中国水务市场的步伐开始趋缓，国内水务企业依托属地优势和资本运作，以具有一定实力的国资背景的水务集团和上市公司为重点，跨地区参与水务企业的改革重组和投资运营，已培育深水、北排、首创、中环保等水务专业运营商的服务品牌，并已拥有桑德、创业环保、首创、安徽国祯等 10 多家国有或民营涉水上市公司。

2013 年 10 月，国务院正式颁布《城镇排水与污水处理条例》，并提出"国家鼓励实施城镇污水处理特许经营制度。具体办法由国务院住房城乡建设主管部门会同国务院有关部门制定"。这是第一次以国家立法的形式确立了在污水处理行业实施特许经营制度，并将由行业主管部门负责制定特许经营的具体办法。同年 11 月，党的十八届三中全会明确指出，"允许社会资本通过特许经营等方式参与城市基础设施投资和运营"，同时要求"制定非公有制企业进入特许经营领域具体办法"。显然，在经过十几年的改革摸索后，在国家层面已经对城镇水务行业推行特许经营达成了统一共识，城镇水务特许经营制度将进一步得到完善。可以预见，随着制度障碍的不断消除和操作程序的不断规范，城镇水务行业在未来一段时间内将再次迎来特许经营的高潮。

为了更加直观、全面地反映城市水务特许经营的实施情况，我们对全国 430 个城市的 929 个水务企业进行了问卷调查，并赴部分典型城市作了实地调研，本次调研截至 2011 年 8 月底。

在被调研的水务企业中，事业单位 102 个，国有及国有控股企业 513 个，民营企业 182 个，外资企业 38 个，港澳台资企业 26 个，其他 68 个，分别占调查企业总数的 10.98％、55.22％、19.59％、4.09％、2.80％和 7.32％，如图 3-1

所示。

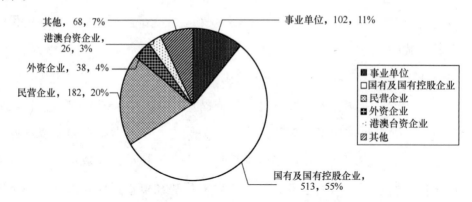

图 3-1　问卷调查中不同类型水务企业的数量与比例

从被调研水务企业的地区分布看，东部地区的水务企业 606 个，占调查企业的 65.23%；中部地区 173 个，占 18.62%；西部地区 150 个，占 16.15%。[①]如图 3-2 所示。

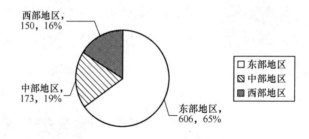

图 3-2　问卷调查中各区域企业的数量与比例

调研的 929 个水务企业共上报特许经营项目 395 个，其中供水特许经营项目 51 个，污水处理特许经营项目 344 个。可见，在水务行业中，污水处理特许经营项目占较大比重。同时，为加强主管部门对特许经营项目的监管，大多数特许经营项目对特许经营协议进行了备案，共有 331 个特许经营项目进行了协议备案，备案率达到 83.80%。

根据城市水务行业特许经营实施的三个阶段，我们将时间划分为：2002 年

---

① 根据《中国统计年鉴》，东部地区包括北京、天津、河北、辽宁、吉林、黑龙江、海南、安徽、山东、广东、福建、浙江、上海、江苏；中部地区包括河南、湖北、湖南、江西、山西、内蒙古；西部地区包括陕西、宁夏、甘肃、四川、重庆、贵州、广西、云南、西藏、青海、新疆、新疆生产建设兵团。

以前、2002～2005 年间和 2006 年至今，通过比较不同时间段注册成立的非国有水务企业的数量和实施特许经营的水务企业数量，来验证城市水务行业实施特许经营的改革历程。在课题组调查的企业中，共有 242 个非国有水务企业填报了注册时间，如表 3-1 所示。其中，2002 年前注册成立的企业 46 个，2002～2005 年间注册成立的企业 82 个，2006 年至今注册成立的企业 114 个。具体到城市供水行业，共有 59 个非国有供水企业填报了企业注册时间，其中，2002 年前注册成立的有 23 个，2002～2005 年间注册成立的有 17 个，2006 年至今成立的有 19 个。在城市污水处理行业，填报了注册时间的非国有污水处理企业共 183 个，其中，2002 年前注册成立的有 23 个，2002～2005 年间注册成立的有 65 个，2006 年至今注册成立的有 95 个。

不同阶段非国有水务企业的注册数量（单位：个）　　　　　　　表 3-1

时间 ＼ 行业	供水行业	污水处理行业	城市水务行业合计
2002 年以前	23	23	46
2002～2005 年	17	65	82
2006 年至今	19	95	114
合计	59	183	242

具体到城市水务特许经营项目，在上报的 395 个水务特许经营项目中，共有 288 个特许经营项目填报了实施时间，如表 3-2 所示。可见，2002 年前实施特许经营的项目 3 个，全部是供水项目。2002～2005 年间实施特许经营的项目上升至 70 个，其中 60 个是污水处理项目，10 个是供水项目。2006 年至今实施的特许经营项目 215 个，其中 194 个是污水处理项目，21 个是供水项目。

不同阶段实施特许经营的水务企业数量（单位：个）　　　　　　表 3-2

时间 ＼ 行业	供水行业	污水处理行业	合计
2002 年以前	3	0	3
2002～2005 年	10	60	70
2006 年至今	21	194	215
合计	34	254	288

可见，就城市水务行业而言，随着近年来不断鼓励非国有资本进入，非国有资本进入的企业数量呈稳步递增的趋势，随着时间的推进，城市水务行业的市场开放度在不断增加，各地对非国有企业的限制在逐步放开，陆续在城市水务行业推行特许经营，非国有企业获得了越来越多的行业准入机会，但城市供水行业和污水处理行业则呈现出截然不同的时间分布特征。进入供水行业的非国有企业数量在2002年后基本保持稳定，甚至低于2002年前的数量，而进入污水处理行业的非国有企业数量则增幅显著，如图3-3所示。

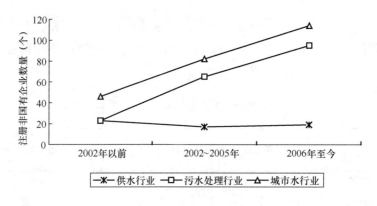

图 3-3　不同阶段非国有水务企业的注册数量

与非国有企业进入城市水务行业的时间分布类似，城镇供水项目实施特许经营的数量增幅明显低于城镇污水处理项目，如图3-4所示。2002年以前，水务特许经营项目基本都集中在供水行业，污水处理特许经营项目非常少见，这与我国的污水处理行业在2002年以前还处于起步发展阶段有很大的关系。但随

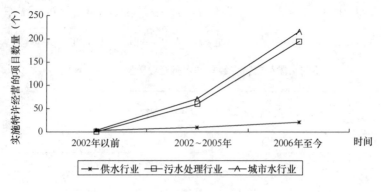

图 3-4　不同阶段实施特许经营的项目数量

后，污水处理特许经营项目陡增，特别是 2006 年以来持续保持着较大幅度的增长，而供水特许经营项目数量的增幅则维持在较低水平。这一方面反映了中国城市水务行业特许经营制度的不断推进，另一方面也反映了城镇供水行业推行特许经营的速度滞后于城镇污水处理行业。这主要是由于社会对供水水质安全十分敏感，但在特许经营快速发展阶段，一些地方（特别是一些中小城市）的供水特许经营项目由于管理不善，出现了供水安全事故，如 2009 年的湖北南漳的自来水水质超标和内蒙古赤峰市新市区的水污染事件等，造成了极坏的社会影响，导致各地对城镇供水行业特许经营抱着更为谨慎的态度。

二、城市水务行业的企业改制情况

企业改制是城市水务实施特许经营的前提条件，同时特许经营又是企业改制的一种重要方式和途径。

（一）改造水厂①数量

在调研企业中，共有 728 个水务企业上报了 1350 个水厂信息，涉及国有及国有控股企业 507 个，民营企业 182 个，外资及港澳台企业 39 个。其中，已改制的自来水厂 153 个，污水处理厂 140 个。从全国总体来看，自来水厂的改制率为 25.93%，污水处理厂的改制率为 18.42%。同时，在已改制的自来水厂中有 105 个拥有所有权或经营权，占比为 68.63%，已改制的污水处理厂中有 108 个拥有所有权或经营权，占比 77.14%。

（二）水厂改制方式

在调研企业中，共有 150 个企业上报改制方式，其中，以 BOT 或 TOT 等特许经营方式改制的企业最多，共 52 个，占比 34.67%，另有 35 个企业的改制方式为事业单位转企，占比 23.33%，仅有 6 个企业的改制方式为管理层收购，占比 4.00%。详见图 3-5。

---

① 本报告中的水厂包括自来水厂和污水处理厂。

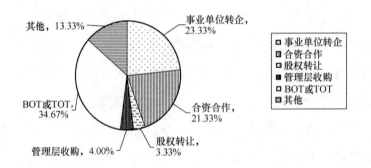

图 3-5　水厂改制方式情况分布图

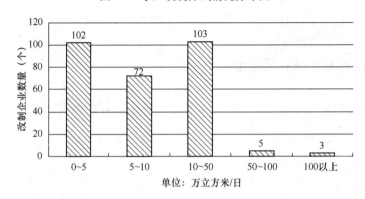

图 3-6　问卷调查中改制水务企业的规模分布

（三）改制水厂的规模

课题组对调查企业中的改制水厂规模做了比较分析，如图 3-6 所示。结果发现，改制水厂规模主要集中在设计能力 0～5 万立方米/日和 10～50 万立方米/日。其中，设计能力为 10～50 万立方米/日的水厂中有 103 个改制，0～5 万立方米/日的水厂中有 102 个改制，5～10 万立方米/日的水厂中有 72 个改制。相对而言，50 万立方米/日以上规模的水厂很少改制。这说明城市水务企业的改制主要集中在中小企业，地方政府对大型水厂的改制较为谨慎。

（四）水厂改制后取得的成效

从调研结果来看，水厂改制后取得的成效主要体现在水厂的内涵发展方面，包括管理水平和效率的提高、产品/服务质量和水平的提高以及加强员工培训等，对于在资产规模、技术工艺改进等方面取得的成效稍弱，在成本、盈利、市场份额和竞争力等方面得到改善的改制水厂数量则相对较少。水厂改制后共有 197 个水厂表示提高了管理水平和效率，157 个水厂反映提高了产品/服务质量和水平提高，142 个水厂改制后能够加强员工培训，138 个水厂改制后资产规模扩大，121 个水厂引进先进工艺和技术设备，116 个水厂的职工待遇提高，105 个水厂的行业竞争力提高，等等。可见，水厂通过改制能够实现管理水平和效率提高、产品/服务质量和水平提高、加强员工培训、资产规模的扩大等目标。详见表 3-3。

水厂改制后所取得的成效统计表（单位：个）   表 3-3

水厂改制成效	全国合计	东部地区	中部地区	西部地区
管理水平和效率提高	197	142	21	34
产品/服务质量和水平提高	157	117	15	25
加强员工培训	142	104	14	24
资产规模扩大	138	99	14	25
引入先进工艺和技术设备	121	94	13	14
职工待遇提高	116	90	9	17
行业竞争力增强	105	80	9	16
盈利能力提高	85	63	8	14
业务扩张	82	57	11	14
成本下降	76	59	9	8
其他	10	8	1	1

三、城市水务行业特许经营的现状

特许经营是城市水务市场化改革的核心内容和重要手段，城市水务特许经营的实施情况与水务行业的市场化程度密切相关，只有通过不同所有制企业相互竞争，城市水务特许经营才可能取得理论上预期的效果。另一方面，只有通过特许经营模拟市场竞争机制，城市水务行业才有可能形成多种所有制企业有效竞争的市场结构。

为分析我国城市水务行业特许经营现状，我们对水厂的运营模式进行了调研。在上报水厂中，共有 463 个水厂上报运营模式。其中，338 个水厂的运营模式为特许经营，占比 73%；92 个水厂的运营模式为政府指定企业或单位机构运营，占比

19.87%；少数水厂由主管部门负责运营，数量仅有 13 个；此外还有 20 个水厂采取其他运营模式。可见，特许经营已逐步成为我国水厂的主要运营模式。如图 3-7 所示。

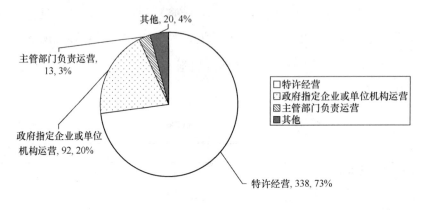

图 3-7　水厂运营模式分布图

由于我国不同地区的社会、经济发展水平不同，城镇水务行业实施特许经营的程度和优劣呈现出很大的区域差异，各地在实施水务特许经营的目的、具体的运营模式、协议规范程度以及特许经营期的设置等方面都各有不同。其中，直辖市和东部沿海地区的城镇供排水特许经营制度的实施程度高，这与该地区的经济发展水平较高、整体经济市场化程度高、制度建设相对完善有很大关系。另外，良好的政府信用也有助于吸引社会资本积极在该地区开展业务。相比较而言，东北地区和中西部地区实施特许经营的程度不高，大多数项目还是利用了国债和地方配套资金。在政府财政资金投入减少的情况下，东北地区和中西部地区的供排水设施建设、更新改造和维护面临着较大的挑战。

（一）实施城市水务特许经营的目的

在 320 个城市水务特许经营项目中，共有 187 个企业认为缓解政府投资压力是非常显著的，99 个认为显著，而认为一般、不太显著以及不显著的项目数量十分少见。共有 159 个认为提高企业运营效率的目的非常显著，120 个认为显著，30 个认为一般，6 个认为不太显著，2 个认为不显著。同样，引入民间资本、促进市场竞争、促进国有企业改革三个目的中，非常显著和显著的选项占据较大占比。综上所述，缓解政府投资压力、提高企业运营效率、引入民间资本、促进市场竞争以及促进国有企业改革对于特许经营的目的而言都是十分重要和显著的。详见表3-4。

实施水务特许经营目的总体统计表（单位：个）　　表3-4

实施特许经营目的	非常显著	显著	一般	不太显著	不显著	合计
缓解政府投资压力	187	99	28	4	2	320
提高企业运营效率	159	120	30	6	2	317
促进市场竞争	136	91	53	16	10	306
引入民间资本	130	87	50	11	23	301
促进国有企业改革	110	104	68	13	10	305

（二）城市水务特许经营项目的运营模式

在上报的特许经营项目中，共有360个项目上报特许经营模式，BT/BOT/BOO模式最为普遍，共有246个特许经营项目采用该类模式，占比68.33%。可见，超过半数的特许经营项目的目标是解决项目投资建设阶段融资难的问题。采用TOT/ROT模式的特许经营项目有62个，占比17.22%。相比较而言，委托运营、服务/作业外包以及其他模式在水务特许经营模式中仅占较小比重，占比分别为8.06%、3.89%、2.50%。详见表3-5。

水务特许经营项目的运营模式（单位：个）　　表3-5

地区	各类特许经营模式的项目数量					合计
	BT/BOT/BOO	TOT/ROT	委托运营	其他	服务/作业外包	
东部地区	193	44	22	10	8	277
中部地区	36	14	3	1	0	54
西部地区	17	4	4	3	1	29
全国总体	246	62	29	14	9	360
占比（%）	68.33	17.22	8.06	3.89	2.50	

（三）城市水务特许经营项目协议的规范内容

在特许经营协议规范内容的统计中，除少数项目外，多数项目已经明确规定了特许经营期、项目融资方式、土地使用权、经营范围、水质、水量、水价及其调整、设施移交、股权转让、税费、恢复性大修、终止补偿、争议解决等内容。

详见表 3-6。

水务特许经营协议规范内容总体统计表（单位：个） **表 3-6**

特许经营协议的 规范内容	非常明确	较明确	一般	不太明确	不明确	合计
特许经营期	263	49	3	1	3	319
水质	250	58	10	0	1	319
经营范围	245	65	9	0	0	319
水量	227	71	16	2	1	317
土地使用权	214	72	22	4	2	314
项目融资方式	211	67	27	1	3	309
设施移交	208	72	22	1	6	309
水价及其调整	181	83	34	11	4	313
股权转让	176	75	33	4	9	297
税费	174	68	43	19	7	311
争议解决	170	78	41	12	6	307
恢复性大修	167	74	50	12	7	310
终止补偿	163	77	35	15	0	290

（四）城市水务特许经营项目的特许经营期

在上报的 395 个特许经营项目中，共有 272 个项目上报特许经营期，以20～29 年期的特许经营项目最多，共 141 个，占比 51.84%，而特许经营期为 30 年的项目数为 105 个，占比 38.60%。相比较而言，特许经营期在 19 年以下以及 30 年以上的项目数量很少。可见，城市水务特许经营项目的特许经营期范围大多集中在 [20，30]。如图 3-8 所示。

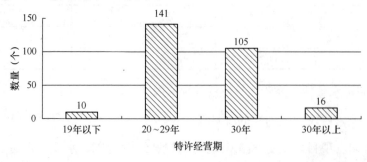

图 3-8　水务特许经营项目特许经营期的区间分布图（单位：%）

第二节　城市水务行业特许经营的主要成效

自 20 世纪 90 年代中期以来，特别是 2002 年原建设部出台《关于加快市政公用行业市场化进程的意见》以来，我国以特许经营制度为核心的市政公用事业改革，有力地促进了城市水务行业的发展，提高了城市水务服务的运行效率和服务质量，取得了显著成效。

企业是城镇水务实施特许经营的市场主体，对特许经营的成效有更为深刻和直接的认识。从调研结果看，多数企业认为特许经营能够盘活资产，填补资金缺口，降低成本，提高服务水平、管理水平、技术水平、盈利能力以及职工待遇。具体而言，有 131 个项目认为通过特许经营盘活资产、填补资金缺口的效果非常显著，另有 104 个项目表示显著。有 113 个项目表示特许经营对降低成本的效果非常显著，另有 90 个项目表示显著。有 176 个项目表示特许经营对服务水务提高的效果非常显著，103 个项目表示显著。各企业对特许经营取得的其他效果的反映情况依此类推，详见表 3-7。

特许经营取得的成效统计表（单位：个）　　　　表 3-7

特许经营取得的成效	非常显著	显著	一般	不太显著	不显著	合计
服务水平提高	176	103	26	5	1	311
管理水平提高	175	108	25	4	0	312
成本下降	113	90	82	9	12	306
技术水平提高	170	109	28	4	0	311
盘活资产，填补资金缺口	131	104	47	12	9	303
盈利能力提高	92	100	78	20	19	309
职工待遇提高	83	96	82	34	15	310

从特许经营推动城市水务行业发展的成效看，主要体现在以下几个方面。

一、加快了城市水务行业投融资体制改革

城市水务行业实施以特许经营为核心的市场化改革以来，各类社会资金进入到城市水务行业，形成了多元化投资结构，缓解了长期以来单纯依赖政府投资以致设施严重不足的矛盾，带动了城市水务行业的快速发展。

从调研的水务特许经营项目上报资金来源渠道来看，自有资金和银行贷款仍是特许经营项目资金的主要来源。被调研的水务特许经营项目资金总额为281.86亿元，其中，自有资金143.89亿元，占比51.05%，其次为银行贷款，数额为120.33亿元，占比为42.69%，而发行债券以及其他资金来源微乎其微，其中，发行债券0.41亿元，其他资金来源17.22亿元。可见，自有资金和银行贷款仍是水务特许经营项目资金的主要来源，债券、股票等融资渠道还有待进一步拓宽。详见表3-8。

水务特许经营项目资金来源与比例　　　　　　　表3-8

地区	比例、数额	自有资金	银行贷款	发行债券	其他	合计
全国总体	数额（亿元）	143.89	120.33	0.41	17.22	281.86
	占比（%）	51.05	42.69	0.15	6.11	—
东部地区	数额（亿元）	113.50	85.95	0.41	4.72	199.86
	占比（%）	56.79	43.01	0.21	2.36	—
中部地区	数额（亿元）	14.35	21.85	—	10.41	46.61
	占比（%）	30.79	46.89	—	22.32	—
西部地区	数额（亿元）	16.04	12.53	—	2.10	30.70
	占比（%）	52.32	40.85	—	6.83	—

在上报的水务特许经营项目中，股权资本合计221.17亿元，其中国有及国有控股企业是特许经营项目股权资本的主要来源，达到95.82亿元，占比为43.32%，其次是外资企业，占股权资本的18.93%，民营企业和港澳台企业占的股权资本比例相当，分别为10.60%和6.09%。可见，尽管对于具体的民营、外资和港澳台资本，国有及国有控股资本占有一定优势，但总的非国有资本占

特许经营项目股权资本的比例已超过一半。可以说，特许经营有效地引入了民间资本，很大程度上促进了城市水务行业混合所有制企业的形成。详见表3-9。

水务特许经营项目运营单位的股权资本比例（单位：％）　　　　表3-9

地　区	各类运营单位股权资本比例				
	国有及国有控股	外资	民营	港澳台资	其他
全国总体	43.32	18.93	10.60	6.09	21.05
东部地区	47.59	17.00	10.14	5.47	18.73
中部地区	30.12	4.99	18.34	2.44	44.16
西部地区	86.95	3.73	7.07	1.03	1.22

从地区间的比较来看，西部地区水务特许经营项目的国有及国有控股的比例最高，达到86.95％，超出全国平均水平的1倍，这一方面反映出西部地区市场化改革的进展较为缓慢，另一方面也说明由于西部地区水务行业发展的宏观经济社会环境状况较差，导致水务特许经营项目的盈利能力较差，而民间资本进入的风险更高，因此民间资本在通过特许经营项目进入水务行业的过程中存在着"挑肥拣瘦"，较少参与西部地区的水务特许经营项目。外资企业的布局重点在我国的东部地区，在中西部地区水务特许经营项目中所占的股权资本比例较低，分别为4.99％和3.73％，而外资在东部地区的比例则高达17％，这主要是由于东部地区的经济较为发达、市场化程度较高、制度较为完善、政府承诺的可信度较高。详见图3-9。

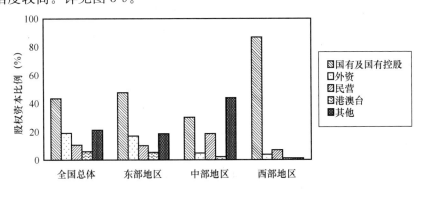

图3-9　水务特许经营项目运营单位的股权资本比例的地区分布

此外，在调研的水务特许经营项目中，共有 146 个项目上报非国有资本的占比情况。其中，非国有资本 100％控股的项目有 105 个，占比 71.92％，另有 22 个项目的非国有资本占 51％～99％的股权，股权比例在 50％以下的项目数极少，仅有 19 个，占比分别为 15.07％和 13.01％。可见，非国有资本通过特许经营进入水务行业时，主要采取 100％控股的方式，或至少是占 51％以上的绝对控股权，详见表 3-10。对此，我们进一步对一些非国有水务企业进行了访谈，这些企业在不同程度上都表示倾向于以控股方式参与水务特许经营项目，主要是为了使得企业进入后能够具有相对独立的自主决策权，以此保障资金的收益。

水务特许经营项目运营单位的非国有资本股权比例的结构（单位：％）　表 3-10

地　区	非国有资本的股权比例		
	100％	51％～99％	50％以下
东部地区	66.04	17.92	16.04
中部地区	100.00	0.00	0.00
西部地区	61.54	23.08	15.38
全国总体	71.92	15.07	13.01

二、促进了城市水务企业市场主体的确立

实施特许经营制度以前，城市水务服务主要由政府所属的事业单位或事业单位型的传统企业负责提供，普遍存在机构臃肿、效率低下、管理落后、亏损严重等问题。实施特许经营后，通过 BOT、TOT 等模式引入外资企业、港澳台企业和民营企业，跨区域参与水务企业改制、重组、投资和运营，打破了服务垄断的局面，基本形成了以市场为导向的企业化运营机制。

在上报的特许经营项目中，国有及国有控股企业与民营企业是主要的项目运营单位的主体，各占 38.07％，其次为外资企业和港澳台企业，分别占比 8.24％和 7.67％。相比较而言，由事业单位运营的特许经营项目十分少见，仅有 4 个，占比为 1.14％。详见表 3-11。

水务特许经营项目运营单位的企业类型（单位：个）　　　　**表3-11**

地区	运营单位企业类型						合计
	事业单位	国有及国有控股企业	民营企业	外资企业	港澳台企业	其他	
东部地区	2	103	105	26	23	16	25
中部地区	2	16	18	1	2	7	46
西部地区	0	15	11	2	2	1	31
全国总体	4	134	134	29	27	24	352
占比（%）	1.14	38.07	38.07	8.24	7.67	6.82	100

三、提高了城市水务行业的服务水平

随着特许经营制度的实施，城市水务的服务能力不断增强，服务覆盖率持续上升。截至2012年底，全国城镇（设市城市、县城、建制镇）供水能力达4亿立方米/日，服务人口6.8亿，年供水总量747亿立方米，用水普及率30多个百分点。同时，城镇污水处理设施建设也实现跨越式发展，截至2013年底，全国城市和县城累计建成污水处理厂3500多座，处理能力1.58亿立方米/日，年污水处理量约450亿立方米，城市污水处理率达87%，年削减化学需氧量1120多万吨。以江苏省为例，截至2010年底，江苏省380座城镇污水处理厂中已有248座达到一级A排放标准，这当中社会资金通过特许经营投资的污水处理厂就占了约1/3。

可见，随着以特许经营制度为核心的城市水务行业市场化改革的推进，城市水务行业的服务水平和服务效率得到了明显提升，特别是在专业培训、客户服务、财务管理、设施维护与技术引进等方面有了显著提升。很多企业获得了ISO 9002认证，并通过更新和扩建管网，引进先进技术、提升管理水平等，企业的产销差和管网漏损率等有了显著降低，而水质达标率、污水处理率、污染物削减量等质量指标有了显著提高。

通过企业改制、促进竞争的方式，也激励了企业降低成本。课题组分别就改制和未改制水厂（包括自来水厂和污水处理厂）的成本和价格进行了比较，调研发现，改制水厂的平均吨水成本和价格均低于未改制水厂，如表 3-12 和图 3-10 所示，改制水厂的平均吨水成本和价格分别为 0.55 元/吨和 1.11 元/吨，成本价格差为 0.56 元/吨，而未改制水厂的成本和价格则分别为 1.28 元/吨和 1.34 元/吨，成本价格差仅为 0.06 元/吨，价格基本仅能弥补成本，难以盈利。两相比较，改制水厂的成本不足未改制水厂成本的一半，而且价格也低了 0.23 元/吨，甚至还低于未改制水厂的成本，因此改制水厂的收益要高于未改制水厂。

改制与未改制水厂的成本价格比较 表 3-12

水厂类型 \ 指标	吨水成本（元/吨）	吨水价格（元/吨）	成本价格差（元/吨）
改制水厂	0.55	1.11	0.56
未改制水厂	1.28	1.34	0.06
差值	−0.73	−0.23	0.5

注：差值为改制水厂各项指标值减未改制水厂各项指标值。

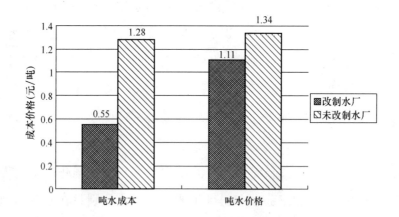

图 3-10 改制水厂与未改制水厂的成本价格

四、培育了具有市场竞争力的大型水务企业

城市水务特许经营制度的实施，不仅促进了行业的发展，同时也带动了产

业的快速增长，培育了一大批规模较大、技术先进、管理高效、产业链完备的水务企业，促进了城市水务产业的快速发展。以经济发达地区有国资背景的水务企业、上市公司为起点，培育了若干大型水务集团，形成了一批有影响力的品牌企业。例如：以深圳水务集团和北京排水集团等为代表的传统国有水务企业，积极进行了产权结构的改制，提高了市场竞争力也带动了产业结构的优化调整。以首创股份、创业环保、中环保等上市公司或投资公司为代表的社会资金积极投入城市水务产业。

（一）国有及国有控股水务企业

传统的国有自来水公司和污水处理公司，曾经是计划经济体制下城市水务行业运营管理的核心力量。在开放市场、国企改制的大背景下，传统的国有水务企业积极进行了产权结构改革。这些传统的国有水务企业以中心城市供水或污水处理企业为核心，以国有资产行政划转方式（少数为并购方式）合并周边区县的国有供水或污水处理企业，通过资产整合形成了一批具有较大规模和较强实力的城市供水集团或排水集团，如北京、杭州、太原、武汉、合肥等地。而且有的城市通过供排水一体化，形成了专业的综合性城市水务集团，如深圳、沈阳、乌鲁木齐、重庆、厦门、哈尔滨、西安等地的国有水务集团。目前，中国已相继组建的水务集团有 80 余家，通过整合资源、拓宽业务领域，极大地提高了企业的综合实力和业务发展能力。我们主要以深圳水务集团和北京排水集团为代表，介绍传统国有及国有控股水务企业的发展。

深圳市水务（集团）有限公司由原深圳市排水管理处和原深圳市自来水（集团）有限公司在 2001 年底合并成立。2004 年，按照深圳市政府进行国际招标改革的统一部署，深圳水务集团通过国际招标引入了世界三大水务企业之一的法国威立雅水务及通用首创水务投资有限公司作为战略合作伙伴，正式转变成为中外合资企业。截至 2012 年年底，深圳水务集团总资产 140.4 亿元，净资产 81.6 亿元，深圳水务集团的供水能力达 799 万吨/天，居全国首位，污水处理能力达 272 万吨/天，为全国 1800 多万人口提供优质、高效的水务服务。深圳水务集团在全国七个省通过特许经营方式成功投资运作了 19 个水务项目，跨区域经营的特许经营水务项目 16 个，其中广东省运营的深圳市以外的特许经营水务项目 3 个，江苏、安徽、浙江三省分别运营 3 个特许经营水务项目，河南 2 个、山东、江西各 1 个，业务范围涉及供水、排水和污水处理，详见表 3-13。

深圳市水务集团投资运作的 19 个特许经营水务项目 表 3-13

所属区域	特许经营水务项目	主营业务
广东	深圳市水务投资有限公司	供水、排水、污水处理
	惠州市深水金山污水处理有限公司	污水处理
	开平供水（集团）有限公司	供水
	广东开平市珠江水务有限公司	供水、排水、污水处理
	深圳市龙岗区坪地供水有限公司	供水
	深圳市南澳供水有限公司	供水
江苏	句容市深水水务有限公司	供水、排水、污水处理
	常州市深水江边污水处理有限公司	污水处理
	常州市深水城北污水处理有限公司	污水处理
安徽	宁国水务有限公司	供水、排水、污水处理
	宣城市水务有限公司	供水、排水、污水处理
	池州市供排水有限责任公司	供水、排水、污水处理
浙江	安吉水务有限公司	供水、排水、污水处理
	长兴兴长污水处理有限公司	污水处理
	长兴水务有限公司	供水、排水、污水处理
河南	河南省焦作市水务有限责任公司	供水、排水、污水处理
	鹤壁市深水山城污水处理有限公司	污水处理
山东	滕州市深水深滕污水处理有限公司	污水处理
江西	九江市水务有限公司	供水、排水、污水处理

资料来源：http：//www.sz-water.com.cn/。

北京城市排水集团有限责任公司（以下简称"北京排水集团"）是 2001 年由北京排水公司改制组建的国有独资公司，以雨污水的收集、处理、回用和城市防汛保障为主营业务。为实现从政府投资为主向自主融资为主的转变，集团与北京首创股份有限公司合资成立京城水务公司，拓宽融资渠道，打造排水领域融资平台，通过 BOT 方式投资建设北京定福庄污水处理厂；与法国威立雅水务集团和马来西亚嘉里集团合作建设运营北京卢沟桥污水处理厂，成为北京第一座外商直接参与投资建设与运营的污水处理厂；通过国际性公开竞标，排水集团赢得国内排水行业第一个 BOT 项目广州西朗污水处理厂 17 年的运营权。通过对连云港市自来水公司 50 年特许经营权的竞购，成功收购了连云港自来水公司 70％的股权，成为国内首家涉足供水行业的排水企业。目前，排水集团的服务领域从市政污水处理进一步延伸至工业废水处理，先后在佛山、湛江等周边地区实现突破。

截至 2011 年底，北京排水集团总资产由成立之初的 18 亿元增至 212 亿元，净资产 119 亿元。集团对北京市区排水和再生水设施逐步实现集中系统化管理，现运营的设施包括雨污水管网 4719 公里、泵站 89 座，污水处理厂 8 座，再生水厂 6 座、再生水输配管网 670 公里及大型再生水提升泵站 2 座，污泥处置设施 4 座；集团的服务保障功能不断增强，现年处理污水能力 9.74 亿立方米、再生水回用能力 5.6 亿立方米、污泥处置能力 100 万吨，集团的排水和再生水服务能力和贡献率占北京中心城区的 95％、全市的 80％。截至 2008 年，北京排水集团已向北京以外的省市投资总计约 1.4 亿，形成资产总额 6.3 亿，净资产总额 2.7 亿，水处理能力 50 万立方米/日。其中，广州西朗污水处理项目依据总承包合同的规定，北京排水集团负责营运和维护保养日处理能力为 20 万吨的西朗污水处理厂及与之相配套的 40 公里污水管线、4 座污水抽升泵站，营运总资产达 9.8 亿元人民币。而通过资产重组后成立的连云港市自来水有限责任公司于 2005 年 6 月 6 日领取企业法人营业执照，注册资本 1 亿元。经过多年的不断建设，公司已形成了制水、营销、维修、设计、水质监测、管道安装等完整的供水体系，下设海州水厂、茅口水厂和第三水厂 3 座制水厂以及新海营业所、新海管线所、连云供水公司、材料供应站、水质检测中心、源通市政工程处等二级单位和投资单位。公司日供水能力 30 万立方米，供水区域面积 90 平方公里，用水人口约 82 万人，蔷薇河是唯一饮用水源。2009 年日均供水量突破 19 万立方米，最高日供水量 21 万立方米，直径 100 毫米以上供水管网总长度约 1050 公里，水质综合合格率为 99.95%。[①]

（二）上市水务企业

目前，以水务产业为主营业务的上市公司有首创股份、重庆水务、桑德环境、创业环保、武汉控股、南海发展、钱江水利、碧水源等 18 家，其中 2002 年前上市的水务企业 11 家，2002 年后上市的 7 家。这些上市水务企业中，以国有控股企业居多，共 15 家，仅有 3 家民营企业，分别是桑德环境、碧水源和维尔利，这些民营上市企业拥有完善的技术集成能力和较强的投融资能力，由原有的环保工程公司纷纷向下游发展，进而成为城市水务行业的有力竞争者。详见表 3-14。

2012 年中国主要上市水务企业基本情况　　　　　表 3-14

上市水务企业	上市时间	资产总额（亿元）	净利润（亿元）	主营业务收入（亿元）	净资产收益率（%）	净利润增长率（%）
上海城投控股股份有限公司	1993	296.06	13.41	50.38	10.33	22.00
中原环保股份有限公司	1993	12.87	0.81	2.12	—	104.75
天津创业环保集团股份有限公司	1995	103.07	2.69	16.37	7.33	−9.00
阳晨 B	1995	20.38	0.35	4.52	6.87	100.06
成都市兴蓉投资股份有限公司	1996	83.46	7.26	21.52	17.92	21.18
中山公用	1997	76.42	3.67	8.18	6.27	−66.47
国中水务	1998	20.57	0.74	3.57	6.63	12.57
武汉三镇实业控股股份有限公司	1998	31.41	0.51	2.56	3.06	−16.03
桑德环境资源股份有限公司	1998	63.30	4.30	21.12	23.88	42.88
钱江水利开发股份有限公司	2000	33.34	0.18	6.78	1.91	−75.71
南海发展股份有限公司	2000	43.03	1.01	10.42	6.16	2.01
北京首创股份有限公司	2000	219.55	5.81	33.83	10.48	11.18

---

① http://www.bdc.cn/cenweb/portal/user/anon/page/bdcnewHomepage.page

76

上市水务企业	上市时间	资产总额（亿元）	净利润（亿元）	主营业务收入（亿元）	净资产收益率（%）	净利润增长率（%）
洪城水业	2004	43.03	1.01	10.42	6.16	2.01
四川广安爱众股份有限公司	2004	36.35	0.66	11.02	6.86	11.57
重庆水务集团股份有限公司	2010	179.37	18.89	39.69	15.97	17.37
北京碧水源科技股份有限公司	2010	52.60	5.62	17.72	14.36	63.27
维尔利	2011	11.32	0.68	3.55	7.43	42.45
江南水务	2011	25.36	1.39	5.23	8.25	16.20

数据来源：根据 2012 年各公司披露的年报整理。

在这些上市的水务企业中，以北京首创股份公司和桑德环境资源股份公司在参股、控股水务特许经营项目的业务领域表现最为突出。其中，北京首创股份公司凭借资本运作、投资、运营等各方面的竞争优势，在北京、天津、湖南、山西、安徽等 16 个省、市、自治区的 37 个城市，通过特许经营方式拥有几十个参控股水务项目，水处理能力近 1410 万吨/日，服务人口总数超 3000 万。经过 10 多年的发展，北京首创已经具备了工程设计、总承包、咨询服务等完整的产业价值链，成为中国水务行业中知名的领军企业。截至 2013 年 9 月底，该公司总股本 22 亿股，总资产 254.39 亿元，净资产 91.58 亿元。[①]

桑德环境资源股份公司是我国 A 股市场唯一一家主营业务为固废处理处置的上市公司，主营业务为固废处理处置工程系统集成和特定地区市政供水、污水处理项目的投资及运营服务。目前，桑德环境在湖北、江苏、浙江、江西、内蒙古等地共拥有 9 个水务特许经营项目，水处理能力 135 万吨/日，总投资额约 14.06 亿元，其中供水和污水处理特许经营项目比例大致对半，详见表 3-15。

---

① http://www.capitalwater.cn/htdocs/pages.asp? id=5

桑德环境资源股份公司投资运作的 9 个特许经营水务项目 表 3-15

所属区域	特许经营水务项目	主营业务	项目规模（万吨/日）	投资时间	投资额（亿元）
湖北	宜昌城区供水项目	供水	44	2003 年	1.95
	嘉鱼自来水项目	供水	8	2008 年	0.3
	荆门夏家湾污水处理项目	污水处理	10	2003 年	0.5
	襄樊观音阁污水处理项目	污水处理	10	2006 年	0.5
	荆州污水处理项目	污水处理	8	2008 年	0.5
江苏	沭阳沭源自来水项目	供水	10	2003 年	3.76
浙江	桐庐横村自来水项目	供水	5	2002 年	1.5
江西	南昌象湖污水处理项目	污水处理	20	2004 年	1.85
内蒙古	包头鹿城污水处理项目	污水处理	20	2004 年	3.2

资料来源：http://www.soundenvironmental.cn/。

在企业盈利方面，上市水务企业的平均水平远高于行业规模以上企业，特别是企业净利润水平，这一方面是因为这些上市水务企业通过资本市场逐步实现了投资和经营的多元化，水务行业以外的其他业务为企业贡献了部分的净利润，但另一方面也说明了上市水务企业的赢利能力和水平远高于城市水务行业的平均水平。

（三）民营水务企业

2002 年 6 月，上海友联联合体与上海市水务局下属的水务资产经营发展公司签约，获得总投资额为 8.7 亿元人民币的上海市最大污水处理项目——竹园污水处理厂 20 年特许经营权，标志着民营资本正式进入中国水务市场。2003 年 1 月，山东邹平县河务局和水务局 300 多职工自筹 2100 余万元资金入股组建了邹平黄河供水有限责任公司，进军城乡供水业，从而成为民营资本进入山东城市供水领域的第一例。2003 年 5 月，江苏省淮安市淮阴区自来水公司也将经营使用权以 2350 万元拍给了民营资本。民营资本的介入一方面能够弥补水务市场资金不足的缺陷，另一方面能够利用民营企业的机制灵活促进城市水务行业的竞争。

然而，从总体上看，民营水务企业参与城市水务行业的改革和发展，一般多发生在二、三线城市和县级城镇的供水或污水处理企业，规模较小，难以形成规模效益。如湖北省房县、崇阳县、河南省罗山县、吉林省长白县、广东省翁源县、新疆若羌县等都是这种合作方式。同时，有的民营企业因不熟悉城市水务行业的业务或管理不善，出现了供水安全事故，造成了极坏的社会影响。

五、促进了城市水务主管部门的政府职能转变

通过特许经营实现供水企业化运营后，政府角色逐步从具体的服务直接提供者转变为服务的市场采购者和服务监管者，行业管理逐步走向规范化和制度化。各级政府积极推进特许经营管理的制度建设，北京、湖南、贵州、山西等省市已出台《公用事业/基础设施特许经营条例》，绝大多数省市均已出台《公用事业/基础设施特许经营管理办法》，进一步推动了城市水务行业"政企分开、政事分开、政资分开"。在调研的特许经营项目中，只有不足4%的水务特许经营项目由事业单位负责运营。而且，即使是对于国有及国有控股水务企业，各地也在不断探索特许经营方式和制度安排，一方面通过特许经营给企业"松绑"，使之成为自主经营、自负盈亏的市场主体，另一方面通过签订特许经营协议，明确政府、企业的责任边界，规范政府和企业的行为。最具代表性的是，2013年北京市水务局与北京排水集团签署《特许经营框架协议》，明确给予排水集团中心城区相关政策，包括授予集团特许经营权，按照政府购买公共服务模式，保障排水和再生水利用设施运营成本及企业合理收益，同时集团可以通过盘活资产、融资租赁、产业基金、银行票据、结构融资等多种融资方式筹措排水和再生水设施建设资金，积极吸纳央企、市属国有大中型企业以及民营资本等社会资金投入排水和再生水设施建设。《特许经营框架协议》中明确了特许经营权、特许经营范围、运营成本、合理收益、特许经营期限。自此北京排水集团成为集投融资、建设、运营管理于一体的水污染治理综合服务商，将采取多种合作模式，利用多种融资手段，充分发挥核心竞争力，促进实体业务的快速发展。

第三节　城市水务行业特许经营存在的关键问题

一、企业调研反映的城市水务行业特许经营存在的主要问题

在我国城镇供水特许经营取得成效的同时，我们也要清醒地看到，城市水务特许经营制度实施过程中还存在着许多问题，这其中既有企业进入环节存在的问题，也有企业进入后存在的问题，同时还有特许经营实施过程中及企业长期发展中存在的问题和需要的政策和配套措施。

（一）城市水务企业进入面临的主要问题

国务院"36条"与"新36条"的出台，以及2002年以来原建设部及其地方行业主管部门相继出台相关文件，旨在鼓励私人资本进入，实现水务等行业的股权结构多元化。但是就水务企业而言，在进入过程中依然存在诸多障碍，其中，企业负担重、项目融资成本高、定价不合理、政治（政策）风险以及政府拖欠运营服务费是其中比较普遍且相对突出的问题。详见表3-16。

水务企业进入面临的问题统计表（单位：个）　　　　　表 3-16

水务企业进入面临的主要问题	全国合计	东部地区	中部地区	西部地区
企业负担重	208	121	38	49
项目融资成本高	146	85	21	40
定价不合理	139	77	32	30
政府拖欠运营服务费	64	33	9	22
政治（政策）风险	64	40	13	11
市场准入不规范，良莠不齐	39	29	3	7
监管部门间相互推诿	33	19	7	7
政府不履约	28	18	6	4
市场进入门槛过高	21	16	0	5
招标程序不透明	6	3	1	2
其他	6	4	0	2

（二）城市水务特许经营实施中存在的主要问题

根据调研结果，企业反映的水务特许经营实施中存在的问题主要集中在：

项目融资成本高、拖欠运营服务费、定价不合理、固定资产回报、政府不履约等方面，详见表3-17。

水务特许经营实施中存在的问题统计表（单位：个）　　　　　表 3-17

特许经营存在的问题	非常严重	较严重	一般	不太严重	不严重	合计
拖欠运营服务费	32	23	46	33	144	278
定价不合理	25	26	59	32	143	285
政府不履约	22	22	41	39	155	279
项目融资成本高	17	56	74	30	105	282
固定资产回报	15	30	138	24	77	284
职工得不到有效安置	9	7	41	16	204	277
特许经营协议不规范	6	12	71	46	151	286
招标程序不透明	4	4	42	32	198	280
国有资产流失	3	8	29	22	220	282
设施养护不到位	3	11	46	27	199	286

在认为非常严重或较严重的选项中，存在的问题较多的是项目融资成本高，较严重和非常严重的项目为 73 项，其次为拖欠运营服务费，较严重和非常严重的项目 55 项，类似地，定价不合理的项目为 51 项，固定资产回报的项目为 45 项，政府不履约的项目为 44 项。相比较而言，特许经营协议不规范、国有资产流失、设施养护不到位、招标程序不透明、职工得不到有效安置并不是特许经营项目实施中的主要问题。

（三）水务企业改制后存在的问题

正视与解决城市水务企业在改制后所存在的一些问题，关系着水务企业改制的成效。课题组在对水务企业改制后所存在的问题进行调查分析后，发现政府补贴减少、管网投入严重不足、与政府关系减弱、存在固定资产回报现象以及职工得不到有效安置等问题十分突出。详见表3-18。

水务企业改制后存在的问题统计表（单位：个）　　　　　表 3-18

水务企业改制后存在的主要问题	全国合计	东部地区	中部地区	西部地区
政府补贴减少	85	58	13	14
管网投入严重不足	61	38	9	14

水务企业改制后存在的主要问题	全国合计	东部地区	中部地区	西部地区
与政府关系减弱	42	27	4	11
固定资产回报	35	21	6	8
设施建设投资意愿低	29	16	6	7
实际控制权削弱	18	12	0	6
设施养护不到位	15	6	3	6
职工得不到有效安置	13	8	2	3
应急保障能力下降	9	6	1	2
限制企业扩张	4	3	0	1
国有资产流失	2	1	0	1
资产转让资金挪作他用	7	6	1	0
其他	4	4	0	0

（四）水务企业发展需要的政策和配套措施

相关政策和配套措施是促进行业发展的重要途径。对于城市水务企业的发展而言，落实土地、税费、电价等优惠政策、完善价格形成机制、减轻企业负担是其中最为重要的问题，其次需要明确政府责任，加强政府履约，按时拨付运营服务费，保持政策连续性，降低政治风险。详见表3-19。

水务企业发展需要的政策和配套措施统计表（单位：个）   表3-19

水务企业发展需要的政策和配套措施	全国合计	东部地区	中部地区	西部地区
落实土地、税费、电价等优惠政策	245	139	51	55
完善价格形成机制	231	148	36	47
减轻企业负担	222	132	38	52
明确政府责任，加强政府履约	160	94	34	32
按时拨付运营服务费	143	90	25	28
保证政策延续性，降低政治风险	130	83	25	22
规范市场准入	99	66	13	20
优化企业绩效评价指标	92	53	20	19
加强金融服务创新	88	58	16	14
完善项目招投标制度	41	25	6	10
取消歧视政策	40	25	8	7
其他	7	5	1	1

课题组结合调研中企业反映的问题，从政府作为公共利益代表者的角度出发，总结了目前我国城市水务行业特许经营存在的一些主要问题，包括：对特许经营的认识不足、特许经营操作不规范、投融资体制不健全和特许经营监管不到位、公共利益虚置等。

二、对城市水务特许经营的认识不足

（一）对城市水务特许经营目标的认识不足

城市水务实施特许经营的改革目标主要有三点：一是解决投资不足问题，以满足中国城市化的高速发展、市政设施建设的巨大需求；二是引入竞争机制，提高效率，降低成本，提供更好的供水和污水处理的产品和服务；三是通过改革转变政府职能，真正实现政府代表社会公众履行公共服务职能。

目前，在城市水务实施特许经营的过程中，部分地方政府在市场经济和城市水务定位的问题上仍缺乏正确理解，其认识偏差主要表现为两个极端。

一方面，受计划经济惯性思维方式的影响，过分强调政府直接提供城市环境基础设施的作用。对城市水务的认识还停留在"福利水"的片面认识上，没有按市场经济的规律要求去理解。认为城市供水和污水处理不宜市场化，过分强调政府对提供基础设施的责任，不积极创造有利于市场化的政策环境。甚至一些地方政府和管理人员认为，把水务行业推向市场，企业或个人必然会追求高额回报，使项目的投资运行成本增加，是不得已而为之。

另一方面，受少数市场化成功案例及媒体渲染的误导，没有全面和深入地认识清楚市场机制的实质和风险，片面夸大市场化的作用。一些政府决策者或决策部门错误地理解了市场化的内涵，将BOT等特许经营项目理解为解决城市供水、排水和污水处理设施的投资成本的灵丹妙药，甚至认为市场化以后政府投资要退出，而政府和市民不必为此付费，简单地将水务设施"一卖了之"。有些地方对实施特许经营制度把关不严，门槛设置低，致使一些非专业公司乘虚而入；还有些地方甚至在招投标时暗箱操作，为滋生腐败打开了方便之门。

事实上，中国城市水务改革起因于投资不足，但引资不是改革的唯一目标，需要注重城市水务行业服务水平和运行效率的提升。在市场化进程中政府的角色定位十分重要，城市水务设施作为一种公共产品，不是一般的商品，它负载着重大的公共利益，它可以由私人部门参与建设、运营，但政府部门在参与投资、参与监管等方面决不能缺位，在许多情况下政府应扮演重要角色。

（二）对城市水务特许经营中的政府责任认识不足

目前，在推进城市水务行业以特许经营为核心的市场化改革过程中，许多地方政府只注重财政包袱的卸载和招商引资的任务，而忽视了水务行业准公共产品的属性，在特许经营实施过程中，将政府应当承担的公共产品或服务的投资责任和监管责任推得一干二净。

1. 政府的投资责任

基于城市水务行业的基本技术经济特征，有相当一部分投资，如水源保护、管网建设等投资属非经营性资产，具有垄断性、关联面宽的特点，需要由政府以财政形式进行投资和实施，以体现公共利益。这类设施普遍都是城市政府长期投资形成的，特许经营企业只承包设施的经营权，政府按照其承包的数量和质量给予一定的报酬，特许经营并未改变城市政府对其水务设施的投资主体地位，仍然承担主要的投资责任。

对于一些通过 BOT 等形式实施特许经营的水务项目，特许经营企业负责投资建设城市公用事业基础设施，在特许经营期内经营这些设施并取得一定的投资回报，特许经营期满后将资产和特许经营权一起归还给政府。即使在这种情况下，由于民营企业在较长的特许经营期内要求补偿成本，取得满意的投资回报，政府（国有企业）往往以较高的价格收购其产品或提供各种形式的补贴。这实际上是民营企业一次性投资，政府逐年返还的做法，政府只是一个隐性的投资者，从长期看仍承担了投资责任。而在国有水务企业为主要经营者的城市，政府往往对国有企业实行微利政策，甚至采取企业亏损加政府补贴政策，这实际上决定了国有企业无力投资水务设施，真正的投资者仍然是城市政府。可见，从总体上而言，水务行业特许经营并不能实质性地改变城市政府在水务设施方面的投资主体地位，仍然需要承担城市水务设施（特别是管网设施）的投资责任。但在实际操作中，部分地方政府误认为改革就是政府的退出，财政不给予资金投入，将水务的经营性、非经营性资产全部推向市场，使公众承担巨大成本。

2. 政府的监管责任

许多地方政府在实施水务特许经营的过程中，直接考虑更多的是解决财政与投资问题以及减少政府管理职能，减少人员编制等，对于市场化后可能存在的公共责任空白却估计不足。一些地方的水务项目签订特许经营合同，少有甚至没有政府监管的条款，造成供水或污水处理产品与服务的项目内容和质量标准处于是失控的状态，无事则已，出事就是社会稳定和安全问题。而在水务特许经营提高效率的同时也带来一些新的问题，如一些水务国有企业实行股份制改造或被私人收购后，出现大量裁员，引起社会不稳定，竞相涨价，已经成为民众抱怨和投诉的焦点问题之一，如此等等。这都会引发公共部门的责任危机，损害公共利益，最终的消极后果只能由整个社会来买单。

三、项目操作不规范

（一）国有资产流失

特许经营是以提高效率（经济效益与管理效率）为出发点和根本特色的，但是由于特许经营的实施过程往往容易偏离最初的宗旨，其结果可能是政府在市场化中获得了财政危机的暂时解脱，而企业也通过某些非正当手段取得了相当可观的利润，而最应该保值增值的国有资产却在特许经营过程中悄悄流失，使公共利益蒙受损失。

在城镇水务特许经营的具体操作上，往往是政府直接操作，绕过地方人民代表大会及上级政府的批准，失去了监督和制约。许多地方政府将引进外商投资当作一项政治任务，不顾自身条件，采取贱卖国有水行业资产，签订不平等合同条款等方式，捞取政治资本，给公共利益和行业的长远发展留下了巨大隐患。

20 世纪 90 年代中期，长春市与汇津公司签署协议，使该公司先是得到了丰厚的固定回报，终止协议后，又使市政府溢价回购。事后，据某咨询公司计算，这一进一出，加之利润，汇津公司得到了 50% 的超额利润。当然，代价是惨重的，长春市排水公司连年亏损，尽管事后该市主要负责谈判的自来水公司总经理（后来升为市政府秘书长）被判无期徒刑，但这种腐败造成的后果却要由社会公众承担。

（二）外资进入与产业安全

自 20 世纪 90 年代末期我国城镇水务市场向外资开放以来，一批主要城市的水务企业已被"洋水务"收购，形成了一定程度的外商控制局面。

从外资的区域布局看，外资集中力量收购我国主要城市的大型、优质供水企业，尤其以直辖市和省会城市为重点，全行业正在发生从国有资本垄断向外商控制转变。四个直辖市除北京为确保首都安全坚持国有资本控制之外，上海浦东自来水公司被法国威立雅公司收购 50% 产权，重庆市自来水公司被中法水务控股 60%，天津市自来水公司被威立雅收购了 49% 的股权；省会城市外商全部进行过接触，其中成都、沈阳、济南、郑州、昆明、海口、兰州等七个城市的供水企业，已先后被外商实施局部控制或整体控制；目前外商密切接触和进行谈判的还有西安、银川、乌鲁木齐等，当地政府也催促供水企业限期改制。呼和浩特、石家庄、西宁三市已与国内投资商和民营企合资。

截至 2008 年底，威立雅水务、中法水务、中华煤气、金州环境、汇津水务和美国西部水务等 6 家港澳台资与外资水务企业共获得签约供水项目 50 多个。这 6 家企业项目的供水总能力每天达到 2000 多万立方米，相当于全国供水总能力的 8%。[①] 从整体版图看，这些水务企业率先在中国一线城市布点，项目主要分布在东部沿海省份，并逐渐向东西部的二线、三线城市蔓延，如表 3-20 所示。

---

① 参见：种昂，廖杰华，吴虹，等. "洋水务"中国版图：拥有一线城市 1/3 以上份额. 经济观察报. 2009-08-22.

主要外资及港澳台资水务企业的供水和污水处理项目分布　　　表 3-20

外资及港澳台资水务企业	供水项目分布	污水处理项目分布
威立雅	天津、成都、上海、宝鸡、深圳、呼和浩特、兰州、柳州、海口	成都、北京、乌鲁木齐、海口、青岛、邯郸、珠海
中法水务	中山、南昌、湛江、四平、昌图、保定、郑州、盘锦、青岛、新昌、重庆、海南、天津、昌黎、沈阳	重庆、常熟、大连、上海
柏林水务	西安、河北、福州、沈阳、盐城、驻马店、合肥、大同、南昌	南昌、合肥、大同
金州水务	镇江、扬中、盱眙、常州、淮安、郑州、北京	金坛、泰州、扬中、青岛、大名、南京、昆山、太仓、北京
中华煤气	吴江、芜湖、苏州	苏州

资料来源：根据各公司网站披露资料整理。

　　在进入方式上，外资多以高出资产估价数倍的"溢价模式"收购国有水务企业股权，为收回成本并获取巨额利润，外资多采用以下手段：一是约定固定回报。2002 年底之前，外资主要采取厂网分离、收购水厂的合作方式，不承担管网建设和维护成本，通过合同约定固定回报率，一般为 15％～20％，如：沈阳市自来水公司和中法水务 1995 年合资的第八水厂项目，30 年合作期，平均回报率为 18.2％，自来水公司平均每年亏损 2250 万元。二是约定按一定比例上调水价和水量，形成变相固定回报。如：威立雅和宝鸡市自来水公司合作，由合资水厂向自来水公司提供水量且上调速度超过宝鸡城市正常需求，合作 3 年宝鸡市自来水公司累计亏损 3820 万元。类似项目还发生在渭南、中山、廉江、四平等城市。三是关联交易收费。外资常通过关联交易，收取巨额技术和管理服务费，或在工程及设备供应上获利。如上海浦东自来水厂扩建时外方收取的设计费就高达 4200 万元。四是着眼长期回报。如威立雅收购兰州供水集团部分股权时与兰州市政府签订的协议规定，30 年后后者须从前者手中回购这些资产，并按国际标准估价。

　　外资紧锣密鼓地积极布局中国水务市场，给我国城镇水务市场埋下了市场过度开放的风险和隐患。具体体现在：一是影响政府控制力和公信力。外资或私人资本如在城镇水务市场形成垄断局面，将大大削弱政府对城市水资源合理配置和价格调控的控制力。由于责任模糊，一旦出现问题，政府部门和人员相互推诿责任，公众则会指责政府逃避责任。据不完全统计，仅威力雅在我国 16 个省区的近 20 个大中城市就收购了 23 个涉水项目，合同标底涉及的城市供水人口达到 1800 多万。外资项目供水能力占当地城市市政供水能力 50% 以上的城市约有 23 个，其中兰州、昆明、常州、三亚等 16 个城市超过 70%。二是增加民生成本。据统计，天津、兰州、昆明等 8 个引资城市水价与其他城市相比均较高，且调价频率快、幅度大。例如，2003～2007 年间，宝鸡曾 4 次上调水价，从每吨 0.98 元调至 2.6 元。水价不断上涨可能引发消费者尤其是中低收入人群不满情绪，危及社会稳定。三是地方政府可能背负沉重包袱。外资与我水务合作协议年限多为 20 年以上，在获取高额回报的同时，往往把巨额亏损包袱留给了当地政府。

（三）特许经营的合理收益不明确

城镇水务引入特许经营的根本目的是为了降低成本，提高投资效率和运营管理水平，这就需要引进具有先进的运营和管理能力的投资人，要求投资商有相关的业绩、运营的资质等等。但目前由于市场不规范，对投资人的要求不够明确，一个项目推出，可能出来十几家甚至几十家的 BOT、TOT 投资商，要从众多的投资人中选择最合适的投资商，加大政府选择难度。由于众多参差不齐的"投资商"出现，势必造成恶性竞争，而竞争最终的焦点，便是向政府或公众收取的水费价格。

据资料显示，目前国内某些地方政府和投资商签订的污水处理服务费单价高的达到 1.30 元左右，低的有 0.50 元左右，这么大的差价，究竟处理 1 吨污水合理成本是多少？怎样的价格才是合理的？无论 BOT 还是 TOT 方式投资的污水处理，最终收费价格主要包括：建设成本回收、运营成本和投资收益三部分，而这其中前两个因素，又受到工艺选择、进水水质、排放标准等诸多因素制约。因此价格的高低是受到不同因素制约的，一个最终价格，明显无法收回投资，或者无法支持正常运营，又或者刚好持平没钱赚，显然都是有问题的。当然价格的最终核定是要经过丰富的投资经验来权衡各个环节后定出，绝不是简单的数字运算，而仅是粗略的定价原则。在这种情况下，片面的追求建设工程利润，设备利润等而不考虑正常运营成本定的价格势必与基于整体投资概念上价格相差甚远，而片面选择低价格的投资，最终受害的将会是政府。

（四）特许经营协议不规范

特许权授予最终体现为特许协议（Concession Agreement）。作为 BOT、TOT 的特许经营方式中最为关键的是特许权协议，它包含了政府与投资商间所有涉及项目的内容，双方的权利和义务的约定，价格的确定，执行的具体方式等等。它是未来项目成功与否的法律文本体现。一份特许权协议应具备最直接的权利分配、风险分担、利益分享条款，每个项目从投资、融资、建设、到运营管理都应有严格的执行条款，以致未来的问题都有据可循，这是需要经历认真的谈判和磋商才可最终签订的。因此，这就要求双方对这种投资方式有较深的理解，才能合理的界定各自的权利和义务。

鉴于此，原建设部先后于 2002 年和 2006 年分别颁布了《城镇供水特许经营协议示范文本》和《城镇污水处理特许经营协议示范文本》。尽管如此，在城市水务特许经营协议中，目前仍存在很多尚未明确的问题，典型的有：①对特许经营协议是行政许可还是经济合同问题的争论；②是否需要竞争才能获得特许经营权的争论；③特许经营权应该授予水务集团还是授予 BOT/TOT 项目公司的争论；④政府是否需要独立监管机构的争论；⑤小规模项目是否适合做 BOT/TOT；⑥特许经营期结束以什么方式归还资产、如何归还；⑦出现影响成本的特殊情况是否同意被特许方予以补偿，补偿机制如何；⑧特许经营办法对于投资方利益缺乏保护、对政府所代表的公众利益缺乏约束等等。

在实际操作中，目前诸多已签订生效的协议各有不同，简单体现到协议文本数量上看，有的薄薄四五页，有的则五六十页还加上附件，而内容则更是千差万别，一些当地政府为获得尽可能多的融资，片面追求融资成功的速度，忽视了融资的条件以及在项目运作过程中的各种风险。

一些投资者由于进入市场的急迫性和缺乏项目操作经验，政府出于完成招商引资指标的片面考虑，忽视了作为长期项目投资必须遵守的程序和规范，由于对项目风险缺乏全面、系统的分析，谈判中混淆了政府和投资人的权利义务，将投资人应承担的风险部分转移到政府身上，产生了投资的固定回报，在协议中给予投资者不合理、不公平的承诺，最终增加了公众的负担。造成项目融资合同不规范、政府和投资者的权利义务不对等、水价形成机制没有采用规范的市场运作等问题若隐若现。这些隐患将会给项目的正常运作带来困难，同时也会给政府和投资者双方带来极大的风险。

四、投融资机制不健全

现行的水务设施特许经营项目融资模式主要有财政融资和市场融资。财政融资包括预算内投资、特种税费融资和中央政府专项资金等，市场融资又包括直接融资和间接融资两种模式。其中，市场融资以政策性贷款和商业贷款等间接融资为主，对于资产证券化、信托资金、企业债券、保险资金投资、产业投资基金等直接融资的应用较少，如图 3-11 所示。

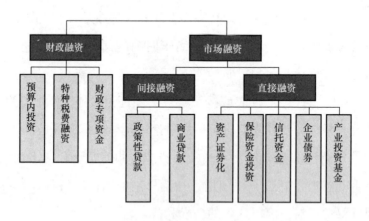

图 3-11　水务设施特许经营融资主要模式

尽管不同融资模式在融资成本、融资规模、融资效率、融资风险和投资回报等方面各具特点，但在水务特许经营项目实际融资操作中，财政融资和市场融资的机制不健全，很大程度上制约了水务特许经营项目的顺利实施，增大了特许经营项目实施的融资成本。

（一）财政融资机制不健全

1. 面临审批效率和资金使用效率的双重制约

首先，审批效率的制约。中央政府广阔的融资渠道与基础设施项目的地方性特征严重脱节，致使资金使用效率低下。以国债为例，地方项目从立项到得到资金，需要上下多次多级的反复，层层审批，周期过长、规模失控、责任主体缺位；地方针对国债的专项配套资金到位率较低、项目前期准备工作不足、管理不规范，根本上是由于中国缺乏有效的中央与地方协调发展、分工负责的投融资机制。其次，资金使用效率低下。财政融资模式不是按照金融资产管理的方式，而是按照财政拨款的方式来运行的，因此不直接受市场风险制约，客观上导致了资源浪费与低水平的重复建设。政府资金作为基础设施项目的主要资金来源，在使用过程中同样存在浪费和效率低下问题。基础设施项目投资经常超标，一些建成项目质量低劣、设备不符合标准，经常需要返修或重建，又带来巨大的浪费。

2. 财政资金使用缺乏监督

基础设施项目投资巨大，而政府资金在使用过程的合理性缺乏监督机制。除发改委和财政部定期对国债项目和财政专项的进展进行检查外，其他财政拨款的使用情况缺乏政府或第三方的监督。政府资金落实到项目的过程中经常出现层层截留，落实不到位、不及时，使用不当等现象。

另外，目前国家尚未建立投资性成本、经营性成本独立核算，政策性亏损与经营性亏损严格区分制度。应该建立这一制度：对政府投资建设的投资性成本和政策性亏损由财政负责解决，经营性亏损由企业自负。

（二）市场融资机制不健全

1. 担保条件严格

项目融资的资金主要来自银行贷款，而根据风险控制要求，银行会要求企业提供担保；在我国企业信用评价体系尚未健全的情况下，银行注重第三方担保和资产抵押担保，主要是土地和固定资产等实物类担保；而项目融资有限追索权的设计原则，正是做好项目投资业主"风险隔离"的严格措施，即防止无限追索。而当前银行贷款严格的担保政策，很难或者不愿意区分项目融资和公司融资的区别，在一定程度上制约了项目融资的有效开展。

2. 项目公司为借款主体融资困难

目前国内商业银行缺少对基础设施项目经营特点（具有长期稳定的收益）的认识和项目融资的成功经验，在项目融资过程中，偏好投资人作为借款人或投资人提供连带担保责任，扩大项目贷款的追索范围，而对于项目融资的有限追索持审慎态度，借此来规避贷款风险。这种做法增加了城镇水务项目公司的融资难度。

3. 缺乏长期投资激励机制

根据原建设部颁布的《市政公用事业特许经营管理办法》，特许经营期限应当根据行业特点、规模、经营方式等因素确定，最长不得超过 30 年。这一时间段，一般低于基础设施的使用年限，而且经营者在经营期满后要将设施无偿交给政府。由于缺乏产权长期投资激励机制，经营者在特许经营期内必然仅限于满足正常运营的维持，而不会投入更多资金用于设施改造，更不会顾及经营期满后资产延续良好的问题。因此，政府在特许经营期满收回基础设施资产后，必将面临大规模的更新改造需求，政府投融资压力将进一步加大。

五、特许经营监管不到位

城市水务行业实施特许经营后，相当数量的民营企业进入城市水务行业，成为经营主体。在无外部约束的情况下，这些民营企业有可能通过提高价格、降低质量等手段增加企业利润，损害消费者利益，但政府不能通过过去管理国有企业的方式进行管理。这就要求政府转变职能，从城市水务设施的直接经营者，转变为竞争性经营的组织者，对特许经营企业实行有效管制，创造一个公平竞争的市场环境。而且，签订水务特许经营协议后，政府对水务特许经营企业的行政监管更多地转变为合同监管，但在特许经营实施过程中，由于存在着监管主体不明确、监管内容不明确和缺乏专业化监管队伍等问题，导致水务特许经营监管不到位。

一是监管主体不明确。由于城镇水务特许经营在我国实施不久，在实施过程中，一些城市没有明确规定牵头部门、责权利不清晰。有些城市水务特许经营管理部门为建设局、建设委员会等建设部门，还有一些城市管理部门为市政公用局，小部分城市是由从水利部门转变而成的水务局负责，特许经营管理的主体不明确，出身于建设领域的行业监管部门更多地关注水务设施建设的投资、质量和验收，忽略对水务特许经营投资主体的运营过程、服务质量的监管，同样负责运营管理的水务局和市政公用局等部门，由于缺少相应的特许经营管理的知识和技术和能力，缺乏对特许经营前期运作的管理，以及水务项目建设管理能力。由于管理主体不明确，不利于政策的纵向贯彻执行、管理以及信息交流。致使在实际特许经营管理过程中出现了政出多门、管理职责混乱，甚至是出现管理真空，一旦项目引资成功，就放弃了对特许经营项目的有效管理。

二是监管内容不明确。由于政府对水务特许经营目标及自身定位认识不清，一些地方政府在污水处理特许经营过程中，普遍存在甩包袱的思想，忽视公众责任，错误地把招商引资作为污水处理改革过程中的首要或唯一任务，急于把污水处理设施变现应付财政短缺的燃眉之急，过多地关注项目投资和建设，强化资产管理职能，忽视了特许经营的前期的管理，以及安全、稳定和高效率运营的监管，形成管理上的错位。一些城镇水务项目，由于不重视前期规划管理，造成在实际项目特许经营中，以至于项目规模过度超前（南方某污水处理规模超过实际污水处理量的 2/3），工艺标准不切合实际，盲目追求高标准、新工艺，往往造成单纯依靠水费根本无法满足投资者的回报，造成运营成本偏高，加重了居民的负担。一些水务 TOT 项目也由于忽视前期管理，造成资产评估不合理，企业的经营机制无法转换，企业的负债不能合理安置，特许经营在实际运作过程中难以进行。由于对建设管理的内容不明确，造成建设管理缺位，对运营管理内容不明确造成忽视运营期的监督管理。

三是缺乏专业化的监管队伍。规范市场化运作，只有相关的政策是不够的，必须要有专门的机构去监督和管理。同时，为有效规避市场化模式给政府带来的经济风险和给社会带来的环境风险，也必须建立一支精通项目管理和环境管理知识的专门队伍。目前与此项工作最为相关的是市政管理部门（或城建部门）和环保部门，但既没有明确的职责授权，也没有同时具备两个领域专门知识和经验的人力资源。

六、公众利益缺乏有效保障

我国各地政府在水务市场化过程中，过多地注意了市场化的资源配置功能，而对城镇水务服务的质量、价格的变化或对居民公共福利的改善和增加程度没有引起足够的关注。审视各地城镇水务市场化中暴露出来的问题，不难发现作为终端消费者的公众的利益被严重忽略了。

（一）公众知情权缺乏保障

对公众来说，城市供水、排水和污水处理关系其切身利益，具有不可替代性。因此，城市水务设施选择何种方式经营，选择何种资本参与，公众都有权知悉并能够通过合法渠道充分表达自己的利益诉求。然而，我国城市政府在推进水务行业特许经营过程中，往往只有政府和民间资本、港澳台资、外资的身影，政府不仅不将特许经营方案向公众予以公开并广泛听取公众的意见，甚至在与合作方签订合作方案后也常常不向社会进行公告，似乎这一特许经营项目不涉及公众任何利益。2008 年，民间团体"新疆自然保育"对北京、哈尔滨、成都、兰州和乌鲁木齐 5 座城市的 500 户普通居民进行了问卷调查。调查显示，在被访的 5 座城市中，普通城市居民对水务市场化改革有一些了解的仅占 13％，在人均收入较高的北京、成都和哈尔滨，接受调查的居民中完全不知道水务市场化改革的均超过了 50％。城镇水务市场化过程中公众知情权的虚置，很容易造成企业与政府间的合谋，或对现有资产低价贱卖，或表面上通过溢价出售使国有资产保值增值，但实则为企业日后涨价提供充足借口，最终由消费者买单。

（二）公众参与权缺乏保障

在城市水务行业，企业服务质量的高低、价格是否合理等现实问题，消费者拥有最大的发言权。新疆自然保育的调研数据显示，城市居民对政府和水务企业水务工作的知情权、参与权和监督权有着非常强烈的诉求。在是否愿意参与监督水务工作这一问题上，58％的被调查者表示愿意，另有22％的被调查者表示无所谓，没有考虑好是否要参与监督水务工作的被调查居民占14％，仅有6％的被调查者表示不愿参与监督水务工作。只是在我国城市水务特许经营项目的运营中，公众参与城市水务社会监督的规定不仅在立法中缺乏体现，而且在实践中更是缺乏适当的信息传递和公众参与机制。尽管城市水价调整前的价格听证会吸收了公众参与，但由于听证会透明度不够，操作不规范和代表的有限性，消费者群体往往在价格听证过程中被边缘化，其利益诉求根本无法阻止水价的上涨，以至于人们对价格听证会形成"逢听必涨"的偏见。2009兰州水价上涨听证，虽然流程完备，但听证会代表除了一名农民代表、一名小区居民代表外，几乎是清一色工矿企业和事业、政府部门人士。因此该听证会的听证内容和听证方式饱受市民诟病。

（三）公众实际利益缺乏保障

对城市居民而言，他们并不关心水务产权、管理权和经营权的变化，更关心水价是否合理、水质是否安全、服务是否更好。水价直接影响到日常生活必需品的消费支出，为了尽量减少生活开支，降低水价是公众本能的希望。然而，我国城镇水务行业市场化运营改革以来水价被大幅提高。根据全国工商联环境服务业商会提供的36个大中城市2000～2010年供水价格及调整情况，2002～2010年，只有大连、长春、厦门和拉萨的价格未调整，其中涨幅最高的兰州、呼和浩特、南京、南宁、贵阳市，上涨均超过100％，兰州市涨幅约150％；涨幅最低的是乌鲁木齐、杭州、长沙、海口市，涨幅不超过20％，如图3-12所示[①]。

这些大中城市水价不同程度的上涨，引发了社会对水务行业实施特许经营和市场化改革的争议。企业和政府给出涨价的理由中最为普遍的两个是：水价处于较低水平，不但供水企业面临经营压力，也不利于发挥价格约束机制，提高市民

---

① 全国工商联环境服务业商会. 水价问题再探析. 环境产业研究，2010，(21)。

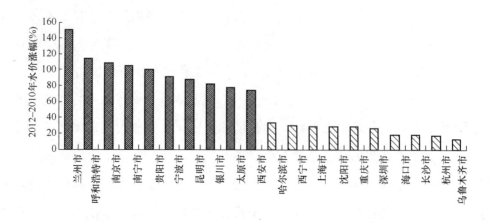

图 3-12　36 个大中城市供水价格涨幅最高及最低的 10 个城市

节约水资源的意识。诚然，在中国的水资源管理中，最难以克服的问题是供水成本的不断增加和水资源的日益稀缺。世界银行的研究也指出，中国当前的水费和污水处理费普遍过低，提高水价以实现运行效率、产生稳定收入和鼓励节约用水的目标是必然选择。但企业和政府的涨价理由并不能得到公众的认可。实际上，公众并非凡是涨价都反对，他们的困境在于不知情和无法讲理。供水企业是否亏损、亏损多少、是否是因水价过低造成，还是因企业经营管理不善造成，这些信息对公众来说并不透明，由此以亏损为由提价并不能使公众信服。

　　相比于水价，水质是城镇水务更为核心的问题，直接关系到居民的生活健康。如果自来水中存在污染物，将对老百姓的健康产生极大的破坏。2007 年 7 月，国家正式执行新的与国际接轨的水质标准，对饮用水水质的要求由原来的 35 项指标提高为 106 项指标，其中增加了很多有机污染物和重金属控制指标。但即使大量的民间资本介入城镇水务，目前国内能够有能力完成 106 项指标全检测的自来水厂数量仍然不多。不得不承认，城镇水务以特许经营为核心的市场化改革并没有必然导致城市水质、供水服务和供水设施改善。相反，近年来一些城市水质污染事件频发，如 2009 年 5 月湖北南漳县供水水质污染、2009 年 7 月内蒙古赤峰供水水质重大污染，经营者大都是民营企业。而我们从居民饮用桶装水、瓶装水和采取其他家庭饮水过滤设施的上升趋势这一现象，也可以看出公众对市政供水的质量并不满意。

第四章 城市管道燃气行业的特许经营实践

城市管道燃气是将来城市生产生活的主要能源。城市管道燃气行业特许经营是指由政府授予企业在一定时间和范围对燃气行业的产品或服务进行经营的权利。特许经营必须通过规定的程序公开向社会招标选择投资者和经营者，组织专家根据燃气市场准入条件对申请者进行资格审查和严格评议，择优选择特许经营权授予对象。本章将重点研究中国城市管道燃气行业特许经营的历程与现状以及主要成效和关键问题。

第一节 城市管道燃气行业特许经营的历程与现状

与其他城市公用行业一样，中国城市管道燃气行业实施特许经营在国家法律法规的指引、地方政府推动以及企业积极实施下展开。

一、行业特点决定城市管道燃气行业实施特许经营的滞后性和渐进性

作为城市公用事业之一的管道燃气行业直接关系社会公共利益，并涉及有限公共资源的配置，与城市工商业的生产经营活动以及居民的生活质量密切相关。城市管道燃气的生产供应是一个包括燃气生产、输送和销售在内的具有垂直关系的连续阶段。中国目前不少城市的管道燃气已将煤制气全部置换成天然气。通过上游天然气企业（国内或国外）直接开采天然气，然后将天然气加压送入管道，到达终点后调压分销给企业和居民等用户。城市天然气企业从上游企业购买天然气，然后负责对特定区域的居民和企业提供相应的供气服务。

在城市管道燃气行业各生产经营环节中，管道燃气的输送显然具有自然垄断性。这是因为，燃气管道网络的建设成本高、前期投资大（铺设 1km 的高压管线需投资近 90 万元、中压管线需投资近 60 万元）、回收期长（一般在 10 年以上），而建成后的管网资产专用性强、沉淀成本高。因此，燃气管网的投入运营具有明显的规模经济特性。这一特点决定了作为管道燃气行业的输送在一定的需求和产出范围内具有成本弱增性，由一家企业垄断经营比由两家或多家经营能实现更高效率，因此，管道燃气行业的输送具有强自然垄断性。另外，城市管道燃气提供的产品和服务具有地域性，只能在管网覆盖的范围之内供气，且用户一旦交纳了燃气管网初装费，就将成为永久用户，管道燃气企业具有稳定的用户。由此可见，就整体而言，城市管道燃气行业具有较强的垄断性。

需要强调的是，城市管道燃气作为一种高效能源，在储存、运输、系统建设、使用过程中都不同程度地存在着一定的安全问题，有可能对城市居民的人身安全和财产安全造成危害。这些安全问题必然涉及与管道燃气供应相关的燃气设备供应、安装和维修等，政府有关部门需要对管道燃气的质量及燃气设备进行严格监管，对进入这一行业的企业数量加以控制，避免过度竞争，质量失控。

与其他城市公用行业一样，城市管道燃气行业的特点决定其与一般竞争性行业推进市场化改革的差异。一方面，在受到投资资金约束的改革开放初期，民间资本尚不具备进入城市管道燃气行业的能力，当时主要依靠国有资本垄断性地向各城市供气；另一方面，在相关法律、监管制度尚不健全的情况下，过早向民间资本开放城市管道燃气行业，在利润导向下的民营企业，很可能会忽略管道燃气生产经营的安全控制问题，诱发各类危害公众安全事件。与中国整体的市场化改革进程相比，城市管道燃气行业通过实施特许经营制度推进的市场化改革具有滞后性和渐进性的特点。

二、城市管道燃气行业特许经营的历程

回顾中国城市管道燃气行业实施特许经营制度的历程，改革开放以来，中

国城市管道燃气行业大致经历了两个重要发展阶段，即以政企合一和垄断专营为主的发展阶段，以及通过实施特许经营制度、放松准入的民营化改革阶段。

（一）以政企合一和垄断专营为主要特征的发展阶段（1978～2002年）

中国城市管道燃气行业真正得到快速发展是在1979年实施改革开放政策以后，特别是在近10多年才有了突破性进展。中国管道燃气行业的发展经历了利用工矿余气发展城市燃气的节能项目工厂、利用国内外液化石油气的气源和大力发展城市利用天然气工程三个阶段。目前还处于煤制气、液化石油气、天然气三种气源并存的时期。

西气东输工程的实施，标志着中国迎来了城市管道燃气行业的天然气时代。中国城市管道燃气气源将由煤制气和液化石油气为主，向以天然气为主转变。与此同时，城市管道燃气的供气规模也将迅速增加，使用范围也将由以向居民生活用气为主向工商业、采暖等方向扩展。城市管道天然气工程具有广阔的发展空间。

在改革开放的前20多年时间里，中国燃气行业的重心在于如何加快发展，解决城市燃气供需缺口。在节能政策推动和国家财政资金大力支持下，全国建成了一批以利用焦炉气和化肥长释放气为主的城市燃气余气利用工程，许多城市建设了管网等燃气设施，国内液化石油气和管道人工煤气作为优质民用燃料进入千家万户。广东等经济发达的沿海城市居民在20世纪90年代初还用上了进口液化石油气。其间，国务院办公厅1985年第50号文批转的《关于加快发展城市煤气事业的报告》和原建设部1992年5月下发的《城市燃气当前产业政策实施办法》等政策性文件对促进中国城市燃气行业发展起到了重要的推动作用。

这一时期是中国城市燃气行业的发展初期阶段，城市燃气基础设施薄弱，市场规模有限，专业人才不足，燃气质量、行业管理、技术规范、健康标准、安全设备、技术能力和环境标准等诸多制度环境尚未完善，需要通过加快发展来解决上述问题。在这种背景下，政府财政成为城市燃气行业投资建设资金来源，各地方政府所属的燃气公司采取政企合一和垄断专营体制，民间资本面临禁入限制。

客观而论,在城市燃气基础设施建设规模大,民间资本尚未成长壮大起来的情况下,采取政府投资建设和国有专营体制,在当时历史条件下对于中国城市燃气行业的发展起到了不可否认的推动作用,使得城市燃气行业发展初期面临的供需矛盾得到一定程度的缓解,为城市经济与社会发展奠定了物质基础,也为日后的实施特许经营的市场化改革奠定了物质基础。

(二)以实施特许经营制度、放松准入为主要特征的改革阶段(2003年至今)

在城市公用事业中,燃气是城市居民生活的必需品,并且还是重要的能源和工业原料。国际上往往以能源人均占有量、能源使用效率和对环境的影响,来衡量一个国家的现代化程度。以天然气为例,在一次能源结构中,中国天然气不到10%,而世界平均水平为23%。据专家预测,21世纪天然气将是消费量增长最快的能源,中国天然气消费比例面临增长趋势。而如此巨大的投资不可能完全依靠政府,因此城市管道燃气行业放松准入、通过实施特许经营制度引入市场竞争势在必行。

诚然,中国管道燃气行业发展不仅面临资金的约束,还要面对经济全球化的趋势。进入21世纪以来,中国加入WTO后,开放城市公用事业成为中国履行国际承诺的必然选择。与此同时,中国城市管道燃气行业长期存在的体制性矛盾也开始逐步凸显出来。例如,政企合一和国有垄断专营造成管理体制僵化、整体效率低下和人员冗余增加,众多城市管道燃气企业长期亏损经营,严重依赖政府财政补贴,使得财政压力逐年加大;城市管道燃气价格形成机制不合理,管道燃气行业缺乏良性发展的动力和能力等。这些均表明,国有专营和政企不分的旧体制已不能满足快速城市化、市场化和建设环境友好型城市的需要。

面对经济全球化趋势,中国城市管道燃气行业不仅面临港澳台地区燃气企业(如香港中华燃气)以及国外燃气企业(如法国燃气公司、美国壳牌公司等)以先进的服务方式、管理方式和先进的技术争夺国内市场份额,还面临煤炭、电力等可替代能源的竞争。在生存与发展的挑战下,城市管道燃气行业放松准入限制,通过实施特许经营制度,拓展融资渠道,打破行业垄断,引入市场机制,鼓励外资、港澳台资和民间资本参与城市管道燃气行业的投资建设与运营的民营化改革呼声日益高涨。

2002 年，原建设部下发《关于加快市政公用事业市场化进程的意见》，拉开了城市管道燃气行业市场化改革的序幕。此后，国家放松了城市管道燃气行业的准入门槛，鼓励和引导民间资本和港澳台资、外资以独资、合作、联营、参股和特许经营等方式参与城市管道燃气基础设施建设和经营。2004 年 5 月，原建设部颁布《市政公用事业特许经营管理办法》，根据该办法，政府通过向社会公开招标的方式选择投资者和经营者，授予其在一定时间和范围内对燃气产品或服务进行经营的权力。该办法从保障社会公共利益和公共安全的高度，要求各地政府遵循公开、公平、公正和公共利益优先的原则，通过市场竞争、公开招标方式，择优选择城市公用事业的投资者或经营者，使得燃气行业的跨区域整合成为可能，管道燃气分销领域的竞争格局逐渐由地方垄断转向跨区域的市场竞争；与此同时，该办法还明确了特许经营权竞标者应当具备的条件和选择投资者或经营者的公开程序，对授权方和被授权方的责任、权利和义务等都做出了规定。各地积极探索实施特许经营制度的具体办法。①

城市管道燃气行业实施特许经营引入竞争的改革主要从两方面进行，一方面，对传统体制下的国有管道燃气企业进行改制，另一方面，随着投资准入的放宽，各种所有制和资本进入城市管道燃气领域，特别是随着燃气骨干网建设的完善、"国退民进"政策的推行以及城市管道燃气行业利润吸引力的增强，越来越多的非国有投资主体进入城市管道燃气行业。随着管道燃气行业下游市场逐步放开，区域垄断格局有所改观，港资、民资、国际跨国公司以及改制后得以壮大的原国有管道燃气公司等各路资本竞相涌入，下游市场主体已形成多种所有制并存的有序格局，行业利润、生产运营、效率、服务、管理改善明显，整个行业正在进入良性发展轨道。

此外，为促进行业健康发展，国家还不断完善了有关的法律体系、技术标准体系和人才教育培训体系。2007 年 5 月，国家发展改革委下发了《天然气利

---

① 姜润宇. 城市燃气：欧盟的管理体制和中国的政策. 北京：中国市场出版社，2006：12-14.

用政策》，将居民生活用气、公用设施用气、天然气汽车、分布式热电联产和热电冷联产用户等列入允许类。随着川气东送、西气东输二线于 2009 年及 2010 年相继落成，中国城市管道燃气发展气源不足的制约得到明显改观，天然气市场呈现快速发展的局面。这个过程中，各城市公用事业监管部门对城市管道燃气行业实施特许经营制度，不断利用市场机制融资、组建城市管道天然气企业，以此推动各地城市管道燃气行业的发展。通过实施特许经营制度，城市管道燃气企业公司化改造的步伐加快：一是已有很多境外企业进入，与国内一些管道燃气企业组成了合资企业；二是国内很多国有、民营企业与一些城市管道燃气企业合作，成立了股份制的公司；三是一些城市的管道燃气企业自身进行公司化改造。企业的改制，使过去政企不分的城市管道燃气企业成为了真正的市场主体。

为了解城市管道燃气行业特许经营的现状、成效和问题，我们课题组针对 609 家城市燃气企业[①]进行问卷调查。调研内容包括城市管道天然气行业基本信息（注册时间、企业类型、融资渠道、改制方式、股权结构、资本构成、运营模式等）以及特许经营项目基本信息（包括特许经营的目的、模式、成效、问题、配套措施等）。本次调研截至 2011 年 8 月底。

通过调研发现，从目前城市管道燃气行业情况看，实施特许经营项目的数量与整个行业改革进程基本一致。在所调研企业中，总共上报特许经营项目 140 个。多数特许经营项目在 2003 年以后实施。特许经营项目数量呈现递增的趋势，如图 4-1 所示。在所实施的特许经营项目中，有 57% 的项目涉及资产转让，43% 的项目不涉及资产的转让。为规范特许经营项目的运营，92.2% 的特许经营协议在主管部门有备案，仅少量（2.8%）没有备案。

从获取的调研数据看，在政府放松进入监管政策的推动下，非国有资本逐步进入城市管道燃气行业。在已上报注册时间的企业中，非国有管道燃气企业

---

① 调研对象中，极少数为瓶装液化气企业。本书根据是否拥有燃气管网来判断是否是管道燃气企业。鉴于本书主要针对城市管道燃气行业，因此，在选择样本时，对于没有申报管网长度的企业进行了排除。

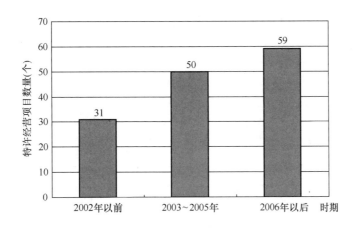

图 4-1　不同时段实施特许经营项目的数量

共 198 个，其中，2002 年前注册成立的有 49 个，2003～2005 年间注册成立的有 75 个，2006 年至今注册成立的有 74 个，如图 4-2 所示。从非国有企业进入城市管道燃气行业的时间看，2003～2005 年间，进入企业数量比较集中。究其原因，主要是 2003 年 10 月党的十六届三中全会公布的《中共中央关于完善社会主义市场经济体制若干问题的决定》强调，应放宽市场准入，允许非公有资本进入法律法规未禁入的基础设施、公用事业及其他行业和领域。在《决定》精神引导下，非国有企业加快了进入城市管道燃气行业的步伐。但与 2003～2005 年这个阶段相比，2006 年以后，非国有企业的进入速度开始放缓。这主要是由于前期较多的非国有企业进入城市管道燃气行业后，由于政府监管制度的建设尚未完全到位，使得城市管道燃气市场的运行出现了一些问题。在此背景下，非国有企业进入城市管道燃气行业的速度有所减缓应该是一种正常的调整。

相比较而言，在城市公用事业中，管道燃气行业实施特许经营制度的进程比供水行业和垃圾处理行业要快。

三、国有城市管道燃气企业体制改革情况

城市公用事业实施特许经营制度首先必须对原国有企业进行改革。显然，国有企业改制是城市管道燃气行业实施特许经营制度改革的重要内容。课题组

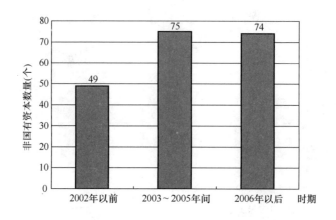

图 4-2　不同时段非国有资本进入城市管道燃气行业的数量

就国有管道燃气企业改制的现状、成效和问题展开了调研。

在 269 份有效问卷中，有 50.9％国有管道燃气企业已经进行了改制，49.1％的国有企业尚未进行改制，如表 4-1 所示。在改制企业中，有 28％的企业进行了资产转让，72％企业不存在资产转让，如图 4-3 所示。而改制方式以合作合资和股权转让为主，占 73％，如图 4-4 所示。

国有管道燃气企业改制情况　　　　　　　　　　　　　　　　　表 4-1

改　　制	样本量（个）	百分比（％）
未改制	132	49.1
已改制	137	50.9
合计	269	100

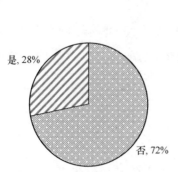

图 4-3　改制企业资产转让情况

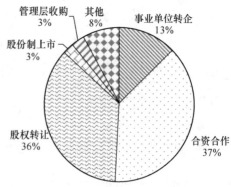

图 4-4　国有管道燃气企业改制方式

对国有管道燃气企业进行体制改革的目的是促进其提高运营效率、服务水平以及企业竞争力。鉴于此，围绕企业改制成效以及改制后存在的问题，课题组对管道燃气企业进行调研。调研数据如表 4-2 和表 4-3 所示。从调研数据中可以看出，在 189 份有效问卷中，多数企业（60%以上）认为，通过改制，企业在资产规模扩大、业务扩张、职工待遇提高、管理水平和效率提高以及产品或服务质量和水平提高、加强员工培训等方面均表现出一定的成效。但在成本下降、引入先进工艺和技术设备、行业竞争力增强等方面，认为有成效的企业比例要低一些。其中成本下降不明显应该与这些年中国总体物价水平上升存在一定的关系。

国有管道燃气企业改制后取得的成效　　　　　　　　　　　表 4-2

成效	企业数 （个）	回答频数 （次）	总体百分比 （%）	百分比 （%）
资产规模扩大	189	143	12.4	75.7
业务扩张	189	123	10.6	65.1
职工待遇提高	189	128	11.1	67.7
盈利能力提高	189	102	8.8	53.4
管理水平和效率提高	189	145	12.5	76.7
成本下降	189	69	6.0	36.5
产品、服务质量和水平提高	189	130	11.3	68.8
行业竞争力增强	189	108	9.3	57.1
引入先进工艺和技术设备	189	79	6.8	41.8
加强员工培训	189	119	10.3	63.0
其他	189	10	0.9	5.3
合计	189	1156	100	611.1

国有管道燃气企业改制后存在的问题　　　　　　　　　　　表 4-3

成效	企业数 （个）	回答频数 （次）	总体百分比 （%）	百分比 （%）
职工得不到有效安置	127	4	2.2	3.1
固定资产回报	127	22	11.8	17.3
实际控制权削弱	127	14	7.5	11.0

成效	企业数（个）	回答频数（次）	总体百分比（%）	百分比（%）
国有资产流失	127	2	1.1	1.6
设施养护不到位	127	9	4.8	7.1
设施建设投资意愿低	127	10	5.4	7.9
管网投入严重不足	127	12	6.5	9.5
政府补贴减少	127	66	35.5	52
与政府关系减弱	127	24	12.9	19
应急保障能力下降	127	6	3.2	4.7
限制企业扩张	127	10	5.4	7.9
资产转让资金挪作他用	127	3	1.6	2.4
其他	127	4	2.2	3.1
合计	127	186	100	146.6

面对改制后存在的问题，在127份有效问卷中（表4-3），有1/2以上的企业认为政府补贴减少，近1/5企业认为与政府关系减弱。这两个问题说明，一方面，改制后的国有管道燃气企业脱离了对政府补贴的依赖；另一方面，改制后的企业改变了与政府之间直接的管理与被管理的关系。政府与企业间的关系，应该由原来的直接管理转变为政府对市场中经营企业的监管。部分企业还认为，改制后存在固定资产回报、实际控制权削弱、设施养护不到位、设施建设投资意愿低、管网投入严重不足以及限制企业扩张等问题。这些问题集中反映了改制后的管道燃气企业，在政府财政补贴减少后，如果企业生产经营成本不能及时通过管道燃气价格的调整得到补偿，则企业必然选择减少设施建设和管网投入等来维持正常的生产经营活动。关于职工得不到有效安置、国有资产流失、应急保障能力下降、资产转让资金挪作他用等问题，从调研数据看，认为存在这些问题的企业数量较少，这与改制企业主观上有意淡化此类问题不无关系。

四、城市管道燃气行业实施特许经营的现状

（一）城市管道燃气行业实施特许经营的目的

从调研企业反馈看，在实施特许经营的目的中，有助于缓解政府投资压力

以及提高企业运营效率得到了企业较普遍（2/3 以上）的认可。而在引入民间资本、促进国有企业改革以及促进市场竞争方面的作用略低于前两者，如表 4-4 所示。总体而言，特许经营项目的实施在不同程度上达到了相应的目的。

实施特许经营的目的　　　　　　　　　　　　　　表 4-4

目的	样本量（个）	均值	非常显著	较显著	一般	不太显著	不显著
缓解政府投资压力	131	1.41	70.3%	19.1%	10.7%	0%	0%
提高企业运营效率	138	1.44	67.4%	22.5%	9.4%	0.7%	0%
引入民间资本	128	2.05	46.1%	25%	16.4%	3.1%	9.4%
促进国有企业改革	119	1.93	48.7%	25.2%	16%	4.2%	5.9%
促进市场竞争	127	1.89	49.6%	22.8%	19.7%	4.7%	3.2%

注："均值"是根据各项评价得分（非常显著为 1，较显著为 2，一般为 3，不太显著为 4，不显著为 5）计算的平均值。表 4-5、表 4-6、表 4-11 同。

（二）城市管道燃气行业特许经营协议所规范的内容

从特许经营项目在城市管道燃气行业中实施情况看，存在土地、税费等优惠政策得不到落实，创新金融服务体制、招投标制度和价格形成机制等不够完善的问题。

从特许经营协议所规范的内容看，企业认同率较高（60% 以上）的规范内容包括特许经营期、经营范围、燃气质量、气价及其调整、税费、土地使用权等；50% 左右企业认同的内容有股权转让、争议解决、终止补偿、设施移交和项目融资方式等，如表 4-5 所示。企业认同率较低的是恢复性大修。从调研数据看，对于特许经营项目而言，由于经营企业主要拥有经营权而没有所有权，所以，在特许经营协议中应对诸如恢复性大修和设施移交等这种关系到企业利益以及项目可持续投资的问题做出更为明确清晰的规定。

特许经营协议所规范的内容　　　　　　　　　　表 4-5

内容	样本量（个）	均值	非常明确	较明确	一般	不太明确	不明确
特许经营期	136	1.20	84.6%	11.0%	4.4%	0%	0%
项目融资方式	128	1.81	50%	28.9%	14.8%	3.1%	3.1%

内容	样本量（个）	均值	非常明确	较明确	一般	不太明确	不明确
土地使用权	133	1.65	60.2%	24.8%	8.3%	3.8%	3%
经营范围	135	1.30	78.5%	14.8%	4.4%	2.2%	0%
燃气质量	135	1.39	74.1%	17%	6.7%	0.7%	1.5%
燃气数量	131	1.66	64.1%	16.8%	11.5%	4.6%	3.1%
气价及其调整	137	1.58	66.4%	19%	8.0%	2.9%	3.7%
设施移交	132	1.84	51.5%	21.2%	21.2%	3.8%	2.3%
股权转让	122	1.73	59.8%	21.3%	11.5%	0.8%	6.6%
税费	125	1.72	60.8%	21.6%	8%	4%	5.6%
恢复性大修	122	1.94	45.9%	27.1%	16.4%	8.2%	2.5%
终止补偿	116	1.81	54.3%	22.4%	14.7%	5.2%	3.5%
争议解决	121	1.64	58.7%	25.6%	10.7%	3.3%	1.7%

（三）推进特许经营有效实施的配套政策和措施

为进一步实施特许经营项目，有必要了解企业对于推进特许经营有效实施的配套政策和措施的评价。从获得的有效问卷来看，企业反映相关配套政策和措施不够完善的主要是落实土地、税费等优惠政策，创新金融服务体制、按时拨付运营服务费以及完善招投标制度和完善价格形成机制等；较完善的是规范特许经营协议，详见表4-6。因此，为顺利推进特许经营项目，在配套政策和措施方面尚有待进一步完善。

推进特许经营有效实施的配套政策和措施　　　　　　**表 4-6**

配套政策和措施	样本量（个）	均值	非常完善	较完善	一般	不太完善	不完善
落实土地、税费等优惠政策	70	2.39	22.9%	34.3%	30%	7.1%	5.7%
规范特许经营协议	71	1.83	43.7%	33.8%	19.7%	1.4%	1.4%
完善价格形成机制	72	2.07	34.7%	36.1%	20.8%	4.2%	4.2%
按时拨付运营服务费	65	2.14	29.2%	36.9%	29.2%	0%	4.6%
加强政府履约	70	2.07	31.4%	42.9%	18.6%	1.4%	5.7%
保持政策延续性	73	2.04	30.1%	39.7%	27.4%	1.4%	1.4%
创新金融服务体制	67	2.24	25.4%	34.3%	34.3%	3.0%	3.0%
完善招投标制度	67	2.09	29.9%	37.3%	28.4%	3.0%	1.5%

（四）城市管道燃气企业运营模式的转变

经过这些年的推动特许经营制度改革，城市管道燃气企业运营模式有了很大转变，目前企业主要以特许经营为主，占比为 69%，政府指定企业或单位机构运营占 15%，而主管部门直接负责运营仅占 8%，具体情况如图 4-5 所示。从企业运营模式的转变可以看出，政府对城市

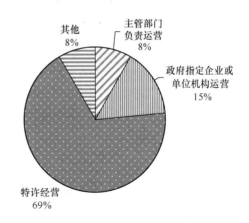

图 4-5　城市管道燃气企业运营模式的占比

注：其他模式包括自主经营，主要是瓶装液化气经营。

管道燃气行业直接控制作用不断减少，而通过实施特许经营，市场竞争机制对企业经营的引导作用逐步增加。显然，对尚在政府直接控制下的城市管道燃气企业应加快改革的步伐。

（五）特许经营期限的规定

从 129 份有效问卷看，大多数项目（117 个）的特许经营期在 20～30 年间。特许经营期限小于 20 年和大于 30 年的比较少，如图 4-6 所示。合理确定特许经营期限十分重要。这是因为，期限过短，对于经营企业而言缺乏稳定经营环境，不利于激励企业对于一些固定资产的投入；而期限过长，则不利于竞争机制的引入。

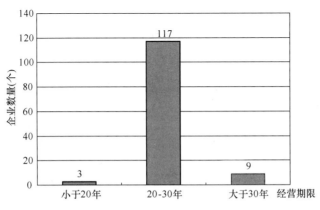

图 4-6　特许经营期限

根据调研企业反映的情况看，目前城市管道燃气特许经营期限的确定多数是依据《特许经营协议》和《市政公用事业特许经营管理办法》的规定，也有部分项目是依据地方燃气管理条例。

（六）获取特许经营项目的方式

特许经营项目运作的重要目的是通过引入竞争机制以促进企业效率的提高。从调研情况看，144 个项目中，通过竞争性谈判和公开招标的项目占 21.5%，而 72.9% 的项目通过协议方式获得特许经营权。由此可见，目前的特许经营项目从引入竞争机制角度看，显得比较欠缺，如表 4-7 所示。

获得特许经营权的方式 表 4-7

方式	协议	邀请招标	竞争性谈判	公开招标	拍卖	其他	合计
样本量（个）	105	2	4	27	0	6	144
百分比（%）	72.9	1.4	2.8	18.8	0	4.2	100

（七）城市管道燃气特许经营的主要模式

在 133 份有效问卷中，有 95 个特许经营项目采取 BT/BOT/BOO 模式，比例高达 71.4%。由此可见，实施特许经营制度主要是为了解决目前城市管道燃气行业投资建设资金不足问题；此外，尚有少量项目采取委托运营、服务或作业外包等模式；而采取 TOT/ROT 模式的项目仅有 1 项，如表 4-8 所示。

特许经营模式 表 4-8

经营模式	样本量（个）	百分比（%）
服务/作业外包	13	9.8
委托运营	17	12.8
BT/BOT/BOO	95	71.4
TOT/ROT	1	0.8
其他	7	6.8
合计	133	100

（八）特许经营项目的资金来源渠道

在 144 份有效问卷中，有 110 个特许经营项目的资金来源于自有资金，占比为 71.6%，另外还有 26.7% 的项目通过银行贷款，没有项目通过发行债券获取资金，如表 4-9 所示。这说明目前城市管道燃气行业特许经营项目的资金来源很有限。

特许经营项目资金来源及比例　　　　　　　　　　　　　表 4-9

资金来源	自有资金	银行贷款	发行债券	其他	合计
样本量（个）	110	30	0	4	144
融资额（万元）	599796.19	223753.2	0	13908	837457.4
百分比（%）	71.6	26.7	0	1.7	100

（九）特许经营项目运营单位的企业类型

通过获得特许经营项目的企业性质可了解非国有企业参与管道燃气行业的程度。从图 4-7 可以看出，事业单位和国有企业所占比例不足 30%，由此可说明，在城市管道燃气行业的特许经营项目中，非国有企业的参与度比较高。

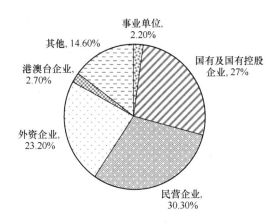

图 4-7　不同性质企业获取特许经营项目的比例

注："民营企业"包括"自然人"，"其他"主要包括有限责任公司。

（十）特许经营项目股权资本的来源情况

在 259 份有效问卷中，国有资本比例占 35.6%，港澳台资、外资和民营资本共占 64.4%。可见，在城市管道燃气的特许经营项目中，不仅在企业数量方面非国有企业占绝对控制地位，且在项目所有者股权投资额的比例中，非国有资本也占较大比例，如表 4-10 所示。

特许经营项目所有者股权　　　　　　　　　　　　表 4-10

所有者类型	国有	港澳台资及外资	民营	合计
样本量（个）	71	66	122	259
投资额（万元）	399516.8	480140	242683.1	1122339.9
百分比（%）	35.6	42.8	21.6	100

（十一）城市管道燃气特许经营项目中非国有资本的控股方式

尽管从特许经营项目所有者股权投资额的比例上看，非国有资本占有较大比例，但分析调研数据发现，非国有资本控股小于 50％的比例高达 50.7％。这说明，许多民间投资者是以自然人入股，股本较小，如图 4-8 所示。

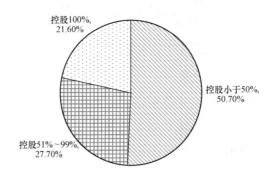

图 4-8　特许经营项目中非国有资本控股方式的比例

（十二）特许经营项目的定价和调价方式

从调研企业反映的情况看，目前特许经营项目的定价和调价方式大同小异。基本原则是依照特殊经营协议中约定的运营服务价格和价格调整方式进行。定价原则为按合理的完全成本加合理利润及相应税金确定价格。在调价机制上，部分项目实施与上游气价的联动机制，也有项目的调价需参照周边地区同类燃气价格。涉及具体调价问题时，由特许经营者拟定气价、调价方案并向物价主管部门提出书面申请，也可以由有定价权的物价主管部门或授权人、其他有关部门根据有关价格法的规定直接提出定价、调价方案，并由物价主管部门依法组织听证。方案形成后按定价权限和范围上报审批。价格方案批准后，由物价主管部门向公众、特许经营者及其他经营者公布，并在政府网站及其他媒体上公告，并组织实施。

五、城市管道燃气行业特许经营现状的总结

根据对中国城市管道燃气行业特许经营现状的调查情况，我们对中国管道燃气行业特许经营目前实施情况总结如下：

第一，为推进城市管道燃气行业实施特许经营制度，超过五成以上的国有企业已经进行了改制，但不少国有管道燃气企业仍然没有进行改制。

第二，目前已有超过 2/3 的城市管道燃气企业按照特许经营模式运营。尽管这个比例不低，但推进特许经营制度的改革进程还有待提高。

第三，从特许经营项目推进的时间看，政府政策对于促进此项制度改革起到很重要的作用。随着 2002 年政府出台《关于加快市政公用行业市场化进程的意见》等政策，城市管道燃气行业明显加快了实施特许经营制度改革的步伐。

第四，从获得特许经营权的方式看，目前多数项目通过协议方式获得特许经营权，城市管道燃气行业准入尚没有引入竞争机制。这明显违背了通过实施特许经营制度引入竞争机制的初衷。

第五，从获取特许经营企业资金来源看，2/3 以上来源于自有资金，尚缺乏通过发行债券或通过股票市场融资。显然，要拓宽城市管道燃气行业特许经营项目的资金来源，必须促进债券和股票等资本市场的发展与完善。

第六，特许经营运营单位中非国有企业已经占到 2/3 以上，这说明通过特许经营项目的运作已经达到了引入非国有企业的目的。

综上，这些年城市公用事业实施特许经营制度改革已经有了实质性的进展，但如何进一步促进改革还需要政府政策的引导以及地方政府和企业的积极行动。对现状的分析可让我们对下一步改革的进程有比较清晰的认识。

第二节　城市管道燃气行业特许经营的主要成效

我们知道，在城市管道燃气行业实施特许经营制度的根本目的在于，在不断减轻政府财政压力的基础上，扩大该行业供给能力，促进行业内企业间的竞

争，提高企业生产效率，提供优质燃气产品和服务并稳定价格水平等。下面先根据城市管道燃气企业对实施特许经营成效的评价来了解城市管道燃气行业特许经营的成效，继而再从其他方面进行分析。

一、城市管道燃气企业对实施特许经营成效的评价

为较全面了解城市管道燃气行业实施特许经营的成效，课题组对城市管道燃气企业进行问卷调查，以了解企业对该项改革措施的评价，进而了解这些年不断推进特许经营项目的成效。

通过表4-11可以看到，得到多数企业（60％以上）认可的成效主要是服务水平提高、管理水平提高和技术水平提高。成效不太显著的主要是成本下降、盘活资产、盈利能力提高和职工待遇提高。其中成本下降没有明显成效应该与这些年国内总体物价水平上升有一定的关系。

特许经营取得的成效　　　　　　　　　　　表 4-11

成效	样本量（个）	均值	非常显著	较显著	一般	不太显著	不显著
盘活资产，填补资金缺口	122	1.81	43.4％	37.7％	14.8％	2.5％	1.6％
成本下降	125	2.09	40％	28.8％	17.6％	9.6％	4％
服务水平提高	129	1.39	68.2％	25.6％	5.4％	0.8％	0％
管理水平提高	131	1.40	65.7％	29.8％	3.8％	0.8％	0％
技术水平提高	131	1.47	61.1％	31.3％	6.9％	0.8％	0％
盈利能力提高	76	1.87	42.1％	35.5％	18.4％	1.3％	2.6％
职工待遇提高	78	1.87	39.7％	37.8％	20.5％	1.3％	1.3％

二、特许经营使政府对城市管道燃气行业的财政补贴大幅度削减，财政压力得到有效缓解

城市管道燃气行业通过实施特许经营制度，由于企业的盈利动机和效率动机不断增强，特别是管道燃气企业不断扩大规模，从而使企业生产和经营边际成本降低，收益率提高，因此，企业投资动机增强，促进了管道燃气行业的发

展，同时也减少了政府财政补贴。城市管道燃气企业的融资基本摆脱了对财政的依赖，政府财政压力得到有效缓解。根据课题组对城市管道燃气企业的调研，企业基本摆脱了对政府财政补贴的依赖，仅4.3％的企业享受政府补贴政策，而69.2％的企业没有享受任何优惠政策，详见表4-12。另外，通过表4-13中所反映的城市管道燃气融资渠道可以看出，城市管道燃气企业融资主要依靠自有资金和商业贷款，财政拨款比例很小（3.80％）。

城市管道燃气企业享受优惠政策情况　　　　　　表 4-12

优惠类型	样本量（个）	百分比（％）
政府补贴	8	4.3
税费优惠	31	16.8
贷款优惠	2	1.1
政策性贷款	6	3.2
其他	10	5.4
没有优惠政策	128	69.2
合计	185	100

城市管道燃气企业的融资渠道　　　　　　表 4-13

融资类型	样本量（个）	总体百分比（％）	百分比（％）
自有资金	494	66.90	88.4
财政拨款	28	3.80	5
商业贷款	152	20.60	27.2
政策贷款	18	2.40	3.2
企业债券	8	1.10	1.4
信托资金	1	0.14	0.2
上市	24	3.25	4.3
其他	13	1.76	2.3
总计	738	100	132
样本量	559	—	—

三、实施特许经营有助于满足城市化过程中公众对城市管道燃气的需求

这些年通过实施特许经营，城市管道燃气行业的供气规模得到大幅提高，

供给能力明显增强。从全国总体情况看（表4-14），不论是供给总量水平，还是普及率，这20年都有很大提高。而如此高的城市燃气管网的建设投资基本是通过实施特许经营制度引入各类民间资本来解决的。

城市公用事业供给能力的变化①   表 4-14

	1990 年	2000 年	2010 年
供气管道长度（万公里）	2.4	8.9	30.9
燃气普及率（%）	19.1	45.4	92.0

四、特许经营促进了城市管道燃气行业的政企分离以及企业间的竞争

城市管道燃气行业实施特许经营制度，本质上也是让经济活动主体逐步摆脱政府对其直接控制的过程。特许经营制度有效地促进了城市管道燃气行业的政企分离。根据课题组调研，城市管道燃气行业在对国有企业进行改革以及引入非国有资本进入的过程中，政府已经逐步摆脱了与企业之间直接的控制与被控制的关系。如表4-15所示，在585份有效问卷中，由政府直接控制的事业单位仅占2%，多数企业已成为市场中独立生产经营的主体。

城市管道燃气企业类型占比   表 4-15

事业单位	2%	港澳台资企业	9%
国有及国有控股企业	27%	其他	9%
民营企业	41%	合计	100.0%
外资企业	12%		

另外，实施特许经营制度的重要目的之一就是打破行业垄断，引入市场竞争机制。从表4-15看出，在城市管道燃气行业中，生产经营的企业已经由不同经济成分企业构成，基本改变了国有企业在市场中的垄断地位，不同企业间是竞争关系。通过国有燃气企业的股份制改革，民营企业、港澳台资企业和外商的直接进入以及融资的多元化，使得燃气终端市场初步形成了地方国企，中央国企，民企、外企、港澳台企三分天下的局面。可以说，在城市管道燃气行业

---

① 资料来源：《中国统计年鉴》. 北京：中国统计出版社，1991、2001、2011.

的管道建设投资和燃气输送、零售市场上，非国有资本均有不同程度的进入，尤其是终端市场的竞争格局基本形成。城市管道燃气行业实施特许经营已经带来了城市管道燃气市场结构的调整，竞争格局基本形成。

五、特许经营提高了城市管道燃气企业的生产效率，并同时有助于稳定价格水平

这些年来，在实施特许经营制度过程中，一方面对国有管道燃气企业进行改制，另一方面引导私营企业进入国有管道燃气行业。在产权改革和促进竞争的双重作用下，城市管道燃气企业的生产效率和盈利能力都发生了积极变化。通过表 4-16 燃气生产和供应业主要经济效益指标可以看出，从 1995 年到 1997 年，在城市燃气价格没有完全理顺的情况下，生产经营企业基本上是微利或亏损经营，在政府财政的支持下，国有独立核算工业企业均处于亏损状态。1998 年国有及规模以上非国有工业企业均亏损运营。1999～2002 年间，在燃气价格开始向上调整的过程中，三资工业企业已经明显获利，而国有及国有控股工业企业仍然是亏损。显然，亏损的背后是大量的政府财政补贴。2003～2004 年间，三资工业企业与国有及国有控股工业企业均获利，这除了燃气价格进一步提升使燃气企业收益增加外，与这个时期燃气行业开始较大规模引入民营企业产生的竞争存在着一定的关系。而 2005～2009 年这个时期，私营工业企业与国有及国有控股工业企业均有较高的利润水平。从统计口径来看，自 2005 年开始，以私营工业企业为对象进行考核，我们也可通过对这个时期的私营工业企业与国有及国有控股工业企业进行比较，分析民营化对整个燃气行业生产效率的影响。由于企业数量和工业总产值等存在差异，我们选择私营工业企业与国有及国有控股工业企业的工业成本费用利润率进行比较。在同时期，私营工业企业的工业成本费用利润率高于国有及国有控股工业企业。而从不同时期看，国有及国有控股工业企业的工业成本费用利润率在不断提高。这一方面说明私营工业企业的生产经营效率高于国有及国有控股工业企业，另一方面也说明在民营企业不断进入燃气行业过程中，由于竞争的引入，国有及国有控股工业企业以提高

生产效率来提升竞争力。

诚然，通过表 4-16 还可以说明，从私营企业的数量来看，这些年中国城市管道燃气行业推行特许经营项目的步伐确实在不断地加快。

燃气生产和供应业主要经济效益指标　　　　　　　　　　表 4-16

年份	企业单位数（个）		工业总产值（亿元）		工业成本费用利润率（%）		利润总额（亿元）	
	独立核算三资工业企业	国有独立核算工业企业	独立核算三资工业企业	国有独立核算工业企业	独立核算三资工业企业	国有独立核算工业企业	独立核算三资工业企业	国有独立核算工业企业
1995	17	269	2.59	68.33		−5.46	0.23	−4.75
1996	24	283	3.65	72.79		−8.53	0.01	−8.71
1997	16	258	5.22	85.21	−4.15	−4.7	−0.45	−5.63
	国有及规模以上非国有工业企业		国有及规模以上非国有工业企业		国有及规模以上非国有工业企业		国有及规模以上非国有工业企业	
1998	291		103.25		−3.5		−6.29	
	三资工业企业	国有及国有控股工业企业	三资工业企业	国有及国有控股工业企业	三资工业企业	国有及国有控股工业企业	三资工业企业	国有及国有控股工业企业
1999	27	255	28.18	103.99	0.44	−3.73	0.13	−6.87
2000	36	252	47.82	121.99	2.74	−2.44	1.34	−5.21
2001	40	252	43.47	134.24	1.65	−0.64	0.8	−1.43
2002	49	243	63.41	157.86	1.21	−0.97	1.05	−2.7
2003	59	231	70.27	183.1	0.97	1.24	1.03	3.8
2004	64	233			0.21	1.35	0.24	4.78
	私营工业企业	国有及国有控股工业企业	私营工业企业	国有及国有控股工业企业	私营工业企业	国有及国有控股工业企业	私营工业企业	国有及国有控股工业企业
2005	46	221	15.34	290.39	3.1	1.46	0.46	6.06
2006	59	227	23.29	400.62	2.52	1.19	0.58	6.37
2007	84	217	45.38	512.18	6.82	4.36	2.81	25.34
2008	181	260	76.52	735.33	9.11	4.3	6.1	34.32
2009	214	248	112.02	795.66	12.03	6.41	11.75	53.88
2010	242	251	181.39	1056.64	9.32	7.68	15.10	81.45
2011	171	262	183.16	1395.08	7.79	8.16	13.18	114.86
2012	196	296	—	—	9.1	8.52	16.84	143.3

资料来源：《中国统计年鉴》. 北京：中国统计出版社，1995-2013.

理论与实践证明，比较而言，民营企业生产效率要高于国有企业生产效率。根据课题组调研，具体比较不同经营模式燃气企业平均成本发现，主管部门负责运营的燃气平均成本较低，这与主管部门直接负责运营存在政府财政补贴有关系，且政府主管部门负责直接运营的燃气企业，其通常仅计算企业运营成本，对于前期管网等投资不计入成本。而引入竞争机制的特许经营模式的燃气平均成本要低于政府制定企业或单位机构运营模式，如图 4-9 所示。这说明，通过向管道燃气行业引入竞争，有利于促进管道燃气企业降低成本，提高效率。

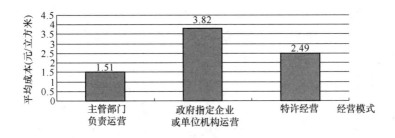

图 4-9　不同经营模式管道燃气企业平均成本比较

另外，我们还可通过图 4-10 中不同性质企业的劳动生产率来说明所有权对提高企业生产效率的激励作用，即非国有管道燃气企业的劳动生产率水平总体高于国有企业。

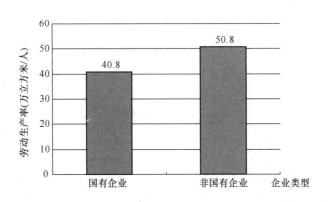

图 4-10　国有与非国有企业劳动生产率比较

从图 4-11 和图 4-12 中企业获利情况看，事业单位和国有控股企业的亏损率和利润率均值均反映这两类性质企业的运营效率均低于非国有企业。这些指标反映了通过推行特许经营制度引入竞争有效地提高了城市管道燃气行业的效率。

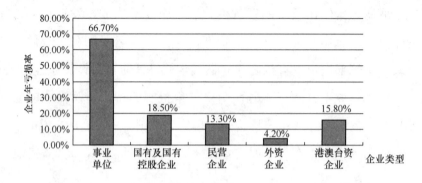

图 4-11　不同性质管道燃气企业年亏损率比较

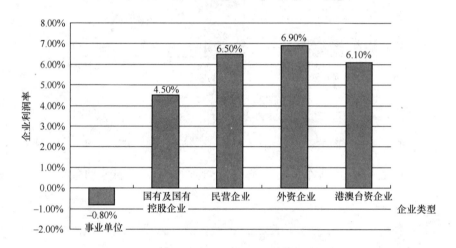

图 4-12　不同性质管道燃气企业利润率均值比较

城市管道燃气行业在实施特许经营制度过程中，基于企业效率的提高，管道燃气涨价也未必是必然的。例如，从新奥燃气的经营业绩来看，近两年新奥所投资近 30 个城市的燃气市场中，除了安徽蚌埠因一些特殊原因由政府给予一定的补贴外，其余全都是自主经营，燃气价格均没有高过当地前期水平。

通过课题组的调研发现，尽管各城市的管道燃气价格受到政府物价部门的监管，由物价部门对所在城市的物价水平进行统一控制，然而，在课题组获取的调研数据中（图 4-13），总体来看，主管部门负责运营的管道燃气价格偏低。这与政府通过控制主管部门负责运营的管道燃气价格来达到稳定物价的目的有一定的关系。而政府指定企业或单位机构运营与特许经营相比，特许经营运营模式下的管道燃气价格总体要低于前者。从此可以看出，竞争机制对于管道燃气价格有一定的约束作用。

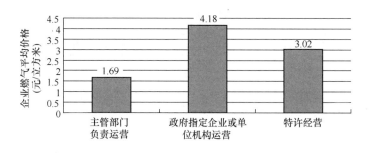

图 4-13　不同经营模式企业燃气平均价格

第三节　城市管道燃气行业特许经营存在的关键问题

中国城市管道燃气行业特许经营项目的实施已经取得明显成效，但仍然存在各项制度不够完善的问题。

一、被访企业对城市管道燃气特许经营项目实施过程中存在问题的评价

（一）城市管道燃气企业进入市场面临的问题

城市管道燃气行业在实施特许经营制度过程中，随着国有管道燃气企业体制改革不断深入以及非国有资本的进入，城市管道燃气市场的竞争秩序正在重新构建。对于进入城市管道燃气市场的企业而言，进入过程中会遇到哪些问题以及进入后将面临哪些不确定性和风险，都是政府在制定监管政策时必须考虑的问题。鉴于此，课题组专门针对企业进入城市管道燃气市场面临的问题进行调研。调研情况如表 4-17 所示，在 222 份有效问卷中，有 1/2 以上的企业反映企业负担重，还有 4 成多的企业反映定价不合理以及市场准入不规范，良莠不齐，另外还有部分企业反映项目融资成本高、市场进入门槛过高、存在政治

（政策）风险和政府不履约以及监管部门间相互推诿等问题。较少企业认为存在招标程序不透明以及政府拖欠运营服务费等问题。而对于被访企业而言，招标程序是否透明是比较敏感的问题，不排除企业有意回避的可能。

企业进入市场面临的问题　　　　　　　　　　表 4-17

问题	企业数	回答频数	总体百分比（%）	百分比（%）
市场准入不规范，良莠不齐	222	97	19.3	43.7
市场进入门槛过高	222	25	5	11.3
项目融资成本高	222	53	10.5	23.9
招标程序不透明	222	10	2	4.5
监管部门间相互扯皮	222	24	4.8	10.8
政府拖欠运营服务费	222	7	1.4	3.2
定价不合理	222	90	17.9	40.5
企业负担重	222	129	25.7	58.1
政府不履约	222	24	4.8	10.8
政治（政策）风险	222	36	7.2	16.2
其他	222	8	1.6	3.6
合计		503	100	226.6

（二）城市管道燃气企业签订服务合同的情况

通过签订服务合同可有效规范城市管道燃气行业中经营企业的生产经营行为。在调研企业中，65.3%的企业签订了服务合同，34.7%的企业尚未签订服务合同，如表 4-18 所示。鉴于此，为更好地规范城市管道燃气企业的生产经营活动，应要求企业在获得经营权的同时，必须签订服务合同。

城市管道燃气企业签订服务合同的情况　　　　　　表 4-18

签订服务合同	样本量（个）	百分比（%）
签订	154	65.3
未签订	82	34.7
合计	236	100

（三）实施特许经营存在的问题

从调研数据看，企业反映特许经营中存在的问题主要是固定资产回报问题、项目融资成本高和定价不合理等。而对于国有资产流失和职工得不到有效安置

等问题，在获得的问卷中，反映出来的是问题不算严重，如表 4-19 所示。对于
被访企业而言，不排除其主观故意掩饰国有资产流失和职工得不到有效安置等
这类问题严重性的可能。

特许经营中存在的问题

表 4-19

存在的问题	样本量	均值	非常严重	较严重	一般	不太严重	不严重
固定资产回报	61	3.64	0%	11.5%	45.9%	9.8%	32.8%
特许经营协议不规范	68	4.18	4.4%	1.5%	19.1%	22.1%	52.9%
国有资产流失	66	4.55	0%	6.1%	7.6%	12.1%	74.2%
设施养护不到位	79	4.22	1.3%	0%	30.4%	12.7%	55.7%
项目融资成本高	67	3.91	3.0%	9.0%	27%	16.4%	44.8%
招标程序不透明	63	4.57	0%	3.2%	7.9%	17.5%	71.4%
拖欠运营服务费	68	4.52	0%	0%	17.7%	13.2%	69.1%
定价不合理	67	4.13	6.0%	3.0%	14.9%	23.9%	52.2%
政府不履约	64	4.42	1.6%	4.7%	12.5%	12.5%	68.8%
职工得不到有效安置	62	4.68	0%	0%	4.8%	22.6%	72.6%

二、特许经营实施情况反映的主要问题

根据被访企业对城市管道燃气特许经营实施情况的评价看，具体还存在如
下问题：

1. 监管制度有待完善

在推进城市管道燃气行业特许经营项目的进程中，政府部门的监管责任得
到强化，监管能力也在逐步提高。但从被访的管道燃气企业反馈的问题看，仍
然存在政府责任不明确、监管部门间相互推托、定价不合理、市场准入不规范、
政府不履约、政策延续性差等监管低效率问题。2004 年原建设部颁布实施的
《市政公用事业特许经营管理办法》中实行特许经营的市政公用事业也包括城市
燃气行业，随后，原建设部还颁发了《管道燃气特许经营协议》的示范文本。
可以说，在法律和政策的层面上，城市燃气行业实行特许经营已经毫无障碍。
之后，各城市公用事业主管部门纷纷制定城市管道燃气特许经营监督管理实施
细则。2010 年 11 月 19 日，国务院通过《城镇燃气管理条例》（以下简称《条

例》），并于 2011 年 3 月 1 日起施行。显然，针对城市管道燃气行业实施特许经营，政府部门在不断完善需要的规章制度，但目前尚需政府监管部门把各类制度真正落到实处，担负起对城市管道燃气企业进行有效监管的职责。

2. 特许经营制度不完善提高了企业进入城市管道燃气行业的不确定性和风险

与其他城市公用事业相比，尽管城市管道燃气行业在实施特许经营引入民营企业的进程上还是比较积极的，但对于准备进入该领域的民营企业而言，与已有的国有企业相比，目前仍然存在很多进入壁垒以及进入后的不确定性。这些均不利于城市管道燃气行业进一步推进特许经营制度改革。

3. 部分获取特许经营权的企业尚未签订服务合同

特许经营项目得以顺利实施的关键在于政府与企业间通过签订特许经营合同以界定彼此的责任和权利。目前部分获取特许经营权的企业尚未签订服务合同，这不仅导致政府对管道燃气企业进行监管缺乏依据，且生产经营企业的利益不能得到保障，直接影响到管道燃气供应的可持续性问题。也就是说，一旦特许经营项目实施过程中出现问题，政府与企业间进行谈判则缺乏应有的依据，这无形中增加了特许经营项目实施的风险。因此，为更好地规范城市管道燃气企业的生产经营活动，应要求企业在获得经营权的同时，必须签订服务合同。

4. 特许经营招投标过程尚缺乏较充分的竞争

特许经营项目运作的重要目的是通过引入竞争机制，以促进企业效率的提高。但从调研情况看，目前尚未真正按照公开、公平、公正的市场竞争程序，公开招标并择优选择投资运营主体。特许经营项目从引入竞争机制角度看，显得比较欠缺。尤其是国有企业的"先发优势"，在特许经营项目的招投标过程中，国有企业凭借固有的优势往往更容易中标。这样，目前国有企业在城市管道燃气行业中仍然有较强的市场控制力。鉴于此，为促进城市管道燃气市场的有效竞争，政府在深化特许经营制度改革方面，还需要有向非国有企业（尤其是民营企业）倾斜的政策，降低民营资本进入的门槛，让城市管道燃气行业真正向非国有资本开放。

5. 特许经营协议所规范的内容尚不够明确、细化

政府与企业签订的各种特许经营协议，是其实施监管的主要依据。而特许经营协议所规范的内容包括特许经营期、经营范围、燃气质量、气价及其调整、税费、土地使用权、股权转让、争议解决、终止补偿、设施移交项目融资方式和恢复性大修等。根据调研了解到，目前特许经营协议规范的部分内容比较明确，但也有部分内容过于粗糙，存在漏洞，这会导致难以应对实施过程中情况的变化，以至于实施过程中的利益分享和风险承担有失公平，不利于公私合作制的长期健康发展。

6. 特许经营项目的资金来源单一

根据调研分析，在特许经营项目的资金来源中，2/3 以上特许经营项目的资金来源于企业自有资金，1/4 以上来自银行贷款，没有项目通过发行债券获取资金。这反映目前城市管道燃气行业特许经营项目的资金来源很有限。

7. 价格调整机制尚有待规范

目前中国城市管道燃气在不同程度上带有一定的福利性，政府监管部门和机构尚没有按照较为科学的价格形成机制对其价格进行监管。中国城市管道燃气调价尚不能及时反映供求变化。目前城市管道燃气价格还处于探讨成本价格联动方案阶段，零售价格（尤其是民用气价格）调整普遍滞后，难以严格执行目前的成本定价基本政策，不利于发挥价格调节供求的作用。

第五章　城市垃圾处理行业的特许经营实践

为更好地促进城市垃圾处理行业的发展，必须加快垃圾处理行业的特许经营进程。本章先考察城市垃圾处理行业特许经营的历程与现状，然后分析城市垃圾处理行业特许经营的主要成效，在此基础上总结出城市垃圾处理行业特许经营存在的关键问题。

第一节　城市垃圾处理行业特许经营的历程与现状

一、城市垃圾处理行业特许经营的历程

1998 年前，城市垃圾处理设施建设的投资渠道相对单一，绝大部分资金要么来自于外国政府或者国际金融机构的贷款（其中，许多项目都是以购买国外设备和进行国际招标为附加条件），要么来自于政府财政拨款、发行国债。由于投资渠道相对单一，城市垃圾处理的建设资金和运营资金严重不足，同时随着城市人口数量增长和城市化进程加快，城市垃圾排放和清运量逐年上升，城市垃圾处理行业的能力不足问题日益突出，垃圾污染问题日趋严重。2002 年，国家计委、财政部、原建设部、国家环保总局颁发了《关于推进城市污水、垃圾处理产业化发展的意见》（计投资［2002］1591 号），同年原建设部印发了《关于加快市政公用行业市场化进程的意见》（建城［2002］272 号），对开放城市垃圾处理的投资、运营市场，建立特许经营制度起到了积极推动作用。此后，我国城市垃圾处理行业的市场化发展、产业化改革进行得较为迅速，垃圾处理行

业的特许经营逐渐兴起，出现了一个发展高潮。

为了解城市垃圾处理行业特许经营的现状、成效和问题，我们对全国 31 个省级建设厅（局）、391 个城市的公用事业主管部门和 332 家城市垃圾处理企业进行了问卷调查，并赴部分典型城市作了实地调研。调研内容包括垃圾处理企业和下辖垃圾处理场基本信息（职工人数、资产总额、注册时间、企业类型、融资渠道、改制方式、股权结构、资本构成、垃圾处理方式、运营模式、垃圾处理量、垃圾处理费等）和特许经营项目基本信息（包括特许经营的目的、模式、成效、问题、配套措施等），本次调研数据截至 2011 年 8 月底。

我们先考察非国有资本进入城市垃圾处理行业情况。我们以非国有垃圾处理企业的注册时间表示非国有资本的进入。在填写注册时间的垃圾处理企业中，非国有垃圾处理企业共 77 个。其中，2001 年前（含 2001 年）注册的有 13 个，占 18.3%。2002～2005 年间注册成立的有 26 个，占 36.6%。2006 年至今注册成立的有 32 个，占 45.1%，如图 5-1 所示。可见，伴随着近年来不断鼓励非国有资本进入垃圾处理行业的政策推广，非国有资本进入垃圾处理行业的数量呈稳步递增的趋势。

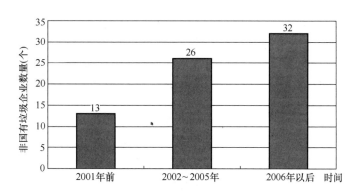

图 5-1　非国有资本进入城市垃圾处理行业的时间

从城市垃圾处理行业特许经营项目的实施时间和实施数量看，2001 年前实施的城市垃圾处理行业特许经营项目只有 2 项（占 2.08%）；2002～2005 年实施的特许经营项目上升为 16 项（占 16.67%）；2006 年至今实施的特许经营项目则增加到 78 项（占 81.25%）。可见，随着《关于推进城市污水、垃圾处理产业化发展的意见》（2002 年）、《关于加快市政公用行业市场化进程的意见》（2002年）、《关于加强市政公用事业监管的意见》（2005 年）的出台以及地方政府相继出台的城市公用事业市场化改革的相关文件，垃圾处理行业的特许经营正在加速发展和推进中，如图 5-2 所示。

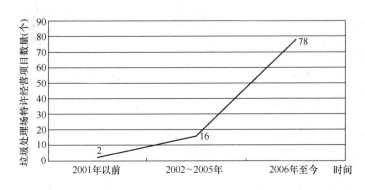

图 5-2　城市垃圾处理行业特许经营项目的实施时间

二、城市垃圾处理行业的企业改制情况

垃圾处理行业的企业改制与特许经营是密切相关的。如果企业没有进行改制，一般是不会获得特许经营权的。由此，我们先考察垃圾处理行业的企业改制情况。如表 5-1 所示，截至 2011 年 8 月底，只有 8.0％的企业已经进行了改制，另外 92.0％的企业尚未进行改制。总的来说，垃圾处理企业的改制进程相对滞后。

垃圾处理企业改制情况　　　　　　　　　　　　表 5-1

企业类型	有效样本量（个）	有效百分比
未改制	252	92.0％
已改制	22	8.0％
合计	274	100.0％

表 5-2 显示了垃圾处理企业改制的方式。可以看出，事业单位转企、股权转让、股份制上市改革、合资合作是改制的主要方式（共占 92.0％），其他方式的比例较小。当然，由于受调查的企业样本量较小（填写这一题项的企业样本量

只有 25 个），这一结果是否有普遍意义还需要进一步验证。此外，从资产转让情况看，只有极少数企业涉及资产转让，绝大多数企业尚未涉及资产转让。

垃圾处理企业改制方式　　　　　表 5-2

改制方式	样本量（个）	百分比
事业单位转企	10	40％
合资合作	3	12％
股权转让	6	24％
股份制上市改革	4	16％
管理层收购	1	4％
其他	1	4％
合计	25	100％

表 5-3 显示了垃圾处理企业改制的成效。可以看出，企业普遍认为改制可以使管理水平和效率提高（84.0％）、资产规模扩大（68.0％）、产品/服务质量和水平提高（64.0％）。可见，管理水平和效率提高、资产规模扩大、产品/服务质量和水平提高是企业改制最主要的成效。其次分别为引入先进工艺和技术设备（56.0％）、加强员工培训（48.0％）、职工待遇提高（44.0％）、行业竞争力增强（40.0％）、成本下降（36.0％）。

企业改制后取得的成效　　　　　表 5-3

	企业数（个）	回答频数（次）	总体百分比	百分比
资产规模扩大	25	17	14.2％	68.0％
业务扩张	25	6	5.0％	24.0％
职工待遇提高	25	11	9.2％	44.0％
管理水平和效率提高	25	21	17.5％	84.0％
成本下降	25	9	7.5％	36.0％
产品/服务质量和水平提高	25	16	13.3％	64.0％
行业竞争力增强	25	10	8.3％	40.0％
加强员工培训	25	12	10.0％	48.0％
引入先进工艺和技术设备	25	14	11.7％	56.0％
盈利能力提高	25	3	2.5％	12.0％
其他	25	1	0.8％	4.0％
合计		120	100.0％	480.0％

　　至于企业改制后存在的问题，有 41.2% 的被调查企业认为政府补贴减少，如表 5-4 所示。但我们认为，政府补贴减少这恰恰是垃圾处理行业产业化、市场化过程中不可缺少的一环，也是城市垃圾处理行业特许经营取得成功的一个外部标志。

<table>
<tr><td colspan="5" align="center">企业改制后存在的问题　　　　　　　　　　　　　　　　　表 5-4</td></tr>
<tr><th></th><th>企业数（个）</th><th>回答频数（次）</th><th>总体百分比</th><th>百分比</th></tr>
<tr><td>职工得不到有效安置</td><td>17</td><td>4</td><td>12.9%</td><td>23.5%</td></tr>
<tr><td>固定资产回报</td><td>17</td><td>2</td><td>6.5%</td><td>11.8%</td></tr>
<tr><td>实际控制权削弱</td><td>17</td><td>2</td><td>6.5%</td><td>11.8%</td></tr>
<tr><td>国有资产流失</td><td>17</td><td>1</td><td>3.2%</td><td>5.9%</td></tr>
<tr><td>设施养护不到位</td><td>17</td><td>3</td><td>9.7%</td><td>17.6%</td></tr>
<tr><td>设施建设投资意愿低</td><td>17</td><td>1</td><td>3.2%</td><td>5.9%</td></tr>
<tr><td>投入严重不足</td><td>17</td><td>3</td><td>9.7%</td><td>17.6%</td></tr>
<tr><td>政府补贴减少</td><td>17</td><td>7</td><td>22.6%</td><td>41.2%</td></tr>
<tr><td>与政府关系减弱</td><td>17</td><td>3</td><td>9.7%</td><td>17.6%</td></tr>
<tr><td>应急保障能力下降</td><td>17</td><td>1</td><td>3.2%</td><td>5.9%</td></tr>
<tr><td>限制企业扩张</td><td>17</td><td>2</td><td>6.5%</td><td>11.8%</td></tr>
<tr><td>资产转让资金挪作他用</td><td>17</td><td>2</td><td>6.5%</td><td>11.8%</td></tr>
<tr><td>合计</td><td></td><td>31</td><td>100.0%</td><td>182.4%</td></tr>
</table>

三、城市垃圾处理行业特许经营的现状

　　运营模式是反映垃圾处理行业特许经营现状的一个重要指标。根据我们对全国 216 家垃圾处理场的问卷调查，垃圾处理场运营模式如表 5-5 所示。可以看出，主管部门负责运营（多数为事业单位）的比重最高，占 40.3%，其次是政府指定企业或单位机构运营（往往为国有企业），比例为 31.9%，特许经营的比例仅占 1/4。如果仅从特许经营的推广情况来推断，城市垃圾处理行业特许经营的总体比例依然不高，低于城市管道燃气等其他公用事业行业（根据我们进行的问卷调查，同期城市管道燃气推行特许经营的比例已经达到 69%），可见城市垃圾处理行业特许经营的推广仍需进一步加强。

垃圾处理场的运营模式		表 5-5
	样本量（个）	百分比
主管部门负责运营	87	40.3%
政府指定企业或单位机构运营	69	31.9%
特许经营	53	24.5%
其他	7	3.2%
合计	216	100.0%

注：本表中百分比数据是保留小数点后一位数并四舍五入，故合计百分比存在较小误差。下表同。

在调研的垃圾处理场中，共有 78 个项目上报了特许经营的模式。其中，BT/BOT/BOO 模式最为普遍，共有 70.51% 的特许经营项目采用该类模式；其次为委托运营，占 14.10%；采用服务/作业外包、TOT/ROT 以及其他模式（主要是 TOT＋BOT、BBO、EPC 等）非常少见。详见表 5-6。

垃圾处理场特许经营的模式		表 5-6
	样本量（个）	百分比
服务/作业外包	4	5.13%
委托运营	11	14.10%
BT/BOT /BOO	55	70.51%
TOT/ROT	3	3.85%
其他	5	6.41%
合计	78	100.00%

根据我们 2013 年对广东省建设厅关于城市垃圾处理行业特许经营状况的最新调查，截至 2012 年底 2013 年初，广东省现有的 69 座生活垃圾无害化处理场中有 26 座采用 BOT、TOT 等市场化的特许经营方式建设运营，占 37.7%。其中，在建的垃圾处理项目绝大多数采取向社会公开招投标的市场化运营方式。在运用 BOT 运营管理模式建设的同时，有一些特许经营项目还引入了第三方监管，采用公开招标的方式选择具有垃圾处理管理经验的中介机构对生活垃圾填埋实施日常运营过程中技术及环保层面的监管（例如，佛山市高明垃圾填埋场特许经营项目就引入了第三方监管，详见本书第九章）。此外，城市垃圾处理单位属于企业性质的（即完成企业改制）超过 60%，事业性质单位逐年减少。总的来说，广东省基本实现了城市垃圾处理的投资渠道多元化、运营主体企业化、

运营机制市场化的新格局。

从垃圾处理场获取特许经营权的方式看，在被调研的 75 个垃圾处理场中，采用协议方式获得特许经营权的垃圾处理场有 37 个，占 49.33%；其次是采用公开招标方式获得特许经营权，占 30.67%；采用邀请招标、竞争性谈判、拍卖及其他方式（主要是政府委托）获取特许经营权的很少，如表 5-7 所示。

获得特许经营权的方式　　　　　　　　　　　　　　表 5-7

	样本量（个）	百分比
协议	37	49.33%
邀请招标	3	4.00%
竞争性谈判	5	6.67%
公开招标	23	30.67%
拍卖	2	2.67%
其他	5	6.67%
合计	75	100.00%

从垃圾处理企业特许经营项目实施的目的看，缓解政府投资压力和提高企业运营效率这两个题项的均值最小，分别为 1.69、1.73。促进国有企业改革、引入民间资本、促进市场竞争这三个题项的均值相对较大，在 2.0 左右。[①]可见，缓解政府投资压力和提高企业运营效率是实施特许经营项目最主要的动因，如表 5-8 所示。

实施特许经营目的　　　　　　　　　　　　　　表 5-8

目的	样本量(个)	均值	1 非常显著	2 较显著	3 一般	4 不太显著	5 不显著
缓解政府投资压力	74	1.69	52.7%	29.7%	14.9%	1.4%	1.4%
促进国有企业改革	64	2.19	32.8%	35.9%	20.3%	1.6%	9.4%
提高企业运营效率	73	1.73	52.1%	32.9%	9.6%	1.4%	4.1%
引入民间资本	67	2.12	44.8%	25.4%	14.9%	3%	11.9%
促进市场竞争	72	1.97	41.7%	30.6%	19.4%	5.6%	2.8%

---

① 这里需注意的是，实施特许经营的目的这五个题项的量表为"1 非常显著，2 较显著，3 一般，4 不太显著，5 不显著"。样本均值越小，表明特定的题项越显著。

从垃圾处理企业特许经营协议规范的内容看，经营范围、特许经营期、土地使用权、年垃圾处理量、垃圾处理质量等条款相对最为明确（这些题项的均值在1.4左右）；股权转让、税费、恢复性大修、终止补偿、争议解决等条款的明确性相对较弱（这些题项的均值大多在1.8以上），如表5-9所示。

特许经营协议所规范的内容　　　　　　　　　　　表5-9

内容	样本量	均值	1非常明确	2较明确	3一般	4不太明确	5不明确
特许经营期	78	1.40	73.1%	19.2%	3.8%	2.6%	1.3%
项目融资方式	75	1.63	58.7%	25.3%	12%	2.7%	1.3%
土地使用权	79	1.39	70.9%	20.3%	7.6%	1.3%	0%
经营范围	78	1.33	71.8%	23.1%	5.1%	0%	0%
年垃圾处理量	76	1.54	55.3%	35.5%	9.2%	0%	0%
垃圾处理质量	77	1.49	62.3%	29.9%	5.2%	1.3%	1.3%
处理费支付及其调整	76	1.64	56.6%	27.6%	11.8%	2.6%	1.3%
设施移交	67	1.70	56.7%	25.4%	11.9%	3%	3%
股权转让	62	1.95	43.5%	30.6%	17.7%	3.2%	4.8%
税费	71	1.79	54.9%	23.9%	11.3%	7%	2.8%
恢复性大修	66	1.86	45.5%	27.3%	24.2%	1.5%	1.5%
终止补偿	65	2.15	38.5%	26.2%	24.6%	3.1%	7.7%
争议解决	72	1.86	41.7%	33.3%	23.6%	0%	1.4%

四、典型地区城市垃圾处理行业特许经营状况的深度调查

为了进一步获得城市垃圾处理行业特许经营的深度信息，我们对安徽、福建两省的厦门、泉州、晋江、亳州、淮南、漳州、龙岩、清流县、宁化县、明溪县、石狮、泉港区、安南、惠安县、安溪县等15个城市或地区垃圾处理行业19个项目的改革进行了深度调查，对企业规模或生产能力、总资产、改革方式、股本结构、社会投资、改革前后的企业生产能力的变化情况进行了深入考察，表5-10显示了安徽、福建两省部分城市和地区城市垃圾处理行业特许经营状况的汇总结果。

部分城市或地区垃圾处理特许经营情况调查结果　表5-10

城市	企业或项目名称	规模或能力	总资产(万元)	改革方式	股本或投资结构	引入的企业名称	引入的社会投资(万元)	是否签订特许经营协议、特许经营时间、生效时间、特许经营期限	价格或处理费标准、收取方式及改革前后变化	改革前后企业总资产及生产能力(规模)变化	备注
亳州	亳州垃圾处理厂	350 吨/天	5200	BOT	政府 20%，桑德集团 80%	桑德集团	3600	已签订，2007 年 3 月 1 日生效，期限 16 年	57.5 元/吨，市财政拨付	无	
淮南	东部生活垃圾卫生填埋场	500 吨/天	11800	BOT	市财政投资 4600 万元，合作方投资 7200 万元	北京桑德环保集团	7200	2007 年 6 月签订《特许经营协议》，生效时间 2007 年至 2029 年，期限 20 年	支付北京桑德集团垃圾处理费 49.98 元/吨，向社会征收生活垃圾处理费	2009 年 7 月投入运营	
淮南	西部生活垃圾焚烧发电厂	600~800 吨/天	33900	BOT	市财政投资 3900 万元，合作方投资 30000 万元	正在选择和洽谈中	30000	暂未签订	暂未定		计划 2009 年 12 月项目附属工程开工建设
厦门	厦门市生活垃圾分类处理厂	500 吨/天	9448.75	BOT	厦门联谊吉源环保工程有限公司独资	厦门联谊吉源环保工程有限公司	9448.75	签订特许经营协议，2005 年 2 月 3 日，特许经营期限 25 年			
莆田	莆田市城市生活垃圾焚烧发电厂	占地 130.2 亩，1000 吨/天，年发电量 1.215 亿度，上网电量 0.972 亿度	31323	BOT	自筹 14820 万元，贷款 13500 万元，其他 3000 万元	—	—	2007 年 5 月 16 日签订 BOT 协议，生效 30 年(含建设期 18 个月)	每度电费 0.06 元补贴	—	

续表

城市	企业或项目名称	规模或能力	总资产（万元）	改革方式	股本或投资结构	引入的企业名称	引入的社会投资（万元）	是否签订特许经营协议、特许生效时间、特许经营期限	价格或处理费标准、收取方式及改革前后变化	改革前后企业总资产及生产能力（规模）变化	备注
莆田	寨岭垃圾无害化处理处	150 万 m³	—	BOT	—	福州科环高新环境保护有限公司	3065	2008 年 8 月 30 日	54 元/吨	—	
龙岩	黄竹坑生活垃圾处理场	300 吨/天	4538	BOT		香港雅邦集团有限公司	1896	是，生效时间为 2002 年 9 月 8 日，特许经营期限以本填埋场封场为期限			
清流县	清流县垃圾处理场	150 吨/天	3645	BOT	政府配套投资 1404 万元，BOT 项目工程投资 2241 万元	福州科环高新环境保护有限公司	2241	签订时间 2007 年 11 月 6 日，期限 25 年	建设方采用垃圾处理费 70 元/吨的计费标准	无	
宁化县	宁化县垃圾处理场	100 吨/天	2300	BOT	BOT	福建汇能达有限公司	83	2009 年生效、期限 20 年	9 元/（月·户）	无	
明溪县	明溪县垃圾处理场	100 吨/天	3016	TOT	TOT	福建明溪汇能环保科技有限公司	无	已签订特许经营协议、生效时间为 2009 年 2 月 12 日	2007 年 8 月为 5 元/（月·户）、2009 年 8 月为 9 元/（月·户）	无	
泉州	泉州经济技术开发区工业垃圾处理设施	25 吨/天		私营企业合作	私营企业	聚龙轻工有限公司	215	2006 年 1 月签订特许经营协议，期限 3 年	聚龙公司负责焚烧炉的日常运行管理、运行费用由其承担，焚烧炉产生的蒸汽供其使用	25	

135

续表

城市	企业或项目名称	规模或能力	总资产（万元）	改革方式	股本或投资结构	引入的企业名称	引入的社会投资（万元）	是否签订特许经营协议、生效时间、特许经营期限	价格或处理费标准、收取方式及改革前后变化	改革前后企业总资产及生产能力（规模）变化	备注
晋江	晋江市垃圾焚烧发电综合处理厂一期工程	600 吨/天		BOT	私营企业	创冠环保资源开发有限公司	18640	2003 年 12 月签订特许经营协议，期限 30 年	0.59 元/千瓦时	600	
晋江	晋江市垃圾焚烧发电综合处理厂二期工程	1000 吨/天		BOT	私营企业	创冠环保资源开发有限公司	24400	2007 年 2 月签订特许经营协议，期限 30 年	0.59 元/千瓦时	1000	
石狮	石狮市垃圾焚烧发电综合处理厂一期工程	400 吨/天		BOT	私营企业	香港鸿峰发展有限公司	7500	2002 年 5 月签订特许经营协议，期限 30 年	50 元/吨	400	
石狮	石狮市垃圾焚烧发电综合处理厂二期工程	1400 吨/天		BOT	私营企业	香港鸿峰发展有限公司	24756	2006 年 11 月签订特许经营协议，期限 25 年	50 元/吨	1400	
泉港区	泉港区城市生活垃圾无害化处理场	215 吨/天		BOT	外资控股	上海综合环保有限公司	6050	正在谈判			
南安	南安市垃圾焚烧发电厂一期	300 吨/天		BOT	私营企业	圣元环保电力有限公司	16200	2006 年 9 月签订特许经营协议，期限 30 年	0.629 元/千瓦时	300	
惠安县	惠安县垃圾焚烧厂	600 吨/天		BOT	私营企业	创冠环保资源开发有限公司	31000	2008 年 9 月签订特许经营协议，期限 30 年	0.62 元/千瓦时	600	
安溪县	安溪县城市生活垃圾焚烧发电厂	300 吨/天		BOT	私营企业	创冠环保资源开发有限公司	18000	2009 年 3 月签订特许经营协议，期限 30 年	63 元/吨	300	

注：本次调查数据截止到 2009 年 7 月 31 日。

136

从表 5-10 可以看出，19 个项目中有 17 个项目采取的是 BOT 形式，1 个项目采取的是 TOT 形式（即明溪县垃圾处理场），采用私营企业合作形式的有 1 个项目（即泉州经济技术开发区工业垃圾处理设施特许经营项目）。为了更深入地解析垃圾处理行业特许经营的实际情况，下面我们对一些代表性垃圾处理项目进行具体分析。

泉州经济技术开发区工业垃圾处理设施特许经营之前，垃圾日处理能力为 25 吨。特许经营时引入聚龙轻工有限公司，引入的社会投资为 215 万元，2006 年 1 月签订特许经营协议，聚龙公司负责焚烧炉的日常运行管理，运行费用由其承担，焚烧炉产生的蒸汽供其使用，改革后企业日增加垃圾处理能力（规模）25 吨。

晋江市垃圾焚烧发电综合处理厂一期工程特许经营前，日垃圾处理能力为 600 吨，采用 BOT 的改革形式引入创冠环保资源开发有限公司，引入社会资本 18640 万元，2003 年 12 月签订特许经营协议，期限为 30 年，收费标准为 0.59 元/千瓦时，改革后的日处理能力增加 600 吨；晋江市垃圾焚烧发电综合处理厂二期工程改革前的日处理能力为 1000 吨，采取 BOT 的特许经营形式，引入创冠环保资源开发有限公司，社会资本为 24400 万元，2007 年 2 月签订特许经营协议，期限为 30 年，收费标准为 0.59 元/千瓦时，改革后垃圾日处理能力增加 1000 吨。

石狮市垃圾焚烧发电综合处理厂一期工程特许经营前的日处理能力为 400 吨，采取 BOT 的改革形式，引入香港鸿峰发展有限公司，引入社会资本 7500 万元，2002 年 5 月签订特许经营协议，期限为 20 年，收费标准为 50 元/吨，改革后日增加垃圾处理能力 400 吨；石狮市垃圾焚烧发电综合处理厂二期工程特许经营前日处理能力为 1400 吨，引入香港鸿峰发展有限公司，社会资本为 24756 万元，2006 年 11 月签订特许经营协议，期限为 25 年，收费标准为 50 元/吨，改革后日增加垃圾处理能力 1400 吨。

南安市垃圾焚烧发电厂一期改革前的日处理能力为 300 吨，采用 BOT 的改革形式，引入圣元环保电力有限公司，社会资本为 16200 万元，2006 年 9 月签订特许经营协议，期限 30 年，收费标准为 0.629 元/千瓦时，改革后日增垃圾处理能力 300 吨。

惠安县垃圾焚烧厂特许经营前的日处理能力为 600 吨，采取 BOT 的改革形式引入创冠环保资源开发有限公司，社会资本为 31000 万元，2008 年 9 月签订特许经营协议，期限 30 年，收费标准为 0.62 元/千瓦时，特许经营后的日处理能力增加 600 吨。

安溪县城市生活垃圾焚烧发电厂改革前的日处理能力为 300 吨，引入创冠环保资源开发有限公司进行 BOT 改革，社会资本为 18000 万元，2009 年 3 月签订特许经营协议，期限 30 年，收费标准为 63 元/吨，特许经营后日增加垃圾处理能力为 300 吨。

表 5-11 列举了近两年（2012～2013 年）我国城市垃圾处理实行特许经营的若干典型项目。可以看出，近年来我国城市垃圾处理特许经营项目（特别是 BOT 项目）已经较常见。在 11 个特许经营项目中，9 个项目采取的是 BOT 形式，1 项目采取的是 TOT 形式（即湖南省岳阳县生活垃圾无害化处理场特许经营权转让项目），1 个项目采取的是 BOO 形式（即阜阳市生活垃圾焚烧发电特许经营项目）。可见，在城市垃圾处理特许经营项目中，BOT 形式还是占主导地位。

近两年城市垃圾处理特许经营的部分项目　　　　　　　　　　　表 5-11

项目名称	特许经营模式	特许经营期	项目招标时间	项目规模和投资额
合肥市龙泉山生活垃圾处理场二期工程填埋气发电暨 CDM 特许经营项目	BOT	21 年（含建设期）	2012 年 4 月	二期工程占地面积 524.27 亩，建设规模为总库容 1656 万立方米
北流市生活垃圾焚烧处理（200 吨/天）特许经营权	BOT	25 年	2012 年 2 月	新建生活垃圾焚烧生产线，焚烧处理能力达 200 吨/天的现代化生活垃圾处置中心，项目总投资 7500 万元
广东省博罗县生活垃圾焚烧发电厂 BOT 特许经营项目	BOT	30 年（含建设）	2012 年 6 月	设计处理生活垃圾规模一期 700 吨/天，二期 350 吨/天（预留）。项目采用工艺为机械炉排炉工艺。项目一期工程总投资约人民币 3～4 亿元

项目名称	特许经营模式	特许经营期	项目招标时间	项目规模和投资额
嘉善县生活垃圾焚烧发电项目BOT特许经营项目	BOT	30年（含建设工期2年）	2012年12月	设计日处理生活垃圾600吨，年生活垃圾处理量不低于19.98万吨。采用机械炉排炉焚烧工艺。总投资额约4.18亿元人民币（含征地拆迁和市政配套设施等费用）
阜阳市生活垃圾焚烧发电特许经营项目	BOO	30年	2013年2月	项目规划建设用地80亩。项目总规模1050吨/天，其中首期处理规模为700吨/天，年处理25.5万吨，余热全部利用发电
益阳市城市生活垃圾焚烧发电特许经营项目	BOT	30年（含建设期2年）	2013年10月	日处理垃圾800吨，建设用地100亩，垃圾焚烧处理工艺采用机械炉排炉工艺
湖南省岳阳县生活垃圾无害化处理场特许经营权转让（TOT）项目	TOT	29年	2013年5月	项目占地361.5亩，总库容392.6万立方米，日处理垃圾350吨，项目转让投资额7000万元
哈尔滨市松北区和呼兰区区域性固体废弃物综合处理项目	BOT		2013年6月	工程总投资3.4亿元，项目一期的填埋场工程，设计处理起点规模450吨/天；二期的焚烧工程，设计处理规模600吨/天。全部建成后，焚烧炉年运行不低于8000小时，上网年售电量5600万度。填埋场对焚烧产生的炉渣及飞灰稳定化物进行卫生填埋
常州市餐厨废弃物收集、运输及综合处置BOT项目	BOT	25年（含建设期）	2013年6月	一期工程建设规模为食物残余处理能力200吨/天，废弃动物、植物食用油脂处理能力40吨/天。处理工艺为食物残余经预处理后进行厌氧发酵，产生的沼气发电；废弃动物、植物食用油脂经处理后制取生物柴油

项目名称	特许经营模式	特许经营期	项目招标时间	项目规模和投资额
辛集市生活垃圾处理特许经营项目	BOT	30 年（不含建设期）	2013 年 10 月	建设规模为日平均处理生活垃圾 800 吨，项目预计总投资额为 4 亿元，占地面积 80 亩。项目一期建设规模为日平均处理生活垃圾 400 吨，年处理生活垃圾 14.6 万吨，一期工程预计投资 2 亿元
庐江县生活垃圾焚烧发电厂 BOT 特许经营服务性项目	BOT	27 年（含建设期 2 年）	2013 年 12 月	设计总规模为日处理生活垃圾 500 吨（分两期建设，其中一期处理规模为日处理 250 吨），采用机械炉排炉焚烧工艺，主要处理庐江县县域内生活垃圾，进厂垃圾为未分选的城市（镇）生活垃圾

注：根据网络上相关特许经营公告资料汇总整理。

五、城市垃圾处理行业特许经营现状的总结

从城市垃圾处理行业特许经营现状的总体调查与案例剖析可以看出，中国城市垃圾处理行业特许经营体现出较为清晰的特征，表现在三个方面：

第一，从项目时间看，2002 年以后城市垃圾处理行业特许经营开始加快发展，近年来呈现飞速发展的态势。根据我们的调查，2001 年前实施的城市垃圾处理行业特许经营项目非常少，2002 年后，随着《关于推进城市污水、垃圾处理产业化发展的意见》、《关于加快市政公用行业市场化进程的意见》等一系列鼓励性的政策文件出台，城市垃圾处理行业的特许经营开始加速发展、推进。近两年（2012～2013 年）垃圾处理行业的特许经营项目更是呈现飞速发展的态势。

第二，BOT 方式成为城市垃圾处理行业特许经营的主流模式。在我们对部分城市和地区的实地调查中发现，在福建、安徽两省的 19 个特许经营项目中，有 17 个项目采取的是 BOT 的特许经营形式，BOT 比例约占 89％。其他方式相

对较少，其中 3 个项目采取的私营企业合作形式，比例约为 10%；政府投资运营项目有 2 个，比例约为 7%。近两年（2012～2013 年）我国部分城市垃圾处理实行特许经营的 11 个项目中，9 个项目采取的是 BOT 形式，占 82%。可见，BOT 方式成为城市垃圾处理行业特许经营的主流模式，TOT、BOO 等其他方式的使用较少。

第三，城市垃圾处理行业特许经营以垃圾焚烧、填埋业务环节为主。在城市垃圾处理行业特许经营中，垃圾焚烧、填埋业务环节的特许经营相对较为普遍，体现在技术设备的引进及对垃圾焚烧厂、卫生填埋厂、垃圾发电厂的投资建设等方面；关于垃圾收集、运输的特许经营，从本课题组掌握的文献资料看，这方面的特许经营实践较少。据我们分析其原因在于，垃圾处理环节的投资金额需要量大，或者需要引进国际先进技术，这导致特许经营的动机较强。而垃圾收集、运输环节投资金额需要量少，引入先进技术的迫切性也不明显，因而特许经营的动机相对较弱。

此外，纵观垃圾处理行业的特许经营案例，各案例中更侧重分析特许经营的形式、模式、动因以及从理论上说明特许经营对垃圾处理行业的促进作用，而对特许经营实际绩效进行全面评价的资料文献还是较为少见。垃圾处理行业特许经营的绩效如何评价，中国垃圾处理行业特许经营是否实现了预期效果，下面我们进一步分析。

第二节　城市垃圾处理行业特许经营的主要成效

一、特许经营对垃圾处理场绩效的影响

下面我们通过分析运营模式对垃圾处理场绩效的影响来考察特许经营是否提高了垃圾处理场的绩效。鉴于运营模式变量为多分类变量，我们采用单因素方差分析（One—way ANOVA）考察运营模式对垃圾处理场绩效的影响，如表5-12 所示。可以看出，垃圾处理场的运营模式实质性地影响着垃圾处理场的绩

效。运营模式对服务人口、资产总额、垃圾处理费、处理场年收入四个变量存在显著影响（显著性水平都在0.05以下）。具体来说，特许经营模式的垃圾处理场其服务人口、资产总额、垃圾处理费、处理场年收入都要多于其他两类模式，如图5-3所示。

运营模式对垃圾处理场绩效的影响　　　　　　　　　　　表5-12

	运营模式	样本量	均值	F 值	显著性水平
服务人口（万人）	1. 主管部门负责运营	72	79.03	3.441	0.034
	2. 政府指定企业或单位机构运营	58	69.89		
	3. 特许经营	39	147.78		
资产总额（万元）	1. 主管部门负责运营	65	5213.84	26.441	0.000
	2. 政府指定企业或单位机构运营	51	8344.49		
	3. 特许经营	42	23800		
设计能力（吨/天）	1. 主管部门负责运营	86	590.65	0.514	0.599
	2. 政府指定企业或单位机构运营	66	600.94		
	3. 特许经营	49	713.02		
年处理量（万吨）	1. 主管部门负责运营	80	809.75	0.610	0.544
	2. 政府指定企业或单位机构运营	63	78.97		
	3. 特许经营	44	24.59		
垃圾处理费（元/吨）	1. 主管部门负责运营	56	36.88	4.644	0.011
	2. 政府指定企业或单位机构运营	53	51.49		
	3. 特许经营	41	189.28		
运营成本（元/吨）	1. 主管部门负责运营	61	206.25	1.772	0.174
	2. 政府指定企业或单位机构运营	54	112.02		
	3. 特许经营	34	528.69		
年收入（万元）	1. 主管部门负责运营	43	493.83	18.393	0.000
	2. 政府指定企业或单位机构运营	46	1617.30		
	3. 特许经营	36	4525.33		
年利润率（%）	1. 主管部门负责运营	30	−9.4367	1.566	0.214
	2. 政府指定企业或单位机构运营	37	4.7384		
	3. 特许经营	32	5.9663		

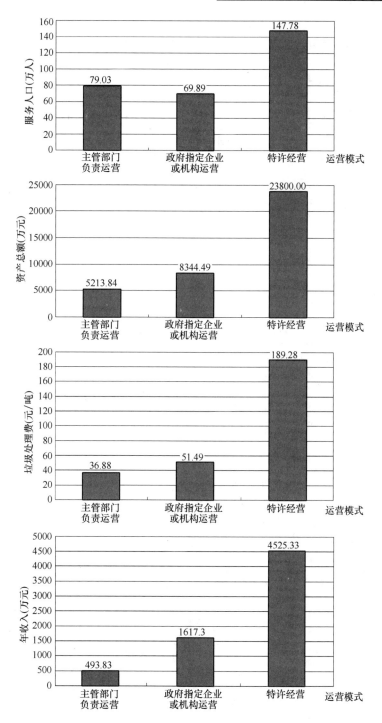

图 5-3　运营模式对垃圾处理场绩效的影响

二、特许经营项目取得的成效

从垃圾处理企业特许经营项目的成效看，服务水平、管理水平和技术水平的提高最为明显（均值在 1.7 以下），盈利能力、职工待遇的提高相对不太明显（均值在 2.5 左右）。[①] 如表 5-13、图 5-4 所示。

特许经营取得的成效   表 5-13

成效	样本量（个）	均值	众数
盘活资产，填补资金缺口	63	2.03	2（较显著）
处理成本下降	67	2.21	2（较显著）
服务水平提高	69	1.70	1（非常显著）
管理水平提高	70	1.66	1（非常显著）
技术水平提高	70	1.66	1（非常显著）
盈利能力提高	67	2.58	3（一般）
职工待遇提高	67	2.48	3（一般）

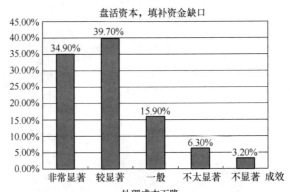

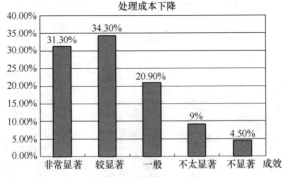

图 5-4　特许经营取得的成效（一）

---

① 这里需注意的是，特许经营的成效这部分题项的量表为"1 非常显著，2 较显著，3 一般，4 不太显著，5 不显著"。均值越小表明特定题项的成效越显著。

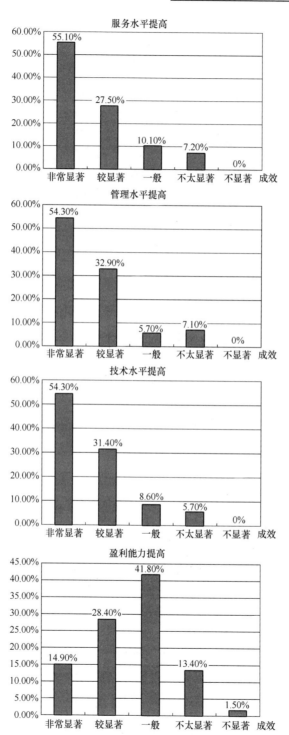

图 5-4 特许经营取得的成效（二）

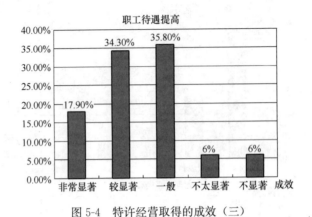

图 5-4　特许经营取得的成效（三）

第三节　城市垃圾处理行业特许经营存在的关键问题

一、企业反映特许经营中存在的关键问题

从垃圾处理企业特许经营项目存在的问题看，被调查企业反映项目融资成本高、固定资产回报、定价不合理等问题相对较严重，其他问题相对不太严重。如表 5-14 所示。当然，考虑到中国人的"中庸"文化心理，一些被调查企业可能会淡化问题的存在。因此，垃圾处理企业特许经营项目的实际存在问题可能比我们的调查结果更严重。

城市垃圾处理行业特许经营中存在的问题　　　　　表 5-14

存在的问题	样本量（个）	均值	1 非常严重	2 较严重	3 一般	4 不太严重	5 不严重
固定资产回报	65	3.45	1.5%	10.8%	53.8%	9.2%	24.6%
特许经营协议不规范	64	4.16	0%	3.1%	28.1%	18.8%	50%
国有资产流失	60	4.40	0%	1.7%	20%	15%	63.3%
设施养护不到位	64	4.17	1.6%	6.2%	18.8%	20.3%	53.1%
项目融资成本高	62	3.56	3.2%	17.7%	30.6%	16.1%	32.3%
招标程序不透明	60	4.25	0%	1.7%	26.7%	16.7%	55%
拖欠运营服务费	63	4.13	1.6%	3.2%	28.6%	14.3%	52.4%
定价不合理	64	3.67	4.7%	6.2%	39.1%	17.2%	32.8%
政府不履约	62	4.10	3.2%	0%	29%	19.4%	48.4%
职工得不到有效安置	63	4.22	0%	3.2%	22.2%	23.8%	50.8%

从特许经营招标程序透明性角度看，被调查企业多数认为招标程序不透明问题"不严重"或"不太严重"，只有1.7%的被调查企业认为招标程序不透明问题"较严重"，另外26.7%的被调查企业认为招标程序不透明问题"一般"。这实际上暗示，仍然有超过1/4的企业可能认为招标程序还是可能存在潜在问题，如图5-5所示。

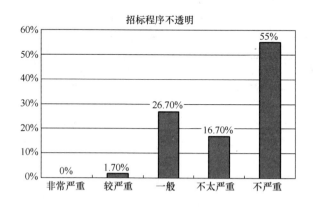

图 5-5　特许经营招标程序透明性认知

从推进特许经营有效实施的配套政策和措施看，各题项的均值位于2.12~2.36之间，且不同题项之间的差异不是特别大，如表5-15所示。这表明，多数被调查企业认为配套政策和措施处于"较完善"和"一般"之间。实际上，根据我们的实地调研发现，很多被调查企业认为配套政策和措施很不完善，但他们在填写问卷时往往选择填写"一般"，而不是"不太完善"或"不完善"，这也反映了中国人的"中庸"文化心理。

推进特许经营有效实施的配套政策和措施　　　　　　　　　　　表 5-15

配套政策和措施	样本量	均值	1 非常完善	2 较完善	3 一般	4 不太完善	5 不完善
落实土地、税费优惠政策	73	2.32	21.9%	42.5%	24.7%	4.1%	6.8%
规范特许经营协议	73	2.12	26%	45.2%	23.3%	1.4%	4.1%
完善价格形成机制	74	2.28	23%	40.5%	24.3%	9.5%	2.7%
按时拨付运营服务费	74	2.18	28.4%	39.2%	23%	5.4%	4.1%
加强政府履约	73	2.29	23.3%	37%	30.1%	6.8%	2.7%
保持政策延续性	71	2.25	22.5%	39.4%	31%	4.2%	2.8%
创新金融服务体制	67	2.36	23.9%	28.4%	38.8%	6%	3%
完善招投标制度	73	2.32	28.6%	38.1%	25.4%	4.8%	3.2%

在我们的调查问卷中，还有企业进入市场面临的问题和企业发展需要的政策和配套措施这两个相关题项。对于企业进入市场面临的问题，有63.6%的企业提及企业负担重，有41.8%的企业提及项目融资成本高。其次依次为定价不合理（32.7%），市场准入不规范、良莠不齐（27.3%），政治（政策）风险（23.6%），政府拖欠运营服务费（23.6%），如表5-16所示。

企业进入市场面临的问题   表5-16

	企业数（个）	回答频数（次）	总体百分比	百分比
市场进入门槛过高	55	8	5.8%	14.5%
项目融资成本高	55	23	16.5%	41.8%
政府拖欠运营服务费	55	13	9.4%	23.6%
招标程序不透明	55	4	2.9%	7.3%
企业负担重	55	35	25.2%	63.6%
监管部门间相互扯皮	55	3	2.2%	5.5%
政治（政策）风险	55	13	9.4%	23.6%
定价不合理	55	18	12.9%	32.7%
市场准入不规范，良莠不齐	55	15	10.8%	27.3%
政府不履约	55	4	2.9%	7.3%
其他	55	3	2.2%	5.5%
合计		139	100.0%	252.7%

注：本题项为多项选择题，故回答频数超过被调查企业数，百分比也超过100%。

对于企业发展需要的政策和配套措施，69.9%的被调查企业认为需要落实土地、税费等优惠政策，68.5%的被调查企业认为应按时拨付运营服务费。其次依次为减轻企业负担（58.9%），完善价格形成机制（46.6%），明确政府责任、加强政府履约（46.6%），保证政策延续性、降低政治风险（45.2%），如表5-17所示。

企业发展需要的政策和配套措施   表5-17

	企业数（个）	回答频数（次）	总体百分比	百分比
规范市场准入	73	27	8.4%	37.0%
加强金融服务创新	73	18	5.6%	24.7%
落实土地、税费等优惠政策	73	51	15.9%	69.9%
取消歧视政策	73	5	1.6%	6.8%
完善价格形成机制	73	34	10.6%	46.6%

续表

	企业数（个）	回答频数（次）	总体百分比	百分比
完善项目招投标制度	73	9	2.8%	12.3%
减轻企业负担	73	43	13.4%	58.9%
按时拨付运营服务费	73	50	15.6%	68.5%
明确政府责任，加强政府履约	73	34	10.6%	46.6%
优化企业绩效评价指标	73	13	4.1%	17.8%
保证政策延续性，降低政治风险	73	33	10.3%	45.2%
其他	73	3	0.9%	4.1%
合计		320	100.0%	438.4%

注：本题项为多项选择题，故回答频数超过被调查企业数，百分比也超过100%。

二、特许经营中存在的关键问题总结

上面是我们从大样本问卷调研中发现的问题，鉴于问卷调研反映的问题是有限的、不足的，从其他实地调研、案例分析中我们发现城市垃圾处理特许经营项目存在的关键问题还有以下几个方面：

首先，城市垃圾处理特许经营项目法律依据的可操作性不强。目前城市垃圾处理特许经营的相关法规政策主要分为三类。①法律法规。主要有《市政公用事业特许经营管理办法》、《中华人民共和国招标投标法》、《城市生活垃圾管理办法》等。②规范性文件。主要有《关于实行城市生活垃圾处理收费制度促进垃圾处理产业化的通知》、《关于印发推进城市污水、垃圾处理产业化发展意见的通知》、《关于印发加快市政公用行业市场化进程意见的通知》和《关于加强市政公用事业监管的意见》等。③地方性政策。如《江苏省城市市政公用事业特许经营招标投标制度》、《福建省城市污水、垃圾处理特许经营项目业主招标投标办法（试行）》、《贵阳市市政公用事业特许经营招标投标监督管理制度》等。应该说这些法规政策对城市垃圾处理特许经营的顺利进行发挥了一定的作用。但总体来说，城市垃圾处理特许经营的相关法规政策还很不完善，特别是一些法律依据的可操作性不强。以原建设部颁布实施的《市政公用事业特许经营管理办法》为例，由于出台时没有相关法规可参照且缺乏特许经营的实践经验，因此该管理办法内容和法律执行力都相对较弱，在招标程序、招标文件的编制、评审办法等方面只有原则性要求，缺乏详尽、可操作的规定。[①]而一些地方政府颁布的招投标政策文件（如《福建省城市污水、垃圾处理特许经营项目业主招标投标办法》），其可操作性有一定提高，但它们毕竟是地方性法规，尚不能在全国范围内适用。

其次，部分垃圾处理特许经营项目的竞争不足，后期谈判也不力。城市垃圾处理特许经营的投标人大多是民营企业，这些企业虽然有从事城市垃圾处理的行业经验，但资金实力并不是很强。而有些地方对城市垃圾处理特许经营的进入门槛设置过高（如硬性要求投标人的资金实力达到若干亿），这导致符合进入门槛条件的民营企业很少。这一方面导致参与特许经营投标的企业太少，竞争不足；另一方面实际上将特许经营权变相授予给城市垃圾处理的大型跨国公司，对国内民营企业不公平。此外，城市垃圾处理特许经营项目有其特殊性，与一般的工程建设招标或货物招标不同，它带有一定意义上的招商性质。一般的工程建设招标或货物招标在评标阶段就已经基本上确定最终中标者。对城市垃圾处理特许经营项目来说，除了通过招标选择出1~3名中标候选人以外，与中标候选人后期的一对一谈判过程也相当重要。在实践中，一些项目由于政府监管机构或招标人缺乏相应的专业技能和专业人员，导致谈判不能达成一致而不能定标，或者导致谈判失败影响了国家利益和公众利益。

再次，部分垃圾处理特许经营项目前期准备不充分，导致项目无法实施。随着城市居民生活水平的提高，其环境保护和自我环保的意识也日趋提高，很多居民甚至呈现出"矛盾"的个人心态，即理论上支持垃圾处理场建设，但实践中垃圾处理场选址"不要在我的后院"（not in my backyard，NIMBY）。特别是垃圾焚烧发电厂、垃圾填埋场关系到周边公众的健康和安全，垃圾处理项目的选址和环境影响评价是相当重要的。事实上，城市垃圾处理特许经营项目在

---

① 参见崔进，顾建钧. 论招投标在 BOT 项目中的应用. 中国招标，2009，(22).

前期准备工作中最重要的两项工作就是土地选址与环境影响评价。[①] 特别是环境影响评价具有一票否决权，即环境影响评价不通过，项目就不得建设。如果招标人已经与项目投标人签订了特许经营协议，项目因土地或环境影响评价原因不能正常建设时，将会给政府与投标人都带来较大的经济损失，并引发种种矛盾纠纷。过去几年里已发生数起群体性事件，北京六里屯垃圾焚烧发电厂项目缓建、停建就是一个典型的例子。因此，城市垃圾处理特许经营项目只有在项目的土地选址、环境影响评价以及相关的城市专项规划、项目建设规划获得批准后，方可进行项目业主招标。而现在部分项目前期准备不够充分，特别是环境影响评价工作没有做好，导致已签订了特许经营协议的城市垃圾处理项目无法实施，影响了政府信誉。

最后，垃圾处理特许经营协议内容尚欠公平合理。有些地方招标人与特许经营企业签订的特许经营协议内容尚欠公平合理。从垃圾处理特许经营协议规范的内容看，经营范围、特许经营期、土地使用权、年垃圾处理量、垃圾处理质量等条款相对最为明确，股权转让、税费、恢复性大修、终止补偿、争议解决等条款的明确性相对较弱。即便对于年垃圾处理量、垃圾处理质量等关键性条款，有些特许经营协议的内容也欠公平合理。例如，个别地方不考虑垃圾处理企业的消纳能力，一刀切地规定产生的全部垃圾均由特许经营企业处理。这种做法不仅对企业不公平，无疑也给政府留下了隐忧，为今后项目的执行埋下隐患。显然，只有公平、合理的协议内容才会得到法律的保护，才会给项目的顺利实施带来正面的作用。

---

① 参见：崔进，顾建钧. 论招投标在 BOT 项目中的应用. 中国招标，2009，(22).

第六章　城市公用事业特许经营的监管需求分析

城市公用事业实施特许经营实现了所有权与经营权的分离，使政府从特许经营权的所有者转变为特许权的授予方，而企业成为特许权的受让方。但城市公用事业经营权向获取特许权企业的转移，是城市公用事业生产经营方式的变化，并不是政府对城市公用事业责任的完全转移。城市公用事业推行特许经营制度后，政府应担当监管公共服务质量、保障各方利益的责任。本章重点探讨城市公用事业实施特许经营后政府职能转变问题，特许经营成败的原因，以及推行城市公用事业特许经营政府监管的必要性和政府监管目标等内容。

第一节　城市公用事业实施特许经营后需要转变政府职能

城市公用事业通过实施特许经营制度，引导民间资本进入该领域后，政府就不能继续沿用传统的管理国有企业的体制，利用直接的行政手段来管理不同所有制的企业（包括国有及国有控股企业，民营企业，外资企业和港、澳、台企业等）。在经营权授予不同所有制企业后，在新的市场环境下，政府应该转变职能，在制度上进行创新。

一、城市公用事业实施特许经营后必须进行制度创新

制度通常是指由当时社会上通行或被社会所采纳的习惯、道德、戒律、法律、规章等构成的一组制约个人社会行为因而调节人与人之间社会关系的规则，是调节人与人之间利益关系的一种社会机制。

以诺思为代表的新制度经济学以交易成本为背景，解释了制度为什么存在、制度变迁的过程以及制度对经济效益的影响，从而建立起一套较为完整的制度变迁理论体系。诺思认为，制度通过向人们提供一个日常生活的结构来减少不确定性，是人们发生相互关系的指南。制度包括人类用来决定人们相互关系的任何形式的制约。制度制约既包括对人们所从事的某些活动予以禁止的方面，有时也包括允许人们在怎样的条件下可以从事某些活动的方面。①

根据制度的含义可以看出，制度安排的基本功能就是为人们设计一系列规则，为人们在广泛的社会分工中的合作提供一个基本的框架，它有效地规范着人们之间的相互关系，减少信息成本和不确定性，把阻碍合作的不利因素减少到最低限度。所以，有效的制度安排能降低市场中的不确定性，抑制人的机会主义行为倾向，把阻碍市场经济运行的不利因素减少到最低限度，从而降低交易费用。我们知道，市场经济是法制经济，必然需要一系列有效的制度安排来制约市场主体的经济行为，才能有效地避免道德风险，降低交易费用，促进市场经济的快速发展。

因此，制度在一个社会中的主要作用是通过建立一个人们相互作用的稳定的结构来减少不确定性。但是，制度的稳定性丝毫也没有否定它们是处于变迁之中的这一事实。制度经济学家普遍认为，制度变迁就像经济发展一样，具有路径依赖的特征。制度变迁的方向取决于制度能否给人们带来效率的提高。换句话说，正是效率的提高无法在现存的制度安排结构内实现，才导致了一种新的制度安排（或变更旧的制度安排）的形成。制度变迁过程是从一个制度安排开始，并只能是渐渐地转到其他制度安排上去。

对于推行特许经营制度后的中国城市公用事业，由于制约条件的改变，我们必须认识到，政府原有的对城市公用事业进行管理的制度安排已经完全不能适应改革以后的城市公用事业发展的需要，如果不进行制度创新，则必然严重地阻碍城市公用事业的有序发展。也就是说，这些年中国城市公用事业通过推

---

① 道格拉斯·C·诺思.制度、制度变迁与经济绩效.上海：三联书店，1994：4.

进特许经营引入市场机制的改革，已经表现出政府对制度安排的供给相对不足（导致政府在建立最有效的制度安排方面滞后的主要原因是对新的制度安排认识不足以及集团利益冲突等）。如果不能尽快改变这种现状，则会由于缺乏新的制度安排（新的制约），诱使城市公用企业在经营过程中缺乏信用，以及由此导致市场交易成本居高不下等问题。鉴于此，为了克服交易成本对城市公用事业带来的消极作用，政府就必须制定一系列有效的制度来规范和维护市场秩序。具体而言，就是要求通过新的制度安排对城市公用企业的竞争行为进行规范和约束，保证契约的执行，降低市场交易的成本。在中国城市公用事业推行特许经营制度的改革过程中，通过新的制度安排将有助于提高经济效益。

二、政府转变职能以适应城市公用事业实施特许经营的制度安排

城市公用事业实施特许经营必须进行的制度创新主要围绕政府职能转变进行。

传统经济理论认为，由城市公用事业的技术经济特性所决定，城市公用事业只能由一家或极少数家企业垄断经营，市场竞争机制不能发挥作用，是市场失灵的一个最为典型的领域。在民营企业进入城市公用事业领域生产经营的情况下，政府监管机构的目标与企业的目标往往是冲突的，并且，对民营企业的垄断经营进行监管在信息的获得方面成本也比较高。因此，经济发达国家也曾经采取在城市公用事业领域普遍建立国有企业的办法来解决对民营企业的垄断经营进行监管过程中遇到的一系列难题。通过国有企业的经营，政府从城市公用事业经营产品的价格到质量等通常采取简单的、直接的管理方式直接解决"市场失灵"问题。在这种模式下，实行政企合一的管理模式，政府既是城市公用事业管理政策的制定者，也是城市公用事业的实际经营者。

长期以来，在传统体制下的中国也一直把城市供水、管道燃气、供热、污水处理、垃圾处理和公共交通等公用事业作为公益性事业，与此相适应，全国各城市几乎都设有公用事业局或相类似的政府机构，对经营这些公用事业的城市公用企业实行统一管理。从组织管理的具体内容分析，城市公用事业局与公

用企业之间的关系完全是一种政企高度合一的关系。具体表现在：公用企业的投资决策和计划都由公用事业局制定；公用企业的管理者由公用事业局委派和考评；公用企业经营亏损也是通过公用事业局要求政府财政进行补贴。城市公用事业大包大揽的经营管理模式让政府背上了沉重的财政负担，弱化了政府的服务职能。这种体制使得国有公用企业的生产经营缺乏效率，并让政府管理职权"无限膨胀"，衍生了政府作为经济人的角色，严重制约了城市公用事业的发展。长期以来，大多数城市国有公用企业效率低下，不仅不能实现微利，反而处于亏损状况。究其原因，主要是政府对国有城市公用事业直接的经营管理产生的低效率所致。

理论与实践证明，国有企业垄断经营必然导致低效率现象。因此，从20世纪80年代以来，世界各国都在不同程度上对城市公用事业实施特许经营引入市场机制的改革，相当数量的民营企业进入城市公用事业，成为城市公用事业的经营主体。这样，政府就不能用过去管理国有企业的方式去管理民营企业。例如，城市公用事业在由国有企业经营的情况下，对于企业所提供产品和服务的质量，政府通过国有企业可以得到直接的控制，以确保质量能够满足消费者的需求。但是，通过实施特许经营制度，民营企业进入城市公用事业后，虽然存在一定程度的竞争，但由于城市公用事业的经营毕竟是在一定地域范围内的，企业的经营仍然具有一定的垄断性，信息不对称更为严重。相对于垄断生产者而言，消费者在消费过程中对产品和服务质量等很难做出判断，消费者对信息的掌握处于劣势。这种情况下如何保障消费者的利益是政府必须面对的课题。

我们知道，实施特许经营制度后，获得特许经营权的企业"摆脱"了政府垂直科层关系的管理，政府对企业生产经营过程中的诸如产品质量等的控制不能继续采用管理国有企业的方式，而是要按照特许经营协议对企业进行管理。特许经营合同双方当事人法律地位平等，共同遵守协议。从特许经营合同的要约、邀请、签订等过程看，政府与企业始终是法律上民事平等的主体，政府不能将自己的意志强加给企业，更不能擅自变更协议，干预企业的生产经营活动。① 这种转变通过法律契约关系规范并理顺了政府与特许企业间的关系，明确了政府与企业的权利和义务。这样，政府职能也得到明确。

随着特许经营制度在城市公用事业领域的推广实施，政府角色和职能将发生巨大变化。政府职能的转变应从对城市公用事业生产经营的直接管理者，变成社会服务者，专职为社会提供优质的政府服务，让市场主体按市场运行规律从事生产经营活动，避免因政府直接参与生产经营给市场带来负面影响。诚然，政府职能的转变并不意味着政府与市场完全分立开来。政府作为国家利益的执行者，必须保证向社会提供安全、稳定、持续合理的城市公用产品和服务。由于市场主体趋利的本质与公共利益之间的矛盾，在城市公用事业实施特许经营制度的过程中，并不是否定政府职能，而是转变其职能，并强化部分其应该履行的行政监督职能。这种行政监督是服务型政府的基本义务，它既要受特许经营协议的约束，也要受法律法规的约束。在平等主体之间的民事法律关系中则不存在行政监督，所以，转变政府职能，树立服务型政府观念是城市公用事业特许经营的必然要求，在法律法规的框架内加强行政监督则是在市场环境中坚持公用产品和服务的公益性的保证。②

从本书的第三章、第四章以及第五章对城市供水行业、城市管道燃气行业以及城市垃圾处理行业特许经营的实施情况看，实践中，政府对城市公用事业的责任还不是十分明确，部分地方政府在实施公用事业特许经营的过程中，过于注重引进民间资本而忽视特许后政府应该履行的责任，以为把公用事业经营权转出去，其责任也相应地转移。应该说，城市公用事业实施特许经营制度并不是政府从原有责任的全面退出，而是政府活动方式的转变，政府通过将城市公用事业生产经营权授予不同所有制企业后，政府必须调整管理城市公用事业的方式方法，即从以前通过行政管理为主改为通过合同契约等经济手段以及技

---

① 杨松．北京市政公用事业特许经营制度创新研究．北京：知识产权出版社，2012：284．

② 陈静忠．论市政公用事业特许经营中的政府职责．湖北行政学院学报，2011，（3）．

术、法律手段等为主。

　　总之，在城市公用事业实施特许经营制度的改革过程中，政府要重新定位，实现其职能的转变。

第二节　城市公用事业实施特许经营成败的原因分析

　　回顾中国这些年城市公用事业实施特许经营实践发现，除了不少成功的特许经营项目外，也存在一些发展不成功的案例。为使城市公用事业特许经营制度顺利推进，需要通过典型案例分析成败的原因。

一、城市公用事业实施特许经营实践的成败

　　从第三章、第四章和第五章对城市供水行业、管道燃气行业和垃圾处理行业实施特许经营制度的分析看，尽管通过特许经营这些行业已经取得较大成效，行业绩效得到明显改善，但也存在不少问题。从现有资料看，中国城市公用事业特许经营的实践有不少不尽人意之处，甚至部分项目推出后又收回。

　　城市公用事业在实施特许经营过程中，有的国有企业改制后扩大了企业规模，甚至参与了其他城市的公用事业项目，取得良好的经济效益和社会效益。但不少特许经营项目却在缺乏相关配套制度的情况下盲目推出，运行过程中政府后续监管也不到位，在公共利益难以保全的情况下又草草收归国有。有的政府决策者在巨大利益驱动下盲目改制，以"甩包袱"的方式将公用事业一卖了之，甚至对市场竞争这一本来可以提高效率、优化资源分配进而提高公共福利的机制缺乏正确的认识，随意降低门槛引入一些不合格的经营者，致使公众蒙受重大损失。例如，湖南南漳自来水民营化引入的经营者竟然不是一家专业的自来水企业，政府在整个市场化改革过程中缺乏必要的规划，最终引发震惊全

国的"浊水事件"。① 又如,沈阳第八水厂,由于政府盲目承诺固定回报、项目没有进行招标等不规范做法,最后在交易中蒙受巨大损失。另外,城市公用产品和服务是人们进行正常生产和生活的必要条件,其供给必须满足稳定性、连续性和安全性,但是,部分特许企业进入公用事业领域为了达到不正当获利的目的而影响供给的稳定性、连续性和安全性,这种行为属于恶意退出。实践中,特许企业获得项目的特许经营权后,不履行协议的义务,而是向他人高价转让项目以获取暴利,或者在运营初期牟取不当利益后再转让项目甚至消失。② 城市公用事业特许经营项目也不乏运营成功的案例,例如,哈尔滨太平污水处理BOT项目与深圳水务集团股权转让项目的成功运作。两市政府都对特许项目采取了有力的监管措施,保障了公用事业特许经营的顺利推行。国内学者章志远、朱志杰(2011)考察的40起典型个案中,基本成功的有16起,占总数的40%;明显失败的有22起,占总数的55%;目前成效尚待进一步观察的有2起,占总数的5%。如表6-1所示。

公用事业特许经营样本事例及运行状况③ 表6-1

序号	特许项目	涉及行业	实施时间	运行结果
1	广东广州城市公交民营化改制	城市公交	1994	引入企业多达17家,弊端凸显,再国有化
2	沈阳水务水源八厂合资项目	城市供水	1996	项目运行伊始即陷入困境,政府亏损严重
3	沈阳水务水源九厂BOT项目	城市供水	1996	1999年政府回购,政府损失巨大
4	上海水务大场水厂特许项目	城市供水	1996	项目运行受挫,2004年4月"收归国有"
5	天津凌庄水处理厂BOT项目	城市供水	1997	项目运行较为成功,具有一定借鉴意义
6	江苏南京城市公交民营化改制	城市公交	1998	引入企业"挑肥拣瘦",政府不得不再整合

---

① 郑燕峰. 湖北南漳浊水事件凸显供水改革中政府责任缺位. 中国青年报,2009-06-09. http://news. xinhuanet. com/politics/2009—06/09/content_11510608. htm.

② 李青. 自然垄断行业管制改革比较研究. 北京:经济管理出版社,2010;177.

③ 章志远,朱志杰. 我国公用事业特许经营制度运作之评估与展望——基于40起典型事例的考察. 行政法学研究,2011,(2).

序号	特许项目	涉及行业	实施时间	运行结果
7	成都自来水六厂 B 厂 BOT 项目	城市供水	1998	西南地区首个供水 BOT，项目问题较多
8	四川成都垃圾焚烧发电 BOT	垃圾处理	1999	进展较为顺利，效益良好，有推广价值
9	长春汇津污水处理项目 BOT	污水处理	2000	项目运行过程中纠纷不断，项目归于失败
10	浙江兰溪城市公交民营化改制	城市公交	2001	运营中纠纷不断，2004 年政府"回购"
11	武汉汤逊湖污水处理项目 BOT	污水处理	2001	项目宣告夭折，2004 整体移交至国有
12	上海浦东水厂特许项目	城市供水	2002	项目运行较为成功，具有一定推广价值
13	湖南南漳自来水民营化项目	城市供水	2002	政府疏于监管，2009 年酿成"浊水事件"
14	马鞍山城市供水整体合资项目	城市供水	2002	项目进展较为顺利，效果良好
15	重庆江北片区自来水公司整合	城市供水	2002	项目运行较为成功，取得了良好的效果
16	徐州三八河污水处理 BOT 项目	污水处理	2002	项目取得了成功，具有一定推广价值
17	湖南郴州供气特许经营项目	城市供气	2002	政府疏于监管，特许经营权被屡次转让
18	湖北黄冈城市公交民营化改制	城市公交	2002	监管乏力，频繁停运，改制明显失败
19	深圳横岗污水处理 TOT 项目	污水处理	2003	项目运作较为规范，取得了良好的效果
20	深圳水务集团股权转让项目	城市供水	2003	政府具体操作规范，取得了良好的效果
21	安徽合肥城市公交民营化改制	城市公交	2003	公交车成为"马路杀手"，改制明显失败
22	湖北十堰城市公交民营化改制	城市公交	2003	监管乏力，频繁罢运，改制明显失败
23	厦门水务的水厂产权交易项目	城市供水	2004	项目进展顺利，取得了良好的实践效果
24	北京东坝、垡头污水处理 BOT	污水处理	2004	融资环节遇到挫折，但项目总体较为成功

序号	特许项目	涉及行业	实施时间	运行结果
25	合肥王小郢污水处理厂 TOT	污水处理	2004	项目转让规范，但运行过程中问题较多
26	哈尔滨太平污水处理项目 BOT	污水处理	2004	项目监管到位，取得了成功，有借鉴意义
27	江苏无锡公交民营化改制	城市公交	2004	公众不满公交服务质量，项目困难重重
28	黑龙江方正县供热特许经营	城市供热	2004	纠纷引发供热中断，政府临时接管
29	常州市城北污水处理厂 TOT	污水处理	2005	项目运行较为成功，具有一定借鉴意义
30	上海竹园污水处理 BOT 项目	污水处理	2005	内资取得特许经营权，项目运作较为成功
31	湖南长沙城市公交民营化改制	城市公交	2005	民营化后即陷入困境，改制归于失败
32	深圳城市公交集团改制	城市公交	2005	2005 年引入港资，2007 年回收公交资源
33	福建漳州东区污水处理厂特许	污水处理	2006	项目进展较为顺利，效益良好
34	重庆城市公交民营化改制	城市公交	2006	民营化之后即陷入混乱，纠纷不断，失败
35	广州西朗污水处理系统 BOT	污水处理	2007	项目运行较为成功，有待观察
36	兰州自来水威立雅特许项目	城市供水	2007	高溢价转让完全产权，水价频繁上涨
37	广东珠海公交民营化改制	城市公交	2008	收取 1 元特许经营费，有待观察之
38	河南许昌城市公交民营化	城市公交	2009	项目实施不久，运行效果有待观察
39	澳门自来水特许经营成功续约	城市供水	2009	效益良好，特许经营的成功典范
40	广东番禺垃圾焚烧发电项目	垃圾处理	2009	项目未实施就遭遇居民反对，项目搁浅

　　分析发现，城市公用事业实行特许经营制度最可能出现的问题主要在于，第一，投标企业间相互合谋、妥协和因现有企业的在位优势（如成本优势、信息优势等）所带来的竞争不足问题；第二，由较大沉淀成本和资产专用性所带来的资产转让问题；第三，由服务质量的多维性指标和相应的度量成本所带来的外部不经济问题；第四，由于不完备合同造成的机会主义问题和合同的重新谈判、修改问题。在没有完全做好应对这些问题的情况下，中国部分地方政府

纷纷推进城市公用事业领域的特许经营制度改革。结果让地方政府面临"盲目推出项目，在监管不力的情况下，推出的项目不断发生纠纷，最终导致政府再以高成本收回"的窘境。鉴于此，部分地方政府则开始怀疑城市公用事业实施特许经营的有效性，有的甚至停止了改革的进程。事实上，这些城市公用事业特许经营项目实施可谓是"成也监管，败也监管"。显然，走出城市公共事业竞争性招投标型特许经营的困境需要改进政府监管，推进公共事业特许经营的规范运作。①

二、缺乏完善健全的监管制度是城市公用事业特许经营失败的主要原因

根据城市公用事业特许经营的招投标制度，特许权人在竞标成功后，开始建设和经营特许权项目，而且是唯一特许权获得者，这在客观上造成城市公用事业特许经营市场的垄断经营。尽管可竞争市场理论认为，市场上的潜在进入者会对在位者构成竞争威胁，这种压力会促使在位者改善经营管理，但这一理论的重要前提是该行业必须是进退无壁垒，即进入和退出这个行业的成本为零。但城市公用事业投入大，建设周期长，极易产生大量沉没成本，这就削弱了城市公用事业领域的可竞争性。以上问题在中国城市公用事业特许经营合约的履约机制中大量存在，即一旦签订特许权合约，特许权人则变为特许期内的特许权项目垄断者，即形成二次垄断的问题，不利于特许权合约的正常履约。显然，在前文分析的特许经营失败的案例中，失败原因之一就是由于在政府监管不到位的情况下，获得特许经营权的企业为了获得更多利润，借助在城市公用行业中的垄断地位迫使政府不断提高公用产品或服务的价格，或以降低产品或服务质量为代价来降低生产经营成本，最终让公众利益受损。

客观而论，城市公用事业特许经营合作双方都关注各自在合作关系中的利益分配。城市公用事业实施特许经营，引导各类民营企业加入公用产品和服务的提供领域，而民营企业的逐利性在这里没有例外。政府作为特许人与作为受

---

① 周义程. 公共事业竞争性招投标型特许经营的困境及其排解. 探索，2012，（4）.

许人的民营企业存在着利益分歧，即政府更多关注的是提供公用产品和服务所产生的长期效益，目的在于提高公众的生活水平，而民营企业关注的则是自身的短期利润，若不能获利，则其就没有参与投入生产经营的积极性。另外，政府关注更多的是一项服务的社会效益，而民营企业则可能为了个人利益而损害公共利益。在这种情况下如果政府监管缺位，则特许经营制度改革的结果就是以牺牲公共利益为代价。

在中国城市公用事业特许经营实施过程中往往出现监管缺失问题，主要有：①在特许经营招投标阶段，政府缺乏相关制度，导致招投标过程中可能有失公开、公平和透明的竞争原则，这在一定程度上会影响公用产品或服务供给质量和效率，且会增加滋生权力寻租的可能性；②政府缺乏对价格的有效监管，导致产品或服务价格不断上涨，这不仅偏离了实施特许经营制度的初衷，还可能不利于社会的稳定；③政府容易忽略质量监管，这会诱导一些企业在价格一定的情况下，通过降低产品或服务质量来压低成本，提高利润水平，这无疑是以损害消费者利益为代价的；④如果退出监管的不到位，则会增加特许企业退出该产业的随意性，诱发公用产品或服务供应的不稳定，最终损害的还是消费者的利益。[①]

通过具体案例分析发现，部分城市公用事业特许经营项目的失败主要是政府在市场准入与退出监管环节的缺失所致。城市公用事业特许经营权授予是公用事业的市场准入环节，每一项被授权特许经营的公用事业都关系到公众生存条件、社会安定与社会秩序，因此被授权的企业必须符合法律法规对资质、条件、资本金额、技术等的要求。中国部分地方政府尤其是中小城市的政府，对城市公共事业特许经营主体的选择门槛过低，忽视了公共事业供给具有专业性强的特点，对特许经营者的相关经验技术水平管理能力等要求过低，甚至将资金作为唯一标准，其结果，民营企业获得城市公用事业特许经营权后，经常出现因经营不善而发生各种风险的情况。这种情况下，政府通常处于被动地位。例

① 王树文．我国公共服务市场化改革与政府管制创新．北京：人民出版社，2013：44.

如，评标时一味地追求低价格，容易促使中标的民营企业在具体从事特许经营活动时通过降低质量的方式来压低成本和获取利润，从而增加了经营风险，此外对技术和管理水平的不重视也可能造成特许经营者出现经营不善的局面，由此降低了经营效果。例如，湖北南漳自来水"浊水事件"发生的原因就是政府将特许项目授予不适格的甚至是非专业的企业运营，当地政府监管的严重缺位致使公众利益遭受重大损失。在价格监管方面，所确定的价格偏高或偏低，结果要么社会压力加大或引发公众对特许经营制度改革不满，要么民营企业无利可图，导致民营企业发展没有可持续性。不仅如此，特许经营的价格监管还存在透明度不高以及消费者利益得不到保障的问题。部分地方政府在市场准入监管过程中唯利是图，高溢价抛售公用企业，尽管盘活了国有资产，却丢掉了公用事业的公益属性。例如，在兰州威立雅水务特许项目中，兰州市政府以 17.1 亿的高溢价授予威立雅公司 18 年的特许经营权，水价的频繁上涨引发了市民的强烈不满。[①] 而当特许期限届满或发生有损公益的非正常状态情形时，政府就需要进行退出监管，以防现有企业退出市场时造成公共服务的非连续性和服务质量的下降。方正县供暖领域发生的政府临时接管[②]以及十堰公交民营化罢运后政府临时接管等事件，凸显出政府在面对现有企业非正常退出时仍缺乏有效的监管策略。

另外，城市公用事业在实施特许经营制度后，政府如果不重视加强诸如普遍服务、质量和安全等监管，则将直接影响到公众享受城市公用产品和服务的权力，甚至威胁到公众的生命财产安全。我们知道，公用事业是一个关系到广泛社会公众利益的基础经济领域。公用事业产品或服务的基础性与公用性决定了公用事业产品属于社会生活基本必需品，从而使"普遍服务"[③]成为公用事业

---

① 包锐等．兰州水价 9 年 5 次上调 水企亏损遭质疑．中国经济周刊，2009-08-17. http：// news. xinhuanet. com/fortune/2009－08/17/content _ 11894392. htm.

② 郭毅．供热企业纠纷危及近 4 万人取暖 当地政府临时接管供热——首例政府临时接管特许经营权案背后深意．法制日报，2009-08-04.

③ 公用事业的普遍服务是指国家为了维护全体公民的基本权益，缩小贫富差距，通过制定法律和政策，使得全体公民无论收入高低，无论居住在本国的任何地方，包括农村地区、边远地区或其他高成本地区等，都能以普遍可以接受的价格，获得某种能够满足基本生活需求和发展的服务。

政府监管过程中应当格外关注和把握的一个标尺。公民有权通过方便途径，以可承受价格获得非歧视性的普遍服务已经得到广泛的承认。[①] 在政府垄断经营城市公用事业的时期，通常是对各地区、各层次的消费者实行交叉补贴或财政补贴办法实现普遍服务的。在政府把城市公用事业经营权授予企业后，特定城市公用行业（如公交、供水等）可能由两家或更多家民营企业经营，这些民营企业主要以利润最大化为经营目标，为了降低成本，往往会减少向成本较高、用户较少的地区投资（如民营企业在公交线路选择上，无疑会选择"赚钱"线路而放弃"赔钱"线路），从而难以保证城市公用事业的普通服务。[②] 另外，在获得特许经营权后，追求利润最大化的企业很可能会通过提供低质量的公共服务（如部分城市供水中水质不达标）来降低成本，导致公众对公用产品和服务的需求无法得到满足，公众利益受损。例如，长沙市公交实施特许经营后，企业片面追求利润最大化，漠视公用事业的公益性，出现拒载老人等服务低劣现象。公交车员工的奖金福利与公交收入挂钩，员工疲于奔命，致使公交车成为交通违章大户，直接对公共安全构成威胁。再如，重庆、合肥等城市公交实施特许经验后，由于安全监管不到位，导致事故频发，成为市民望而生畏的"街头老虎"。政府对公交企业运行安全与服务质量的监管严重缺位。[③]

必须承认的是，在城市公用事业特许经营实施过程中，由于部分地方的政府也是"改中学"，这样，在特许经营制度建设不规范的情况下，一些城市公用事业特许经营项目运营出现问题也是难以避免的。我们知道，城市公用事业实施特许经营制度必然涉及相关的制度建设（如土地归属、资产归属、价格调整机制、企业股东变更、溢价转让等），目前部分城市政府尚缺乏相应制度规范。即使在特许合同格式文本上，多由获得特许经营权的企业提出，结果在面对普

① 阎海. 普遍服务的法理与制度—发展权视域下的重构. //李昌麒. 经济法论坛（第4卷）. 北京：群众出版社，2006：460.

② 王俊豪等. 中国城市公用事业民营化绩效评价与管制政策研究. 北京：中国社会科学出版社，2013：94-95.

③ 高学军. 失控的公交车 合肥反省公交民营化. 第一财经日报，2007-05-24. http：//finance. sina. com. cn/g/20070524/02033623403. shtml.

遍服务、应急处理、运营监管等问题时，政府则疲于应付在特许经营期限内不断冒出的问题。另外，作为城市公用事业特许经营监管依据的法规、地方标准、行业标准、服务规范、技术规范的制定、实施、监督和评估跟不上需要，监管人员究竟如何操作并不明确，通常只是走过场而已。

事实上，中国目前政府监管能力不足也是特许经营中政府监管缺失的一个重要原因。虽然有的地方政府也希望促进城市公用事业特许经营的发展，但是，由于能力不足，不能有效地对企业进行监管。政府能力不足主要表现在政府工作人员知识储备不足、工作能力欠缺、知识体系陈旧、视野不开阔等。政府能力提高受限必然妨碍政府能力的发挥，最终导致特许经营中政府监管缺失，项目运营失败。

第三节　政府监管是保证城市公用事业特许经营有效性的必要条件

通过对中国城市公用事业特许经营成败的原因分析可以看出，为保证特许经营项目的顺利实施，监管制度的建立和完善是关键。

一、监管是城市公用事业实施特许经营后解决市场失灵的制度安排

经济学界普遍认同的传统观点是，政府监管是为抑制市场失灵以维护公众的利益。即当存在公共物品、外部性、自然垄断、不完全竞争、不确定性、信息不对称等市场失灵的行业中，为了纠正市场失灵，保护社会公众的利益，由政府对这些行业中微观经济主体行为进行直接干预，从而达到保护社会公众利益的目的。这即是传统的政府监管理论，也被称为"公共利益理论"。[①] 为维护消费者的利益，政府有必要通过监管来引导企业提供使消费者满意的产品和服务，以纠正市场失灵。

---

① 张昕竹. 中国规制与竞争：理论与政策. 北京：社会科学文献出版社，2000：76.

尽管城市公用事业实施特许经营引入市场机制，但城市公用事业的区域垄断性以及在特许经营期的垄断特征，要求政府通过价格和进入监管达到配置效率和生产效率的统一。因为进入监管只允许一家生产从而达到生产效率，而价格监管将价格限制在社会最优价格处，从而满足配置效率的要求。而当存在外部性时，如果是负的外部性，可以施以税收，如果是正的外部性，可以施以补贴，从而达到社会满意的配置。因此，从理论上讲，当城市公用事业实施特许经营后出现市场失灵时，政府监管可以提高社会福利。

从先行改革国家的政府监管实践看，城市公用事业实行特许经营引入市场机制后，从总体上而言，不但不能取消政府监管，而且在许多方面要加强政府监管。这是因为，民营企业主要以利润最大化为经营目标，怎样既保护民营企业的正当经济利益，又维护社会公共利益，如何有效实现两者的动态均衡，这是政府监管者必然面临的新问题。

实施特许经营制度后，对于城市公用事业将区分为自然垄断性业务领域和竞争性业务领域，国有企业主要分布在具有网络性的自然垄断性业务领域，而民营企业则分布在竞争性业务领域。对于民营企业，政府尽可能运用市场机制，采取新的、间接的监管方式，以引导民营企业在实现自身经济利益的过程中，同时实现社会公共利益。对于国有企业，政府也要改变原有的管理模式，模拟市场竞争机制，尽可能采取激励性的监管方式，刺激国有企业提高效率。[①] 此外，由于对城市公用事业进行市场结构重组后，在城市公用事业引入多家经营主体后，对于像如何在自然垄断产业的垂直供应链中协调各个企业之间的关系（如供水网络接入条件与价格等）这类问题，在由国有企业垂直一体化经营的情况下是不存在的。毫无疑问，这是政府监管者所面临的新问题，也即是监管问题。

因此，实施特许经营制度后，监管是确保城市公用事业有序健康发展，维

---

① 王俊豪，周小梅．中国自然垄断产业民营化改革与政府管制政策．北京：经济管理出版社，2004：225-226.

护消费者利益的必不可少的一项制度安排。城市公用事业特许经营的监管是各级政府及其有关部门为维护社会公众利益和公共安全，依据有关法律法规对特许经营的公用事业的特许权授予、价格、质量及普遍服务等实施的行政管理与监督。城市公用事业特许经营制度不可能尽善尽美，在具体项目与各国国情相结合的实践中也表现出其固有的缺陷，仅依靠市场自我调节能力和公用事业行业组织自治力效果是微乎其微的，政府监管就是要直面公用事业特许经营所产生的各种问题并予以解决，建立行之有效的政府监管体制可以充分弥补城市公用事业特许经营制度的缺陷与不足。[①]

综上，城市公用事业由于存在不完全竞争、外部性和不对称信息等市场失灵，政府必须对其进行监管。市场失灵的存在为城市公用事业监管的产生与发展提供了理论依据。

二、为确保监管的有效性必须重构城市公用事业监管体制

必须承认的是，城市公用事业特许经营的政府监管是一项长期且需要付出大量资源的工程。政府首先要对公用事业特许经营权的授予监管起到"过滤"作用，通过竞争机制，挑选合格的经营者参与生产管理公用产品和服务。随后政府对特许经营企业生产的产品和服务价格、质量以及普遍服务的监管是起到"约束"作用，督促获得特许经营权的企业提高生产效率，提供价格合理、高质量的产品与服务，确保普遍服务的实现。而政府这些监管职能的有效落实必须以建立高效的城市公用事业监管体制为前提。

中国城市公用事业的传统管理体制是与通过国有企业经营解决市场失灵问题相适应的。但是，正如前面所分析，城市公用事业实施特许经营引入民营企业后，政府应通过监管手段解决市场失灵，原有的传统管理体制已经完全不能适应监管对体制的要求，必须建立新的监管体制。并且，城市公用事业实施特许经营，经营权转交给了多种经营主体（包括国有及国有控股企业，民营企业，

---

① 闫海，宋欣. 公用事业特许经营的政府监管研究. 理论与现代化，2011，（3）.

外资企业和港、澳、台企业等），政府与企业之间脱离了传统的直接的管理与被管理关系，这种情况下，如果没有及时建立相应的监管体制以确保城市公用企业规范经营，那么由于市场失灵所带来的损害公众利益的事情就在所难免。毋庸置疑，这种结果将有悖于城市公用事业市场化改革的初衷。因此，政府监管的目的是要在充分发挥市场机制功能的基础上克服市场失灵，以实现社会福利水平的最大化。而政府监管体制对于政府监管效率具有决定性影响，对城市公用事业进行有效的监管必须建立相应的监管体制。

建立中国城市公用事业监管体制，实质上是对原有计划体制下的管理体制进行改革，相应建立与市场经济相适应的监管体制。也就是说，中国城市公用事业实施特许经营制度的改革，必然伴随旧的计划管理体制逐渐消亡，而新的监管体制逐渐产生的过程。

事实证明，中国城市公用事业在进行特许经营制度改革和建立新的监管体制的过程中，由于监管体制建立的滞后，目前各城市的公用事业主管部门似乎对于城市公用事业推出特许经营项目的关注更多一些，却忽视了对于引入各类市场主体后如何加强对公用企业的监管问题。有些城市的主管部门虽然意识到监管的重要性，但面对究竟应该监管什么以及如何监管显得有些不知所措，导致在监管过程中具有相当的盲目性。从各城市对公用事业的监管来看，针对监管体制的建立已经暴露出了一些问题。

首先，尚未针对监管制定较为完善的法规政策体系。面对实施特许经营制度引入各类市场主体后的中国城市公用事业，政府如何对经营企业进行监管，目前尚缺乏比较完善健全的法规来确保主管部门履行其对经营企业的监管，缺乏健全完善的法规政策作为监管的依据。

其次，尚未建立职责明确的监管机构。目前对城市公用事业进行监管的大部分职能均分散在其他政府部门。大部分城市尚未建立职责明确的城市公用事业监管机构，而由于政府各部门之间职能的交叉，极有可能导致相互推诿责任，这无疑会降低监管的效率。例如，从北京市城市公用事业特许经营监管看，监管主体涉及规划、土地、建设、环保、财政、审计、监察等多个行政部门，这使得监管主体分散，要实现全面监管需要相关部门的相互协商、配合和协调统一，会造成监管成本较高，监管效果难以保证等缺点，进而会影响公共产品和服务的质量。

第三，尚未明确确定监管的内容以及系统的监管标准。在成熟的特许经营竞标中，特许经营中政府监管的核心是：政府定义对项目的输入（支持和担保等）和输出（产量、价格、质量、服务、环保等）要求，并据此在整个项目期间内执行监管，有些要求是按所签特许经营合同（如产量和价格等）执行，有些按现有法规（如环保等）执行。[①] 城市公用事业特许经营监管的具体内容主要包括：①市场准入监管，包括市场准入阶段特许经营权招标工作，起草、签订特许经营协议授予特许经营权，发布特许经营招募公告。为使特许经营权竞标在控制垄断问题上发挥积极作用，政府必须在竞标和执行过程中充当重要角色，确保竞标阶段的有效竞争。[②] ②运行安全监管，包括特许经营许可证的年检、审批工作。③公用产品与服务质量监管，包括制定标准、定期监督检查、组织评估。④价格监管，研究提出城市公用产品和服务价格方面的政策建议。⑤市场退出监管，包括实行临时接管、制定市场退出的相关办法。我们知道，特许经营制度是建立在以协议为基础的监管模式上，如果缺乏对协议签订、谈判以及实施的过程监管，效率就很难体现出来。因此围绕城市公用事业协议监管的内容包括特许经营权招投标的监管、特许经营协议签订的监管、特许经营协议执行的监管、特许经营终止与退出的监管。[③] 从目前中国城市公用事业特许经营监管现状看，对已经获得特许经营权的公用企业究竟应该监管哪些内容，城市公用事业监管尚缺乏明确的法律和技术标准，由此导致监管有一定的随意性。

第四，尚未采用一套科学的监管方法。如何确保监管的有效性，监管方法的选择是关键。不少城市公用事业主管部门目前所采取的监管方法比较简单，

---

① 柯永建，王守清，姚彩君．基础设施特许经营中的"新垄断"问题分析．商业研究，2007，（5）．

② 黄新华．政府管制、公共企业与特许经营权竞标——政府治理自然垄断问题的政策选择分析．东南学术，2006，（1）．

③ 本书第八章对此将做具体分析。

缺乏一定的科学性。例如，在特许经营协议中，定价机制是关键，政府可以通过定价机制来预防和控制项目公司通过其垄断地位获取过多利润，项目公司则可以通过定价机制来规避和管理风险。但目前中国城市公用事业的价格监管仍停留在对成本的监管上。这种建立在简单的"成本加成"基础上的定价方法，尤其是中国目前的会计和审计制度甚不健全，对企业的成本监管经常失控，缺乏对企业形成提高生产效率的激励。另外，政府对公用事业特许经营的监管不仅要防止经营者的高价对公众的剥削，还要防范低价产生的降低公共服务质量的问题。① 这些年来，在通货膨胀压力下，许多地方政府为了控制通货膨胀人为压低了部分城市公用产品和服务价格（如杭州市居民用水以及居民用气长达近9～10年时间没有进行调整），这种情况完全违背了公用产品和服务市场的供求规律，不仅导致稀缺资源的严重浪费，而且还影响公用产品和服务质量的提升。而政府对产品和服务质量的监管也仅限于末端的抽查，没有形成对生产过程全流程的监管。显然，对于城市公用事业实施特许经营，政府监管还缺乏一套完整科学的方法。

第五，政府监管缺位与错位并存。从中国目前城市公用事业特许经营监管的实际情况来说，政府没有界定好界限，该监管的没有进行有效监管，不该监管的却监管过多。② 首先是由于政府监管等缺乏相应的手段和能力，出现监管缺位问题，消费者权益难以有效保证。例如，目前在水质监管中监管部门多按照供水企业提供的数据进行监管，缺失了监管的真实性。消费者维权绝大部分是通过供水企业自身热线完成，政府无法完全掌握供水企业经营缺陷和问题。其次是政府监管错位，降低了城市公用事业特许经营项目的运营效率。在特许经营协议中，政府承担双重角色，既为合同的一方当事人又为合同实施的监管者。政府角色错位主要是指政府监管职责履行不当，监管过度，侵害项目公司的经营自主权，严重影响了项目运营效率。

---

① 闫海，宋欣. 公用事业特许经营的政府监管研究. 理论与现代化，2011，（3）.
② 陈诚，杜凌坤. 市政公用事业特许经营中的政府责任研究. 法制与社会，2008，（9）.

从当前城市公用事业监管体制存在的问题可见，对于中国这样的经济转型国家，在对城市公用事业进行监管的过程中，必然面对一个重要的课题，那就是如何重构监管体制。[①]

第四节　城市公用事业特许经营的政府监管目标

城市公用事业特许经营政府监管目标的确定直接决定着监管手段的选择，因而确定政府监管城市公用事业特许经营的目标是确保监管有效的前提。

中国长期以来政企不分的体制，决定了政府把维护企业的利益作为政府管理机构的主要职责。这种目标加剧了企业在市场中的垄断地位，危害了消费者的利益，显然与政府追求公众利益的本质属性背道而驰。因此，监管目标的选定应当成为中国城市公用事业特许经营后续监管的首要任务。

必须承认的是，在城市公用事业特许经营项目的不成功案例中，部分就是因为政府监管目标不明确所致。部分城市公用事业特许经营项目的推出，主要目的往往是解决公用产品和服务生产经营资金的不足，减轻财政补贴负担。在"甩包袱"目标的驱动下，监管目标比较模糊。

日本学者植草益认为，经济性监管的目标应当包括达到资源有效配置、确保企业内部效率、避免收入再分配与企业财务的稳定化四个方面，而社会性监管的目标则包括确保健康卫生、确保安全、防止公害、保护环境及确保教育、文化和福利等。[②] 对于城市公用事业特许经营的政府监管目标而言，也应以这些基本目标为导向。在制度建构上，特许权监管的目标在于通过特许权人之间的竞争，消除垄断租金，实现对公用事业合理的价格监管，使得消费者能够享受到低价位的公共产品服务。管制经济理论认为，在追求规模经济效益的公用事业行业中，监管者可以通过颁布一般的规则，建立一种特许权竞争制度，由此，

[①]　关于如何建立完善中国城市公用事业特许经营监管体制的分析详见第七章。

[②]　（日本）植草益．微观规制经济学．朱绍文等译校．北京：中国发展出版社，1992：282-286.

企业便向消费集团提供服务契约。通过特许权人的竞争，垄断租金也许能够被消除，同时，通过对企业可能提供的价格目录形式的制约，监管者无须对费率实施直接的控制就能够实现满意的定价政策。[①]

可以说，城市公用事业特许经营属于公共部门引入民营企业举办公用事业的一种制度创新，但城市公用事业本身所具有的公益性并未因此改变。因此，维护并增进公众利益应成为政府监管的根本目标。诚然，维护并增进公众利益目标的实现需要借助于其他监管目标的选定。

从国内外城市公用事业特许经营制度改革实践经验来看，特许经营本身的目标就是将竞争或市场机制引入到公用产品和服务的生产经营过程中。在城市公用事业特许经营全面引入竞争机制，才能促使获得特许经营权的企业降低成本、提高效率，以遏制城市公用产品和服务价格的上涨，确保公众利益的实现。监管是为了防止特许经营企业滥用垄断的一种方法，而不是竞争的替代。因此，促进有效竞争也应成为制定政府监管政策的目标。

我们可以根据城市公用事业特许经营的监管过程确定不同阶段的监管目标。在授予特许经营权前，政府监管的主要目标是选择合适的特许经营权授予者，对特许经营合同的各项条款要认真考虑，明确合同中的监管条款。在授予特许经营权后政府监管的目标主要包括：第一，提高资源的配置效率。利用价格监管对垄断运营商进行监管，实现资源有效配置目标。第二，提高企业内部效率，包括技术效率、生产效率、配送效率和设备利用效率等。垄断企业由于外部压力较小，有可能造成内部效率降低，通过引入可竞争的市场政策，推行激励性监管和服务质量监管政策，可促进企业内部提高效率的积极性。第三，使消费者能够以可承受的价格，公平享受基本的公用产品和服务。从公用事业的社会职能出发，普遍服务监管有其必要性。通过普遍服务监管使企业为所有用户提供无差别的、价格合理的服务。同时要防止企业内部出现用一个部门的盈余来填补另一个部门亏损的情况，这种在不同领域的消费者之间进行收入再分配是

---

① 丹尼尔·F·史普博. 管制与市场. 余晖等译. 上海：三联书店，1999：52.

不公平的。第四，维持企业财务稳定和可持续发展。通过设计一种投资承诺机制和固定成本补偿机制，保证企业实现收支平衡，并有不断发展的能力。[1]

需要注意的是，政府监管体系的建构是一个复杂的社会系统工程，包括监管体制的健全、监管权力的合理配置、监管目标的正确选择、监管手段的灵活运用以及有效的争端解决机制等。总体来说，"维护并增进公众利益"和"促进有效竞争"应成为政府后续监管的基本目标；独立性、权威性和专业性应成为政府监管体制变革的基本标准。不过，就政府监管能力的提升而言，最重要的还是综合运用各种灵活有效的监管手段。

在特许经营方式下，政府监管部门通过对企业进行监管，并根据其运营情况对企业进行适当的奖励（如提供一定的补贴）或者处罚（如罚款）措施，以充分调动企业的积极性，从而提高项目的运营效率，如图 6-1 所示。

我们可通过政府在具体实施监管手段方面的实践对此进行分析。例如，在特许经营方式下，政府通过对城市污水资源化企业的监督来决定补贴的多少。企业效率提高，则选择相对较多的补贴；企业效率降低，则选择相对较少的补贴。[2]又如，济南市城市管道燃气特许经营权授权仪式 2010 年 6

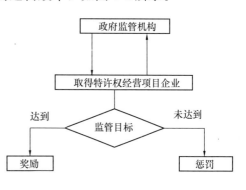

图 6-1　城市公用事业特许经营的监管模式

月 11 日举行，市政公用事业局与济南港华燃气有限公司、山东济华燃气有限公司签订特许经营协议书，两家企业分别获得济南市东部和西部 30 年的管道燃气特许经营权。当时，济南管道燃气客户近 60 万户，燃气管网总长度约 2700 公里，供气区域覆盖整个市区，居民气化率 95％以上。两家企业在为市民提供安全可靠的燃气和专业高效的服务的同时，实现了自身扭亏为盈，展现了良好的

---

① 陈明，胡雪芹. 城市公用事业特许经营中的政府监管研究. 现代管理科学，2010，(10).

② 刘晓君. 城市污水资源化特许经营项目的政府监管. 水利经济，2006，(3).

可持续发展能力。基于两家企业在特许经营试运行期间的良好表现，市政府在确保各方利益的前提下，规范并进一步明确了管道燃气经营区域的划分。港华燃气公司大体负责纬二路以东区域的城市管道燃气特许运营，济华燃气公司大体负责纬二路以西区域的城市管道燃气特许运营。两家企业在 30 年特许经营期限内，可以独家在特许经营区域范围内运营、维护市政管道燃气设施，以管道输送形式向用户供应燃气并提供相关管道燃气设施抢修、抢险业务等并收取费用。另外，按照特许经营履约保函，两家企业分别交纳了 300 万元的保证金，一旦遇有管道燃气安全事故、质量事故等问题且相关企业不整改、不有效整改时，政府部门可以动用这部分资金直接或委托相关方面进行整治，确保公众利益和保持城市生态环境。[①] 可见，在监管过程中，借助奖惩制度，政府可以很好地激励和约束企业，使企业努力降低成本，提高服务水平，这样就与政府的"维护并增进公众利益"的基本目标相一致，而政府和民营企业也获得了"双赢"。

---

① 佚名. 济南城区供气企业划定"势力范围". 济南时报，2010-06-11. http：//news. sina. com. cn/o/2010-06-11/044917641339s. shtml.

第七章　城市公用事业特许经营监管的体制框架

城市公用事业通过特许经营开放市场后，大量民间资本进入城市公用事业领域，形成了多种所有制并存的市场结构，但与之伴随的是如何建立与市场经济体制相适应的特许经营监管体制。本章重点分析如何构建有效的城市公用事业特许经营监管体制，在明确城市公用事业特许经营监管基本原则的基础上，分析认为，中国城市公用事业特许经营监管体制建设的核心有三个方面：一是形成监管体制建立和运行的法律基础和监管机构依法监管的法律制度保障；二是形成权责明确统一、分工合理、运转有效的监管机构体制；三是形成确保监管体制有效的监督机制。

第一节　城市公用事业特许经营监管的基本原则

以法国、美国等为代表的发达国家较早地探索城市公用事业特许经营制度并取得了一些有益经验，在借鉴发达国家城市公用事业特许经营经验的同时，我们也要看到，国外城市公用事业特许经营是其特定历史条件下的产物，并建立在成熟的市场经济基础上。而中国尽管在城市公用事业特许经营的某些方面取得了明显的进展，但是监管体制则相对落后，计划经济体制下形成的行业管理体制与市场经济所要求的现代监管体制还存在较大的差距，现有的监管体制还不适应城市公用事业改革的要求，且在政治制度、改革背景、经济基础、目标模式等方面与西方国家存在显著的不同。这些因素决定了完善中国城市公用事业特许经营监管体制的基本原则包括：强化政府责任、保障公共利益、确保政府控制力、提高监管有效性等。

一、强化政府责任

在国务院公布的《关于鼓励支持非公有制经济发展的若干意见》中指出，"支持非公有资本积极参与城市供水、供气、供热、公共交通、污水垃圾处理等市政公用事业和基础设施的投资、建设与运营"。同时强调："在放开市场准入的同时，加强政府和社会监管，维护公众利益"。即使在英国，城市公用事业民营化改革的实践也同样遇到了挑战，主要表现在政府公共服务的减少和服务质量的降低。就此，吉登斯提出了"第三条道路"[①]，认为应该克服福利依赖，按照积极的福利模式来考虑重建国家福利的问题。在吉登斯的理论基础上，布莱尔政府 2001 年开始着手对英国的公共服务进行改革，设立了公共服务改革办公室，重申政府是公共服务的责任主体，而且将政府的责任建设作为改革的关键因素。可以说，城市公用事业特许经营只是改变了城市公用产品提供的方式，即由原来的政府（国有企业）直接提供转变为由市场（非公企业）提供。对此，萨瓦斯认为："即使实施民营化，政府仍然保留服务提供的责任并为此支付成本，只不过不再直接从事生产。"[②]

城市公用事业具有公共服务属性，既不同于一般竞争性行业，也不同于电信、电力等垄断性行业。在城市公用事业实施特许经营过程中出现的价格上涨过快、普遍服务不足、公用产品安全事故等问题，尽管是由多种因素造成的，但政府责任的缺失无疑是导致这些问题出现的重要原因。这意味着各级政府应加强在保障城市公用事业特许经营实施的政策法规、规划、投资、补贴等方面的基本责任，保证政府作为城市公用事业责任主体的作用和地位。

（一）制定与实施有关法规政策的责任

由于法规政策是制度性公共产品，政府是唯一的提供者，也是唯一的责任

---

① 安东尼·吉登斯. 第三条道路——社会主义民主的复兴. 北京：北京大学出版社，2000.
② E·S·萨瓦斯. 民营化与公私部门的伙伴关系. 北京：中国人民大学出版社，2002.

人。城市公用事业特许经营的顺利推进，需要各级政府制定与实施有关法规政策，为鼓励推行城市公用事业特许经营，创造公开、公平的市场竞争环境提供法规政策依据。对此，住房和城乡建设部作为城市公用事业的国务院主管部门，曾先后颁布了《关于加快城市公用事业市场化进程的意见》（2002 年）、《城市公用事业特许经营管理办法》（2004 年）、《关于加强市政公用事业监管的意见》（2005 年），这三个规章对推动中国城市公用事业特许经营的实施发挥了较好的政策导向作用。当然，为提高法规政策的可行性，在现有法规政策的基础上，需要专题研究城市公用事业特许经营的一些重大问题，并根据具体公用行业特点制定新的规章政策。同时，为增强法规政策的权威性，提高立法的层次，需要国务院颁布相关法规，进一步推动和规范城市公用事业特许经营，党的十八届三中全会报告中就明确指出，要求"制定非公有制企业进入特许经营领域具体办法"。在全国统一的国家法规政策下，城市政府在制定与实施城市公用事业特许经营法规政策方面更是直接的责任者。城市政府不仅需要根据国家的有关法规政策，制定适合本城市公用事业特许经营的具体法规政策，更为重要的是，城市政府是具体实施各个层次法规政策的责任者。由于城市政府最充分、最全面掌握本城市公用事业的有关信息，最关心本城市公用事业的发展和社会公众对其的评价，因此，城市政府是制定与具体实施城市公用事业特许经营法规政策的双重责任者。事实上，一个城市公用事业特许经营项目的成效，与这个城市政府的法规政策的制定能力和执行能力密切相关。

值得一提的是，城市政府需要特别关注具有法律意义的特定公用事业项目特许经营合同的签订和执行问题。由于特许经营合同在较长时间内决定城市公共利益和民营企业利益，城市政府要事先论证对哪些公用事业项目应该实行民营化，并按照科学的招投标程序，筛选高效率企业作为特许经营者。而在较长的特许经营期内，企业的主要权利和义务以及应承担的主要责任等都要在特许经营合同中加以明确。另一方面，城市政府对特许经营企业实行有效管制的主要依据也是特许经营合同，因此，加强对城市公用事业特许经营合同的管理十分重要。但在实践中，一些城市政府在特许经营合同管理中出现不少问题，缺乏对特许经营合同执行情况的检查评估制度，直到出现严重的问题后，政府才与特许经营企业进行谈判。由于城市公用产品的不可替代性，需求弹性小，在信息不对称中政府又处于劣势地位，因此，特许经营企业往往是谈判的赢家，最终因政府责任缺失而使社会公众利益受到损害。这从反面也说明了城市政府在实施城市公用事业特许经营有关法规政策中的重要责任。

（二）制定与实施城市公用事业发展规划的责任

城市公用事业是城市经济和社会发展的物质基础，其投资具有专用性强、沉淀成本大、使用时间长等特点，特别需要城市政府根据本城市经济和社会发展的总体要求，前瞻性预测城市公用事业的总体需求和具体公用产品的分类需求，科学地制定与实施城市公用事业的中长期总体发展规划和各公用行业的发展规划，形成科学合理的规划体系。这是城市政府的一个基本责任，城市公用事业特许经营，不仅不能削弱城市政府在城市公用事业发展规划的制定与实施方面的责任，而且，要加强这方面的政府责任，主要原因体现在以下两方面。

首先，城市政府制定的公用事业发展规划是决定特许经营项目规模和范围的重要依据。城市政府根据城市公用事业发展规划确定公用事业的总体建设规模，其建设规模必须要和投资能力相适应。随着城市化的快速发展，城市政府财政不能满足城市公用事业的巨大投资需求，如果政府决定投资差额由民间资本来补充，事实上也就间接决定了城市公用事业特许经营项目的总体规模。同时，不同的城市公用事业在基础条件、需求规模、政府控制程度等方面存在较大的差异，这又决定了民间资本在各公用行业的分布状况，从而决定了特许经营项目在各公用行业分布的范围。可见，城市公用事业特许经营对政府制定城市公用事业发展规划的科学性提出了新的要求，客观上促使政府加强在制定城市公用事业发展规划方面的责任。

其次，城市公用事业特许经营要求政府加强对实施城市公用事业发展规划的控制力。特许经营的一个必然结果是在城市公用事业领域形成多种所有制主体的竞争性经营格局，出于自身利益和声誉的考虑，各经营主体往往努力扩大企业经营的地域范围和市场份额，从而产生投资冲动。因此，为保证城市公用事业发展规划的有计划实施，要求政府对企业投资城市公用事业行为进行必要的引导和合理控制，以符合城市公用事业整体发展的需要，促使城市公用事业各行业间协调发展。同时，城市公用事业实施特许经营后，在同一行业的不同业务领域也往往由不同所有制企业经营，这要求城市政府通过政策引导，按照城市公用事业的发展规划，实现不同业务间协调发展。因此，引导和控制城市公用事业发展规划有计划地实施，对城市政府而言是一件富有挑战的工作，需要加强政府的规划责任。

（三）城市公用事业投资的责任

存在市场失灵的自然垄断性领域主要集中在网络型城市公用事业中，包括城市供水、污水、燃气、供热、公交等行业。这些网络型城市公用事业又可分为管道网络等自然垄断性业务和终端生产、销售等竞争性业务两大领域。一般地，特许经营主要适合于无网络型城市公用事业和网络型城市公用事业中的竞争性业务领域，城市国有企业则主要适合经营网络型城市公用事业中的自然垄断性业务领域。对于垃圾收集与处理、园林绿化、道路与河道养护、道路照明、环卫等无网络型城市公用事业，提供的基本上是纯公共产品，多数是不向使用者收费的。这类公用事业的物质基础设施普遍都是城市政府长期投资形成的，特许经营企业只承包设施的经营权，政府按照其承包的数量和质量给予一定的报酬，特许经营并未改变城市政府对其基础设施的投资主体地位，仍然承担主要的投资责任。

在网络型竞争性业务领域，其特许经营可分为两种情况：一是通过对原有城市公用事业基础设施的转让，特许经营企业取得其特许经营权，但城市政府还作为设施的投资者和所有者。二是通过 BOT 等形式，特许经营企业投资建设城市公用事业基础设施，在特许经营期内经营这些设施并取得一定的投资回报，特许经营期满后将资产和特许经营权一起归还给政府。在这种情况下，由于民营企业在较长的特许经营期内要求补偿成本，取得满意的投资回报，政府（国有企业）往往以较高的价格收购其产品或提供各种形式的补贴。这实际上是特许经营企业一次性投资，政府逐年返还的做法，政府只是一个隐性的投资者，从长期看仍承担了投资责任。可见，从总体上而言，城市公用事业特许经营并不能实质性地改变城市政府在城市公用事业基础设施方面的投资主体地位，仍然需要承担城市公用事业的投资责任。

（四）对特殊群体和特殊事件政策性补贴的责任

由于城市公用事业具有公益性，在一些业务领域难以通过收费补偿成本，从而形成政策性亏损。在国有企业垄断经营城市公用事业的体制下，主要通过行业内不同业务间的交叉补贴或财政补贴来解决这种政策性亏损。城市公用事业实施特许经营后，民间资本主要进入收费较高并能赢利的业务领域，这使原来国有企业的交叉补贴机制失效，但由于政策性亏损依然发生，这必然只能通过政府财政补贴加以解决。因此，城市公用事业特许经营不仅不会减少政府的政策性补贴责任，恰恰相反，客观上需要加强政府在这方面的责任。

造成政策性亏损的原因是多方面的。例如，每个城市都存在一定的弱势群体，他们是城市公用事业的普遍服务对象，要求政府制定普遍服务政策，对这些弱势群体提供一定的补贴。如在城市公共交通行业，通过建立成本费用评价制度和政策性亏损评估制度，城市政府对公共交通运营企业的成本和费用进行年度审计与评价，合理界定和评估企业的政策性亏损，并给予适当的补贴。对于公共交通运营企业由于承担社会福利（包括军人、老年人、残疾人免费乘车，学生持学生票、成人持月票乘车等）和完成政府指令性任务所增加的支出，将定期给予专项经济补偿，这种政策性补贴政策同样适用于其他公用事业。又如，由于特殊事件造成的城市公用产品成本暴涨，但不能在售价中得到补偿而造成的亏损，政府也有进行补贴的责任。如在城市管道燃气行业，在非常时期（如冬季特别寒冷时期）由于气源紧张导致的上游气源价格上升，而短期民用或非民用气价不宜频繁调整，对此政府应给予经营企业相应的补贴，以弥补由于气源价格上升而销售价格不能及时调整造成的亏损。

二、保障公共利益

城市公用事业最显著、最基本的特点就是公用性，为城镇居民提供最基本的水、燃气、垃圾处理等服务，涉及广大人民群众的切身利益，确保社会公众利益的实现是城市公用事业改革的基本要求。城市公用事业与生产生活的费用和生产生活的连续性、便捷性直接紧密地联系在一起，具有极强的外溢效应。一旦城市公用产品或服务有问题或出现事故，就会影响到千万公众的健康和公共安全，这种危害通常是广泛的、严重的和难以挽回的。这就要求这一领域改革的首要目标不应该是减轻自己的财政包袱或为自己获取某种行政权力，也不应该是为民营资本或其他资本提供新的发展领域，而是公共利益优先。政府要发挥好"公共责任人"和"守夜人"的作用，即为社会提供价格合理、质量优良、数量充足、供应稳定安全的公共产品，为经济社会发展提供共同条件，从而促进社会总体经济效益的提高及社会福利的增加。

（一）维护社会公众利益

在一个城市中，由于社会公众人多面广、组织松散，在信息不对称的城市公用事业各种交易活动中处于信息劣势，因此，需要政府代表社会公众维护公共利益。社会公众的核心群体是广大消费者，在特定城市工作和生活的社会公众（包括本城市居民和外来人员）都是城市公用产品的直接消费者。城市公用事业实施特许经营后，一些民营企业成为城市公用事业的经营主体，它们以利润最大化为主要目标，而且在某个业务领域具有一定的垄断力量，在没有外在约束的情况下，这些特许经营企业有可能采取提高价格、降低质量水平以减少成本等经济行为。这要求政府对特许经营企业经营的公用产品价格实行有效管制，用激励性的管制方法促使企业提高效率，降低成本。但在刚性的价格管制下，一些特许经营企业有可能会降低质量水平以减少成本，而消费者却对许多城市公用产品的质量难以觉察。因此，城市公用事业实施特许经营后，政府对公用产品质量的管制更为重要。这要求政府按照有关公用产品的质量标准，建立城市公用产品质量监测制度，对企业提供的产品质量实施定点、定时监测，并及时将检测结果向社会公布，接受社会公众监督，以切实维护广大消费者的利益，这是政府维护社会公众利益的首要责任。

除了消费者利益外，政府维护社会公众的利益还体现在许多方面。例如，在城市公用事业特许经营过程中要防止国有资产流失，国有资产是通过广大纳税人缴纳税收投资形成的，这要求政府在特许经营过程要通过科学的招投标程序，加强对进入企业的资质审查，选择高效率企业作为城市公用事业项目的特许经营者，以合理的价格转让特许经营权，并在特许经营期满后，将保值增值的国有资产完好地交还给政府。这实质上是维护社会公众利益的具体体现，也是政府维护社会公众利益的重要责任。

（二）安全保障和应对突发事件

城市公用事业的安全保障主要体现在公用产品的供应安全保障和在生产、输送和消费过程中的安全保障两方面。改革开放以来，经过长期的城市公用事业建设和发展，多数城市在公用产品供应安全保障方面的问题已基本解决。但随着城市公用产品使用范围的不断扩大和使用数量的大幅度增加，在生产、输送和消费过程中的安全保障问题成为主要问题。特别是城市公用事业实施特许经营后，一些民营企业在进入市场之初，在提供公用产品和应急处置方面往往缺乏经验和专业人才，安全保障问题更为突出。这客观上要求政府加强对公用产品的安全保障责任。政府通过制定有关法规政策，明确城市公用事业经营者的安全责任，指导经营者建立健全安全评估和风险管理体系，监督企业建立和完善各项安全保障制度，严格执行安全操作规程，采取必要的安全保障措施，及时消除隐患。同时，城市政府还要组织力量，对安全隐患较大的公用产品（如燃气）的安全状况定期进行监督检查，针对各种安全隐患，要求有关经营者及时采取整改措施，尽可能避免发生安全事故。

同时，由于各种不可抗力因素（如自然灾害）的影响，在城市公用事业中会发生许多突发事件，刚进入市场的特许经营企业往往难以应付，因此，城市政府始终负有应付突发事件的责任，政府有关部门要根据城市公用产品的特点和发生突发事件的可能性，制定应付各种突发事件的预案。突发事件发生后，政府有关部门应当根据各自职责，立即采取措施防止事件扩大，根据有关情况启动突发事件应急预案，尽可能减少突发事件造成的各种损失。

三、确保政府控制力

特许经营是城市公用事业向社会资本开放的重要方式和手段，将极大地吸引民营、外资、港澳台资企业等多元市场主体进入城市公用事业领域。然而，城市公用事业中有些行业和业务领域事关城市安全和国计民生，在运用特许经营开放市场的同时，还需要确保政府对城市公用事业的控制力，主要体现在国有资本在城市公用事业的主导作用，具体表现在一方面要保证国有经济在城市公用事业领域的一定数量和比重，另一方面要提高国有经济在城市公用事业领域的质量。

（一）保证国有经济在城市公用事业领域的数量和比重

在国有经济占城市公用事业领域的数量和比重这一问题上，既不能像传统计划经济体制下那样，认为国有经济数量越多越好，比重越大越好；也不能走向另一个极端，认为国有经济数量越少越好，比重越小越好。国有经济在城市公用事业领域发挥主导作用，并不要求比重占绝对多数，但要能够保证支撑、引导和带动整个城市公用事业发展的需要。

城市公用事业不是铁板一块，而是由多种不同类型的具体城市公用行业组成的，有的行业是自然垄断性行业，有的是可竞争性行业；即使在自然垄断性行业中，也可进一步分为自然垄断性业务领域和竞争性业务领域。通过对城市公用事业分类，就能发现整个城市公用事业既存在竞争性领域，适合社会资本进入，也存在自然垄断业务，应该由一家或少数几家国有企业控制经营。

根据特定行业在提供产品或服务过程中是否必须通过输送管网，我们可以把城市公用事业分成网络型市政公用事业和无网络型市政公用事业这两种基本类型。城市供水、污水处理、管道燃气、供热、城市公交（特别是轨道公交）属于网络型城市公用事业，垃圾收集与处理、园林绿化、道路与河道养护、道路照明、环卫等行业则属于无网络型城市公用事业。

在网络型市政公用事业中又可分为自然垄断性业务和竞争性业务。其中，自然垄断性业务是指那些固定网络性操作业务，如供水、污水处理、管道燃气等行业中的管道输送业务，其他业务则属于竞争性业务。对于网络型城市公用事业中的自然垄断性业务领域，其规模经济与范围经济非常显著，是网络型城市公用行业的关键性业务领域，如供水管网、污水管网和燃气管网的建设和维护等，应由一家或少数几家国有企业控制。与此相适应，应该以国有企业作为经营主体。但是，在实践中，即使在网络型城市公用行业的某些自然垄断性业务领域，也不是要求完全由国有企业经营，在国有企业掌握控制力的前提下，可允许民间资本适度进入，或吸收民营企业参股，形成以国有企业为主体的混合所有制企业作为经营主体，这可放大国有资本的功能，既有利于提高国有经济的控制力，同时也可产生"鲶鱼效应"，有利于发挥民间资本的积极作用。

（二）提高国有经济在城市公用事业领域的质量

确保政府对城市公用事业的控制力，增强国有经济的主导作用，既应保持必要的数量，更要有质的提高。提高国有经济的质量，关键是要提高国有城市公用企业的整体素质和竞争能力。经过多年的努力，国有企业的效益明显提高，市场竞争力明显增强。根据《中国统计年鉴》（2001～2011 年版），国有及国有控股的城市水务企业和燃气企业的利润率水平有所提高，特别是国有燃气企业的利润率水平呈逐年稳步增长的趋势，这也从一个侧面表现出国有城市公用企业的整体赢利能力有所增强，如图 7-1 所示。

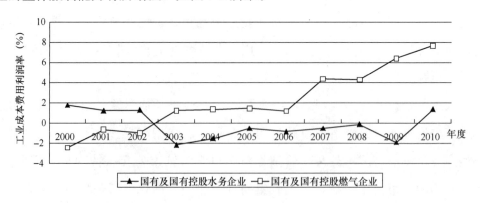

图 7-1　2000～2010 年国有城市公用企业的工业成本费用利润率

尽管通过这些年的改革，国有公用企业的效益和竞争力水平不断提高，但从总体上看，提高城市公用事业领域国有经济质量的任务仍很紧迫。以城市水务行业为例，如表7-1所示，外资及港澳台资水务企业的利润率最高，特别是在其进入中国城市水务行业的初期，2000年其利润率达到惊人的45.72%，同年国有及国有控股企业的利润率仅为1.79%，二者形成鲜明对比，其后外资及港澳台资企业水务企业利润率水平基本保持在20%左右。私营水务企业的利润率水平虽不及外资及港澳台资企业，但仍远高于国有及国有控股企业，基本都能保持在8%～10%之间。当然，这其中有一部分原因是国有及国有控股水务企业承担了较多的社会责任，导致较高的成本费用，但更反映出国有及国有控股企业的效率低下。

2000～2010年不同类型水务企业的工业成本费用利润率（%）　　　表7-1

年度	规模以上企业	国有及国有控股企业	私营企业	外资及港澳台资企业
2000	3.01	1.79	—	45.72
2001	2.77	1.24	—	31.75
2002	1.29	1.29	—	1.29
2003	0.36	−2.15	—	24.45
2004	−3.28	−1.53	—	−1.53
2005	−3.28	−0.50	8.29	12.33
2006	3.61	−0.82	7.70	24.35
2007	4.19	−0.50	4.79	25.27
2008	3.05	−0.12	11.50	26.01
2009	2.60	−1.92	8.73	18.27
2010	5.27	1.35	9.72	20.12

在传统计划经济体制下，城市公用产品或服务由城市政府负责提供，因此几乎每个城市都布局城市公用企业，甚至小到一些乡（镇）、村都有自己的自来水厂、污水处理厂等，行政区划的特点非常明显，各地的城市公用企业基本是"小而全"。这样，即使国有公用企业在全国的数量和比重上占绝对优势，但由于管理分散、划地经营，导致这些国有公用企业不能有效发挥规模效益。因此，有必要借助城市公用事业推行特许经营的有利契机，鼓励国有公用企业"有进

有退、合理流动"，一方面大型的国有公用企业充分利用企业规模大，融资能力、技术实力和抗风险能力强等优势，积极参与跨区域城市公用事业特许经营项目，将大型国有公用企业做大做强，培育具有竞争力的民族企业。另一方面，城市政府打破区域行政垄断，鼓励外地企业跨界经营，并借特许经营逐步关闭、归并中小国有公用企业，使其有计划地退出市场，进一步提高国有资产的配置效率，为大型国有公用企业扩张腾出市场空间。2008年宜兴市对辖区内的11座污水处理厂进行了"统一规划、统一建设、统一运行、统一监管"，通过BOT＋TOT的模式，将11座污水处理厂统一打包出让特许经营权给北京建工集团，避免了污水处理厂分散运营，降低了运营管理成本。同时，在国有公用企业改革过程中，要强化对国有资产的监督管理，不断完善业绩考核和奖惩制度，强化财务监督、审计监督、监事会监督机制，使公有制与市场经济相结合，真正成为市场经济主体。

四、提高监管有效性

城市公用事业实行特许经营后，在无外部约束的情况下，这些特许经营企业特别是民营、港澳台资和外资背景的特许经营企业有可能通过提高价格、降低质量等手段增加企业利润，损害消费者利益，但传统的管理国有企业的方式已经很难适应对城市公用事业特许经营项目的监管。这就要求政府转变职能，打破各种形式的行政垄断，从城市公用事业的直接经营者，转变为竞争性经营的组织者，对特许经营企业实行有效监管，创造一个公平竞争的市场环境，并尽可能采取激励性监管政策，模拟市场竞争机制，提高特许经营企业的效率，同时保障公众利益不受侵害。因此，客观要求政府加强对城市公用事业特许经营的市场准入、价格和质量的有效监管，建立并完善高效的监管机构和有效的监督机制，以保证城市公用事业特许经营的顺利实施。

（一）加强对城市公用事业特许经营的市场准入、价格和质量的监管

实行有效政府监管在现阶段主要集中在对城市公用事业的市场准入、价格和质量的监管。首先，市场准入是城市公用事业引入与强化竞争机制的首要环

节。城市公用事业的市场准入监管包括两方面的内容：一是需要适度控制新进入的企业，避免重复建设和过度竞争导致行业内的企业不可维持；另一方面，市场准入监管是通过直接或间接的途径，运用竞争机制，为新企业的进入开启"闸门"，使企业进入更有效率。因此，政府制定市场准入监管政策的重点是，如何将城市公用事业由垄断性转变为可竞争性，如何消除行业内原有企业设置的各种障碍以帮助新企业有序地进入，并在较短的时期内成长为具有相当力量的竞争企业。其次，价格政策是城市公用事业特许经营监管的核心内容。城市公用事业的价格水平不仅会直接影响新企业对进入城市公用事业的预期利益，而且与社会生产生活息息相关，特别是公用产品的价格不断上涨会直接影响消费者福利和公众对改革效果的评判。因此，政府制定科学的价格政策，必须明确价格监管的基本目标，并以科学的价格模型作为定价的重要依据。再者，对城市公用产品和服务质量的监管是维护和增进消费者利益的重要体现。由于消费者往往处于被动接受垄断企业产品和服务质量的地位，而且产品和服务质量水平与成本高度相关，在尚未形成竞争机制的城市公用事业领域，如果不对产品和服务实行质量监管，特许经营企业就会产生降低产品和服务质量的刺激。这一问题在城市公用事业实施特许经营后将会更加突出，政府有必要加强对城市公用事业特许经营项目实行有效的质量监管。

（二）建立高效运行的城市公用事业特许经营监管机构

监管机构的高效运行从根本上取决于监管机构的职权和职责配置是否合理。因此，需要合理界定政府部门与监管机构之间、不同行业或领域监管机构之间的职能，科学配置监管机构的权限，明确监管机构的责任，确保监管机构权责一致。同时，为保障监管体制的有效运行和提高监管执行力，还要求建立有效的监管机构运行机制，这不仅要求在监管机构内部建立有效的治理体制，还要求进一步理顺中央与地方之间的垂直管理体制，并建立有效的监管机构和其他政府部门之间的跨部门协调运行机制。

（三）建立有效的城市公用事业特许经营监督机制

由于监管机构拥有广泛的自由裁量权并直接介入产业活动，因而存在权力扩张、管制俘获等政府失灵的风险。管制俘获理论指出，监管的行政决策过程通常会被产业界所左右，致使监管不仅无法有效约束垄断定价行为，相反还会通过政府干预来支持垄断行为，从而出现监管过度和监管滥用的问题。在缺乏有效制衡体制的情况下，产业集团的利益会得到强化，消费者等的利益则得不到保障。因此，"监督监管者"成为建立有效监管体制的核心。

监管体制的监督机制不仅包括有效的立法监督和监管行政体制内部的行政问责机制，而且还包括建立对监管行政行为的司法审查和法律救济制度以及社会监督。因此，对城市公用事业特许经营监管机构应当建立包括人大立法监督、司法审查、行政督察、社会监督在内的多元监督体制。立法机关决定监管机构的目标、工作程序及其权力，监管机构通过授权立法、监督和实施法律以及行政裁决来执法。但是由于立法机关的授权不可能达到详尽，以及监管机构的多重目标和任务，仅仅是立法机关本身并不能够有效地控制监管机构滥用自由裁量权。因此，应该通过以司法审查为核心的相关制度设计，实现在尊重政府监管机构专业化权限的基础上，对监管权的行使行为进行有效的监督。

第二节　城市公用事业特许经营监管的法律制度

传统的行政法认为，监管机构的有效性明显受到立法机关授权的影响，行政自由裁量权泛滥的根本原因是立法规则的缺失，因此控制监管自由裁量权滥用的重要方案是要求立法机关更为精确地表述其给予监管机构的职责权限并监督其有效执法。立法机关必须颁布规则、标准、目标或可理解的原则以指引行政权力的行使。在美国国家法律中，监管行为必须是宪法文本的明确授权，或者必须能够在宪法中发现默许的根据。美国传统委托立法理论的核心是"行政机关的活动必须发生在立法机关事先制定的法律规定情况之内"。[①]根据立法授权模式，当获得立法机关的明确授权，则应当支持监管机构的行为。但是监管机

---

① 安德森．美国政府监管程序的宪法基础．南京大学学报，2005，（4）．

构超出法定职权范围之外的行政行为则是不正当的，是一种越权行为。公正的法律过程体现在对监管机构的授权立法、监管机构自身的程序规则以及行政程序法当中。立法机关对监管机构的授权控制是立法机关调整授权范围、授权效力和监督监管机构立法决策的过程。因此，建立健全城市公用事业特许经营监管的法律制度是保障监管体制有效运行的前提和基础。

一、国外城市公用事业监管的法律制度

发达国家在城市公用事业改革中特别注重法律制度建设，通常是立法在先，改革在后，坚持依法监管的原则。国外城市公用事业监管的法律制度为我们提供了一些可资借鉴的经验，主要体现在三个方面，一是以立法为先导，二是法规体系完善，三是规范内容全面，这样既有利于中央政府指导监督，又便于地方政府具体实施执行。

（一）立法为先导

发达国家往往通过制定或修订法律法规指导城市公用事业的行业改革和发展，包括特许经营制度的实施。英国政府在 20 世纪 80 年代对城市公用事业市场化改革中，更清晰地体现了立法先导的特征，改革具有明确的法律依据和实施程序。在城市公用事业市场化改革之初，英国政府就先后在电信、煤气、供水和电力等行业颁布或修订了相应的法规，构建了城市公用行业政府监管的总体框架，为改革提供了法律依据和保障，如表 7-2 所示①。具体到英国的城市水务行业，1989 年、1996 年英国先后修订《水法》，在《水法》的框架下，英国政府将原水务局划分为 10 个水务公司向社会公开出售股票，并成立水务管理办公室（OFWAT）、环境署（EA）、水质监管机构（DWI），取代原有的水务局、国家河流局，负责城市水务行业的监管工作。美国的市场化改革和放松监管也是依据法律制度来执行的，学界一般认为美国目前依据的监管体制框架是以《1946年行政程序法》、《1980 年管制弹性法》、《1980 年减少繁文缛节法》等法律为基

---

①　王俊豪，周小梅. 中国自然垄断产业民营化改革与政府管制政策. 北京：经济管理出版社，2004.

础，并以克林顿 1993 年签署的《12866 号行政命令——管制的计划和审核》为原则不断发展和完善的。① 荷兰在 1957 年和 2004 年先后修订《饮用水供应法》，其中 1957 年修订法案鼓励规范城市供水行业重组，2004 年修订法案明确城市供水的特许经营权仅授予国有供水公司，以法律的形式明确禁止供水行业的私有化。法国在《水法》中则明确了城市给排水服务的特许权制度，规定了特许权撤销或修改的情况，以及特许期期满后的处置等特许经营的具体内容。

英国城市公用事业市场化改革颁布的主要法律　　　　　　　　表 7-2

产业名称	法律名称	颁布时间	重　要　内　容
自来水	《自来水法》	1989 年	设立"国家江河管理局"和"自来水服务监管办公室"；允许 10 个地区自来水公司向社会出售股份
煤气	《煤气法》	1986 年	设立"煤气供应管制办公室"；废除英国煤气公司的独家垄断经营权；允许该公司向社会出售股份
电力	《电力法》	1989 年	设立"电力管制办公室"；把电力产业分割为电网、分销和电力生产公司；允许这些公司向社会出售股份
电信	《电信法》	1984 年	设立"电信管制办公室"；废除英国电信公司在电信产业的独家垄断经营权；允许该公司向社会出售股份

（二）法规体系健全

发达国家对城市公用事业法律制度建设相对完善，已经形成一套较为完整的、系统的城市公用事业监管的法规体系，既包括针对公用事业的专门立法，比如英国和新加坡等国颁布实施了专门的《公用事业法》、美国也有《公用事业监管法》等，也包括针对某个城市公用行业的行业立法，以水行业为例，日本的相关法律法规主要包括《水道法》、《下水道法》、《工业用水法》、《工业用水道事业法》、《工厂排水规制法》、《水质保全法》、《水质污浊防止法》、《河川法》等，各类法律还有相应的实施办法，英国有《水法》、《水工业法》、《土壤保护法》、《水环境法》、《城市污水处理法则》，荷兰有《地表水污染法》、《地下水

---

① 宇燕，席涛.监管型市场与政府管制：美国政府管制制度演变分析.世界经济，2003，（5）.

法》、《饮用水供应法》、《水务委员会法》、《水管理法》等。此外，还有专门针对公共项目合同的立法，2007 年西班牙政府根据欧盟的《公共合同缔约指引》，颁布实施了《公共部门合同法》，旨在规范包括特许经营方式的公共项目合同在内的所有公共合同。

虽然一些发达国家并未针对公用事业特许经营制定专门的完整法律，但由于公用事业特许经营实践在西方由来已久，在法律制度不断完善过程中，对城市公用事业特许经营行为的规范已经体现在各个相关法规中，并进而形成了一套法规体系。早在 17 世纪末，法国对特许经营权竞标就展开了理论探讨，并于 1791 年颁布《阿拉尔德法》，其中有条款确认了市镇政府可以对公用事业的公有或私有经营者进行自由选择。① 这也开创了政府授予排他的特许经营权的"法国制度"（French System），并将其作为最小化"公共"支出的方式。1998 年法国颁布《萨班法》，对特许经营项目必须实行公开招标做出专门规定。法国其他与城市公用事业特许经营相关的法律还有《合同法》、《案例法》等。②

（三）规范内容全面

发达国家的法律法规规范的内容涵盖了城市公用事业运行和管理的各个环节，对城市公用事业监管的法律依据、监管主体、实施程序、内容手段等都有较为明确的规定，对城市公用事业的规划设计、立项建设、投资规模确定、施工管理、投资偿还、价格制定、质量检查等操作环节的内容也都有较为详细的规定，而且设置了违法违规的严厉处罚。对争议和矛盾都可以由政府机构依法协调和管理，如协调不成则诉诸法律，可以通过司法程序予以解决。例如，法国的法律中就规定，市政公司至少每 12 年必须在公开竞争的法律程序下重新谈判他们的合同，而且必须每年向消费者公布水价和水质情况等。西班牙在其 2007 年颁布的《公共部门合同法》中，明确了特许经营项目的负责机构是国家、自治区或地区和市级管理机构；特许经营项目的发包方只能是政府公共部门的

---

① 丰云．国外公用事业民营化改革的四种模式及其启示．行政论坛，2006，（6）．

② 张跃庆，吴庆玲，城市基础设施经营与管理．北京：经济科学出版社，2005.

机构、组织和实体，他们以缔约人身份负责所有特许经营项目招标发起的法律和技术准备工作；项目的建设和运营风险由特许权企业自行承担，但由于行政管理机构变更项目运营条件或其行为不当直接导致特许经营权人出现经营风险的，将由行政管理机构负责维持项目的经济平衡。对特许经营项目批准、建设单位的选择和特许经营合同的履行等重要内容均有具体和明确的规定，如表7-3所示。①

西班牙特许经营合同的相关条款 表 7-3

主要内容	条　款
合同的基本结构和组成要素	目标和范围，适用的合同类型、合同内容和期限，合同最低要求，缔约方，从业者的资质和能力，目的、价格与合同总额、担保
合同的起草	缔约材料：开始及内容，材料的批准，一般性管理条款文件，特殊性管理条款文件，技术规范文件，可行性研究方案，工程建设和运营初步设计方案
承包人选择和授予程序	授予程序，公平、透明和保密原则，公布、招标、投标，感兴趣方投标，提交满足前提条件证明文件，投标评估标准，投标分类以及临时性和最终授予，异常价格或者不相称的投标价格，报告程序结果的义务，订立合同
合同的效力、履行与终止	履行合同的方式，项目变更，工程验收，公共工程的使用与维护，附属商业运营区域，公共工程的变更，特许经营权中止，对特许经营权所有公司不履行合同的处罚，维持合同的经济平衡，特许经营权终止，特许经营权期限，合同的效力，合同终止，解除合同，特许经营权的经济、财务系统
管理合同的行政管理机构	发包人，辅助机构和咨询机构，注册，国家缔约平台

二、中国城市公用事业特许经营的立法基础

中国从 20 世纪 90 年代开始在城市公用事业领域实施特许经营，为规范快速发展的城市公用事业特许经营活动，中央和地方相继颁布了一些法规、规章和规范性文件，初步形成了中国城市公用事业特许经营制度框架。

---

① 国务院发展研究中心企业研究所课题组．西班牙基础设施特许经营的经验和启示．中国发展观察，2009，(1)．

（一）中央层面的相关法规制度

1995 年，为指导中国包括城市公用事业领域在内的 BOT 项目试点工作，原对外经济贸易合作部发布了《关于以 BOT 方式吸收外商投资有关问题的通知》，原国家计委、电力部、交通部联合发布了《关于试办外商投资特许权项目审批管理有关问题的通知》。2002 年，原建设部出台《关于加快市政公用行业市场化进程的意见》，明确提出要"加快推进市政公用行业市场化进程，引入竞争机制，建立政府特许经营制度，尽快形成与社会主义市场经济体制相适应的市政公用行业市场体系"。至此，中国开始了以特许经营制度为核心的城市公用事业改革。

2004 年 5 月，原建设部以部门规章的形式颁布了《市政公用事业特许经营管理办法》（建设部第 126 号令），进一步明确了特许经营制度在城市公用事业改革中的重要地位，对城市公用事业特许经营项目的建设、投融资、运营、监管等环节和内容做了规范。在此基础上，原建设部分别于 2004 年和 2006 年先后颁布了城市供水、燃气、供热、污水处理和垃圾处理特许经营协议示范文本，进一步规范了城市公用事业特许经营协议，推动了特许经营项目的实际操作。

在国务院层面上，2004 年 7 月，国务院《关于投资体制改革的决定》中明确鼓励和引导社会资本以独资、合资、合作、联营、项目融资等方式参与经营市政公用行业和基础设施项目。2005 年 3 月，国务院在《关于鼓励和引导个体私营非公有制经济发展的若干意见》（又称"国 36 条"）中明确允许非公有资本进入公用事业和基础设施领域，要求加快完善特许经营制度，支持非公有资本参与市政公用事业和基础设施的投资、建设与运营。2010 年 5 月，国务院《关于鼓励和引导民间投资健康发展的若干意见》（又称"新 36 条"）进一步指出，积极引入市场竞争机制，大力推行市政公用事业的投资主体、运营主体招标制度，建立健全市政公用事业特许经营制度。继而住房和城乡建设部在"新 36 条"的基础上发布了《关于进一步鼓励和引导民间资本进入市政公用事业领域的实施意见》，分行业分环节对民间资本进入市政公用事业领域的途径和方式做了具体规定。2013 年国务院出台《关于加强城市基础设施建设的意见》，区分了基础设施领域经营性和非经营性项目，指出政府要通过特许经营、投资补助、政府购买服务等多种形式，吸引包括民间资本在内的社会资金，参与投资、建设和运营有合理回报或一定投资回收能力的可经营性城市基础设施项目。随后，国务院又出台《关于政府向社会力量购买服务的指导意见》，要求进一步放开公共服务市场准入，改革创新公共服务提供机制和方式，并采用公开招标、邀请招标、竞争性谈判、单一来源、询价等方式确定承接主体。在 2013 年的十八届三中全会报告中，连续多次提到特许经营，既要求国有资本实行以政企分开、政资分开、特许经营、政府监管为主要内容的改革，又要求允许社会资本通过特许经营等方式参与城市基础设施投资和运营，并明确要求制定非公有制企业进入特许经营领域具体办法。而 2014 年 1 月 1 日开始实施的《城镇排水与污水处理条例》中明确"国家鼓励实施城镇污水处理特许经营制度"，而且"具体办法由国务院住房城乡建设主管部门会同国务院有关部门制定"，这是第一次以国家法规的形式要求实施特许经营制度，为城市污水处理特许经营提供了法律依据。

（二）地方层面的相关法规制度

目前，全国共有 13 个省、自治区和直辖市以及 14 个重点城市①通过地方性法规或政府、部门规章等形式确定了地方市政公用事业（基础设施）的特许经营管理制度，其中福建和吉林两省颁布的是专门针对污水处理和垃圾处理特许经营的管理办法，沈阳和哈尔滨已通过条例草案，详见表 7-4 和表 7-5。可见，地方立法做了一些有益尝试，一些地方甚至以地方性法规的形式对特许经营行为加以规范，这主要是由于城市公用事业特许经营的地域性和属地管理的特点十分明显，各地在具体操作特许经营项目时，迫切需要相关法律依据以规范各方行为。

在地方立法形式上，各地主要呈现出地方性法规和地方政府规章两种模式，其中，有 5 个省、1 个直辖市、4 个重点城市制定了城市公用事业（基础设施）地方性法规（含草案），有 5 个省、2 个直辖市、7 个重点城市制定了地方政府规章。在立法时间和依据上，各地法规制度的颁布时间基本都在 2004 年以后，主要依据就是原建设部颁布的《市政公用事业特许经营管理办法》。

---

① 36 个重点城市包括 31 个省会城市和 5 个计划单列市。

省、自治区和直辖市城市公用事业特许经营法规制度　　　　　表 7-4

序号	类型	地区	法规制度名称	颁布时间
1	地方性法规	北京	城市基础设施特许经营条例	2005
2		贵州	市政公用事业特许经营管理条例	2007
3		湖南	市政公用事业特许经营条例	2006
4		青海	市政公用事业特许经营管理条例	2009
5		山西	市政公用事业特许经营管理条例	2007
6		新疆	市政公用事业特许经营条例	2005
7	政府/部门规章	上海	城市基础设施特许经营管理办法	2010
8		天津	市政公用事业特许经营管理办法	2005
9		甘肃	市政公用事业特许经营管理办法	2004
10		江苏	城市市政公用事业特许经营市场退出制度	2007
			城市市政公用事业特许经营招标投标制度	
11		河北	市政公用事业特许经营管理办法	2003
12		吉林	城市污水处理特许经营管理办法	2006
13		福建	城市污水、垃圾处理特许经营项目业主招标投标办法（试行）	2007

重点城市公用事业特许经营法规制度　　　　　表 7-5

序号	类型	城市	法规制度名称	颁布时间
1	地方性法规	北京	城市基础设施特许经营条例	2006
2		杭州	市政公用事业特许经营条例	2006
3		深圳	公用事业特许经营条例	2005
4	政府/部门规章	上海	城市基础设施特许经营管理办法	2010
5		天津	市政公用事业特许经营管理办法	2005
6		合肥	市政公用事业特许经营实施办法	2006
7		兰州	市政公用事业特许经营管理办法	2006
8		武汉	市政公用事业特许经营管理办法	2006
9		成都	人民政府特许经营权管理办法	2009
10		昆明	特许经营权管理办法	2010
11		青岛	市政公用基础设施特许经营管理暂行规定	2005
12		贵阳	市政公用事业特许经营招标投标监督管理制度	2012
13	草案	沈阳	市政公用事业特许经营条例（草案）	2009
14		哈尔滨	市政公用事业特许经营条例（草案）	2009

三、中国城市公用事业特许经营法律制度存在的问题

（一）立法层级较低

现有的城市公用事业特许经营法规基本是以地方立法的形式确立，国家层面的制度大多表现为部门规章和政策文件，或是散见于其他法律法规中，如《招投标法》、《政府采购法》等，但也仅限于部分条款适用于一些城市公用事业特许经营项目，对城市公用事业特许经营的性质、主管部门、程序等核心问题在国家立法的层面上并没有明确的规定，缺乏相应的法律依据，导致各地在实施特许经营过程中依据的法规政策权威性和力度不够。特别是如果将特许经营纳入行政许可法的规范框架，则依据《行政许可法》的规定，行政许可的设定依据包括法律、法规和地方性法规，在例外情形下，国务院决定和省级政府规章可以设定临时性的许可。在实践中，未制定特许经营地方性法规的城市和地区，依据的多是 2004 年原建设部颁布的《市政公用事业特许经营管理办法》，但从法律位阶上来看，该办法属于部门规章并不具备设定行政许可的权限。因此，城市公用事业特许经营的立法层级亟待提高。

（二）缺乏配套政策标准

尽管 2004 年原建设部颁布的《市政公用事业特许经营管理办法》规定了市政公用事业特许经营的基本管理原则、总体要求和框架，对一些关键问题，如风险收益的分配与分担、服务费价格的制定与调整、运营企业条件要求、从业人员的职业资格和土地权属等，缺乏可供操作的实施条款，给地方政府的特许经营实践造成困难。同时，针对城市水务、管道燃气、垃圾处理等具体行业，在实施特许经营的过程中都有各自的行业特点，由于缺乏具体的行业特许经营实施细则，影响了对不同行业特许经营行为的专业性指导规范，降低了城市公用事业特许经营的效率和质量。此外，在城市公用事业特许经营协议的签订和执行过程中，地方政府基本都处于强势主导地位，但对于政府履约监管和违约追责等内容都缺乏具体、明确的条款约束，致使投资者感到城市公用事业特许经营的政策风险和政治风险难测，投资者权益得不到充分保障，严重影响了投

资者的投资信心。

（三）政策法规缺乏衔接协调

目前国家层面的关于特许经营的立法尚属空白，仅有原建设部出台的《市政公用事业特许经营管理办法》这一部门规章对其有明确规范，但在《行政许可法》、《招投标法》、《政府采购法》等综合性法规以及《城镇燃气管理条例》、《城镇排水与污水处理条例》、《城市生活垃圾管理办法》等行业法规中对特许经营的相关内容都有所涉及。由于缺乏上位法的统一规范，不同法规条款的规定出现了一些偏差和不一致，各个地方法规和政策文件中的相关规定也根据地方政府的理解和地方发展的需要，侧重点和表述也各有不同，致使城市公用事业特许经营法规政策体系较为混乱，各级各类法规政策之间缺乏衔接和一致性。

如准入环节是特许经营的关键步骤，很大程度上决定了特许经营项目的成功与否。对此，《市政公用事业特许经营管理办法》规定应"通过市场竞争机制选择市政公用事业投资者或者经营者"。在随后颁布的《关于加强市政公用事业监管的意见》中，进一步明确"招投标"是市政公用事业实行市场准入监管的主要方式。同时，由于城市公用事业特许经营大多涉及国有资产转让，而且兼具行政许可和公共服务政府采购的性质，对其市场准入方式的规定也可以延伸至政府采购、行政许可和国有资产转让的有关法律和管理办法。其中，《政府采购法》第二十六条规定，"政府采购采用以下方式：（一）公开招标；（二）邀请招标；（三）竞争性谈判；（四）单一来源采购；（五）询价等"。《行政许可法》第五十三条规定，"有限自然资源开发利用、公共资源配置以及直接关系公共利益的特定行业的市场准入等，需要赋予特定权利的事项行政机关应当通过招标、拍卖等公平竞争的方式作出决定"。《企业国有产权转让管理暂行办法》第五条规定，"企业国有产权转让可以采取拍卖、招投标、协议转让以及国家法律、行政法规规定的其他方式进行"。这些规定说明政府在实施公用事业特许经营项目时，特许经营者的遴选除了适用招投标的方式外，还可以采用竞争性谈判等其他方式。但在《上海市城市基础设施特许经营管理办法》、《天津市市政公用事业特许经营管理办法》、《武汉市市政公用事业特许经营管理办法》等地方法规中却明确要求按照招投标的程序确定市政公用事业特许经营者，这在一定程度上限制了一些不适用于招投标的市政公用事业项目实施特许经营。

（四）特许经营协议不规范

特许经营权的授予最终体现为特许经营协议（Concession Agreement），它包含了政府与投资商间所有涉及项目的内容，双方的权利和义务的约定，价格的确定，执行的具体方式等等。它是未来项目成功与否的法律文本体现。一份特许经营协议应具备最直接的权利分配、风险分担、利益分享条款，每个项目从投资融资、建设，到运营管理都应有严格的执行条款，以保证特许经营过程中出现的问题都有据可循。鉴于此，原建设部先后于2002年和2006年分别针对城镇供水、污水处理、燃气、供热和垃圾处理行业颁布了专门的协议示范文本。尽管如此，在城市公用事业特许经营协议中，目前仍存在很多尚未明确的问题，典型的有：①特许经营协议适应于行政许可还是经济合同；②是否需要竞争才能获得特许经营权；③特许经营权应该授予母公司还是授予项目公司；④政府是否需要成立专门的独立监管机构；⑤特许经营期结束后以什么方式归还资产、如何归还；⑥出现影响成本的特殊情况后是否补偿特许经营者，补偿机制如何；⑦如何保障投资者利益；⑧对政府违约如何追责等等。

在实际操作中，目前诸多已签订生效的协议各有不同，从协议文本数量上看，有的薄薄四五页，有的则五六十页还加上附件，而内容则更是千差万别，一些当地政府为获得尽可能多的融资，片面追求融资成功的速度，忽视了融资的条件以及在项目运作过程中的各种风险。

一些投资者由于进入市场的急迫性和缺乏项目操作经验，政府出于完成招商引资指标的片面考虑，忽视了作为长期项目投资必须遵守的程序和规范，由于对项目风险缺乏全面、系统的分析，谈判中混淆了政府和投资人的权利义务，将投资人应承担的风险部分转移到政府身上，产生了投资的固定回报，在协议中给予投资者不合理、不公平的承诺，最终增加了公众的负担。同时项目融资合同不规范、政府和投资者的权利义务不对等、水价形成机制没有采用规范的市场运作等问题也时常出现。这些隐患将会给项目的正常运作带来困难，同时也会给政府和投资者双方带来极大的风险。

四、中国城市公用事业特许经营法律制度的建设

（一）加快城市公用事业特许经营的国家立法

由于城市公用事业特许经营缺少上位法，应当由全国人大会同城市公用事业特许经营相关的行政部门，研究制定统一的城市公用事业特许经营法律，对监管机构、监管职能、特许经营性质、适用范围、特许经营程序、权益保障和风险分担与控制等核心问题做出原则性规范。由于在此前的特许经营实践中，各地比较注重特许经营在引入市场机制和社会融资等方面的功能，忽视了对特许经营的监管，因此在特许经营立法中应当特别强调对市场准入退出、质量、价格、服务等方面的监管，明确中央和地方的纵向权力配置和各个监管机构之间的横向权力配置，同时要建立对监管者的监督制度，明确政府、企业和社会公众的责任边界，有效规范各方行为。

（二）完善配套法规政策

在城市公用事业特许经营上位法的规范和授权下，城市公用事业行业主管部门应当根据不同行业的特点，分行业制定具体的行业实施细则或管理办法等部门规章，如制定《城镇排水与污水处理特许经营管理办法》、《城镇供水特许经营管理办法》、《城市燃气特许经营管理办法》、《城市垃圾处理特许经营管理办法》等，对各个行业特许经营实施中涉及的运营企业资质、从业人员职业资格、监督考核、应急处置、市场退出、国有资产保值增值、土地使用、价格管理、职工安置、利益保障和补偿等关键问题给出明确的指导意见或做出具体规定，便于地方政府操作执行。具有立法权的地方各级人大则可以根据法律、法规的规定，结合本地区城市公用事业的发展情况和客观需求，制定本地区城市公用事业特许经营的地方性法规，细化各项内容，对特许经营中的招投标程序、合同条款及责任分配等制定具体条款，进一步完善城市公用事业特许经营的法

规制度体系。

（三）鼓励在运营环节引入市场机制

即便在市场经济相当发达的欧洲和美国国家，更为普遍的做法仍然是维持城市公用事业的公有制，而将运营服务管理交给私营机构，以解决公共部门专业知识和资金不足的问题。目前，法国的污水处理服务只有约 1/3 是由私营部门提供的。在美国，由于政府债券的融资成本远低于企业融资，市政公用设施的建设资金主要依靠发行市政债券的方式筹集。而且，随着中国城镇化进程的加快，越来越多的市政公用设施建成，市政公用设施的有效运营问题开始显现，市政设施运营的专业化、规范化、标准化问题日趋重要，为此，以"淡化资产、重视运营"为核心的委托运营模式应进一步被鼓励。

（四）规范特许经营协议，落实合同化管理

特许经营协议是界定协议双方权利与义务的法律文件，是对特许经营行为进行监管的重要依据。2002～2006 年间，原建设部印发的城镇供水、燃气、垃圾处理、污水处理、供热等行业特许经营协议示范文本，已体现特许经营的原则性要求，各地应根据项目的具体情况，参照协议的示范文本，对相应内容加以细化和补充，特别要对协议双方的权利义务、服务质量、政府监管和责任等方面进行详细约定。再者在执行环节，应当要求各地的城市公用事业特许经营项目必须签订特许经营协议，没有签订协议或协议不完善的，要及时补签和完善特许经营协议。对于暂不具备条件实行特许经营的市政公用设施，可在核定实际产量及运营成本的基础上，采取目标管理的方式，与政府签订经营合同，按合同约定提供相应的经营产品或服务。

第三节　城市公用事业特许经营监管的机构设立

十八届三中全会通过的《中共中央关于全面深化改革若干重大问题的决定》明确要求，"国有资本实行以政企分开、政资分开、特许经营、政府监管为主要内容的改革"，随着特许经营改革的逐步深入，城市公用事业市场主体多元化和市场资源配置的作用将进一步确立，客观要求城市公用事业监管机构的设立、监管职能和监管方式都应做相应的调整。

一、城市公用事业特许经营监管机构的现状

中国的行政管理体制改革一直缺乏完善的法律环境，管制权滥用和各种行政权随意干预城市公用事业管理事务的问题比较严重。目前制约中国城市公用事业依法监管的主要障碍是立法的严重滞后和部门主导的立法体制。从国际经验来看，各国城市公用事业改革往往都是采用"先立法—后改革"的路径，通过制定和颁布新的行业监管法律，对监管机构的设立和职责权限做出明确的法律规定。通过前文的分析，中国目前并没有国家层面的城市公用事业特许经营法规，下面我们将区分国家和地方层面，综合分析现有的城市公用事业特许经营有关法规政策对监管机构的规定，以及地方城市公用事业监管机构设立的实际情况。

（一）国家层面的监管机构

城市公用事业特许经营既涉及行业管理的问题也涉及业务管理的问题，行业管理包括城市供水、污水处理、管道燃气、垃圾处理等，业务管理涉及国有资产、招标投标、政府采购等。在相关的行业法规和综合法规中对国家层面的监管机构都做出了明确规定，如表7-6所示。

国家法规对城市公用事业特许经营相关监管机构的规定　　　　　表7-6

法规名称	条款	监管机构及其职能
城市市容和环境卫生管理条例	第四条	国务院城市建设行政主管部门主管全国城市市容和环境卫生工作
城镇燃气管理条例	第五条	国务院建设主管部门负责全国的燃气管理工作
城市供水条例	第七条	国务院城市建设行政主管部门主管全国城市供水工作
城镇排水与污水处理条例	第五条	国务院住房城乡建设主管部门指导监督全国城镇排水与污水处理工作
市政公用事业特许经营管理办法	第四条	国务院建设主管部门负责全国市政公用事业特许经营活动的指导和监督工作

法规名称	条款	监管机构及其职能
招标投标法实施条例	第四条	国务院发展改革部门指导和协调全国招标投标工作，对国家重大建设项目的工程招标投标活动实施监督检查。国务院工业和信息化、住房城乡建设、交通运输、铁道、水利、商务等部门，按照规定的职责分工对有关招标投标活动实施监督。财政部门依法对实行招标投标的政府采购工程建设项目的预算执行情况和政府采购政策执行情况实施监督。监察机关依法对与招标投标活动有关的监察对象实施监察
企业国有产权转让管理暂行办法	第七条	国有资产监督管理机构负责企业国有产权转让的监督管理工作
政府采购法	第十三条	各级人民政府财政部门是负责政府采购监督管理的部门，依法履行对政府采购活动的监督管理职责

从行业管理的监管机构看，目前国家已分别出台《城市市容和环境卫生管理条例》（1992年）、《城市供水条例》（1994年）、《城镇燃气管理条例》（2010年）、《城镇排水与污水处理条例》（2013年），这些行业法规都规定了国务院住房和城乡建设主管部门（建设主管部门）负责全国的市容环卫、供水、燃气、排水与污水处理工作。

从业务管理的监管机构看，不同的业务内容分别由不同的监管机构负责，其中《市政公用事业特许经营管理办法》规定由国务院建设主管部门负责全国市政公用事业特许经营活动的指导和监督工作；《招标投标法实施条例》规定，由国务院发展改革部门指导和协调全国招标投标工作，且对国家重大建设项目的工程招标投标活动实施监督检查；《政府采购法》规定，财政部门是负责政府采购监督管理的部门；《企业国有产权转让管理暂行办法》规定，国有资产监督管理机构负责企业国有产权转让的监督管理工作。除了对主管部门有明确规定外，《招标投标法实施条例》中还对其他监管机构的监管职能做了规定，分别是：财政部门对实行招标投标的政府采购工程建设项目的预算执行情况和政府采购政策执行情况实施监督。监察机关对与招标投标活动有关的监察对象实施监察。国务院工业和信息化、住房城乡建设、交通运输、铁道、水利、商务等部门，按照规定的职责分工对有关招标投标活动实施监督。

由此可见，在国家层面，只有《市政公用事业特许经营管理办法》明确规定了市政公用事业特许经营的主管部门，但该办法属于部门规章，立法层级过低，强制性和权威性都不够。尽管在各个行业的专门法规中，确立了住房和城乡建设部作为国家行业主管部门的地位，但由于特许经营权的授予主要通过招标投标的方式确立，而且特许经营的项目往往涉及国有资产转让，同时一些特许经营项目也可视作政府向社会力量购买城市供水、污水处理、垃圾处理、管道燃气等产品和服务的一种方式；因此，特许经营监管也同时涉及发展改革、财政、国资等部门的职能。

除国家法规外，在实践中决定监管机构职能配置的主要依据是每届政府颁布的"三定方案"，即国务院为各政府部门定职能、定机构、定编制的方案。这些"三定方案"经国务院批准，由国务院办公厅以通知的形式发布，尽管根据《立法法》和《行政法规制定程序条例》的规定，国务院"三定方案"仅是国务院办公厅的内部文件，并不是行政法规，但却实际左右着监管的设立与职责。由于多数中央部委的"三定方案"尚未发布，根据2008年印发的国家发展改革委与住房和城乡建设部的"三定方案"，国家发展改革委负责"起草国民经济和社会发展、经济体制改革和对外开放的有关法律法规草案，制定部门规章。按规定指导和协调全国招投标工作"。住房和城乡建设部负责"研究拟订城市建设的政策、规划并指导实施，指导城市市政公用设施建设、安全和应急管理"。因此，从"三定方案"看，国家发展改革委是招投标工作的主要监管机构，住房和城乡建设部是市政公用行业的主要监管机构。鉴于城市公用事业特许经营权的授予方式以招投标为主，但不局限于招投标，而且特许经营涉及建设、运营、管理等多个环节，由行业主管部门统一监管更有利于城市公用事业特许经营项目的实施。

（二）地方层面的监管机构

前述国家法规对省、自治区和县级以上城市政府监管机构的设立也做了具体规定，基本是国家层级的监管机构向地方的垂直延伸，但行业法规中城市市政府监管机构不再是明确的住房和城乡建设主管部门（建设主管部门），而是更为笼统的行业主管部门，这与地方行业主管部门设置不一的实际情况是相符合的。在缺乏统一的上位法指导的情况下，各地出台的城市公用事业特许经营相关法规对监管机构的设立也各不相同，如表7-7和表7-8所示。

地方法规对城市公用事业特许经营省级监管机构的规定 表7-7

法规名称	条款	监管机构及其职能
北京市城市基础设施特许经营条例	第六条	市发展改革部门负责本市城市基础设施特许经营的总体规划、综合平衡、协调和监督。市城市基础设施行业主管部门，区、县人民政府，以及市或者区、县人民政府指定的部门（以下统称实施机关）负责本市城市基础设施项目的具体实施和监督管理工作。规划、土地、建设、环保、财政、审计、监察等相关行政部门在各自职责范围内依法履行监督管理职责
上海市城市基础设施特许经营管理办法	第七条	市发展改革行政管理部门负责本市特许经营的综合协调工作。市行业主管部门负责本市行政区域内特许经营项目的具体实施和监督管理工作，并依据市人民政府的授权签订特许经营协议。市建设交通、规划国土、环保、财政、价格、工商、审计、监察等相关行政管理部门在各自职责范围内，依法履行监督管理职责
天津市市政公用事业特许经营管理办法	第三条	市人民政府授权市建设行政主管部门负责市政公用事业特许经营的组织实施
福建省城市污水、垃圾处理特许经营项目业主招标投标办法（试行）	第四条	省建设厅负责全省城市污水、垃圾处理特许经营项目业主招标投标活动的监督工作。发展改革、财政、规划、土地、环保、审计、监察等行政主管部门在政府规定的职责范围内依法履行相关监督管理职责
甘肃省市政公用事业特许经营管理办法	第四条	省建设行政主管部门负责全省行政区域内市政公用事业特许经营活动的指导和监督工作，接受城市市政公用行业特许经营方案的告知性备案
河北省市政公用事业特许经营管理办法	第五条	省建设行政主管部门负责对全省城市市政公用事业实行特许经营进行指导和监督。接受城市市政公用事业特许经营方案的告知性备案
江苏省城市市政公用事业特许经营市场退出制度	第三条	省建设行政主管部门负责全省行政区域内城市市政公用事业特许经营市场退出活动的指导和监督工作
贵州省市政公用事业特许经营管理条例	第四条	省人民政府建设行政主管部门负责本省行政区域内市政公用事业特许经营活动的指导和监督工作。县级以上人民政府其他部门应当按照各自的职责，做好市政公用事业特许经营的有关工作
湖南省市政公用事业特许经营条例	第四条	省人民政府建设行政主管部门负责本省行政区域内市政公用事业特许经营的指导和监督。县级以上人民政府发展改革、规划、财政、国土资源、水利、价格、环境保护、工商行政管理、国有资产管理等部门，按照各自的职责，负责市政公用事业特许经营的有关工作
青海省市政公用事业特许经营管理条例	第六条	省人民政府建设行政部门负责全省市政公用事业特许经营的指导和监督工作。县级以上人民政府其他有关部门应当在各自的职责范围内，负责市政公用事业特许经营的相关工作

续表

法规名称	条款	监管机构及其职能
山西省市政公用事业特许经营管理办法	第五条	省建设行政主管部门负责全省市政公用事业特许经营活动的指导和监督管理
新疆维吾尔自治区市政公用事业特许经营条例	第七条	自治区建设行政主管部门，负责全区特许经营活动的监督管理

地方法规对城市公用事业特许经营市、区（县）监管机构的规定　　表7-8

法规名称	条款	监管机构及其职能
北京市城市基础设施特许经营条例	第六条	区、县人民政府，以及市或者区、县人民政府指定的部门（以下统称实施机关）负责本市城市基础设施项目的具体实施和监督管理工作
上海市城市基础设施特许经营管理办法	第七条	对服务于特定区、县行政区域内的特许经营项目，可由区、县人民政府负责具体实施和监督管理工作，并签订特许经营协议。市行业主管部门和区、县人民政府实施特许经营项目的具体分工，由市发展改革行政管理部门会同有关行政管理部门确定
甘肃省市政公用事业特许经营管理办法	第四条	市、县人民政府市政公用事业主管部门（以下简称主管部门）依据人民政府的授权，负责本行政区域内的市政公用事业特许经营的具体实施
河北省市政公用事业特许经营管理办法	第六条	城市人民政府是市政公用事业特许经营权的授权主体。城市人民政府授权的城市市政公用事业主管部门（以下简称主管部门）负责本地区市政公用事业特许经营的具体实施工作，行使授权方相关权利，承担授权方相关责任
江苏省城市市政公用事业特许经营市场退出制度	第三条	市、县人民政府市政公用事业主管部门受本级人民政府的授权，具体负责实施本行政区域内城市市政公用事业特许经营市场退出活动
贵州省市政公用事业特许经营管理条例	第四条	市、州人民政府和地区行政公署、县级人民政府主管市政公用事业的部门（以下简称市政公用事业主管部门）负责本行政区域内市政公用事业项目特许经营活动的指导和监督管理工作
湖南省市政公用事业特许经营条例	第四条	设区的市、自治州、县（市、区）人民政府主管市政公用事业的部门（以下称市政公用事业主管部门），依据本级人民政府的授权，负责市政公用事业项目特许经营的实施，并对特许经营活动进行监督管理
青海省市政公用事业特许经营管理条例	第六条	州（市、地）、县（市、区）人民政府市政公用事业主管部门（以下简称市政公用事业主管部门）负责本行政区域内市政公用事业特许经营的组织管理和实施
山西省市政公用事业特许经营管理办法	第五条	城市人民政府的建设、市政公用、环境卫生或者园林绿化主管部门（以下简称主管部门）负责本行业市政公用事业特许经营的组织管理和实施工作
新疆维吾尔自治区市政公用事业特许经营条例	第七条	州、市（地）县（市）市政公用事业主管部门，依据本级人民政府的授权，负责本行政区域内特许经营项目的实施，对特许经营活动进行监督管理

可见，在省级监管机构的设立上，大多数省、自治区的特许经营监管机构明确规定是建设主管部门，尽管北京、上海两地规定由市发展改革部门负责特许经营的综合协调工作，但同时也明确由行业主管部门负责特许经营项目的具体实施和监督管理工作。具体到市（州）、区（县）级监管机构上，各地基本都没有明确某一具体部门负责，而是笼统地规定为行业主管部门。

以上对特许经营监管机构设立的分析主要是基于已出台城市公用事业特许经营相关法规的地区，基本体现了行业主管部门作为特许经营监管机构的特点。因此，我们区分省级（含直辖市）和城市级（不含直辖市）两个层面，系统梳理中国目前地方城市公用事业行业主管部门的设立情况。

在省级层面，省、自治区和直辖市的城市建设行政主管部门为住房和城乡建设厅或建设委员会。重庆市市政公用事业主管部门是市政管理委员会；城市燃气、供热、垃圾处理等行业主管部门设在住房和城乡建设厅或建设委员会；城市供水和污水处理行业除海南省和北京、天津、上海三个直辖市以外，均由住房和城乡建设主管部门负责。其中，海南省因其地域的特殊性，政府部门设置与全国大部分省、自治区不一致，但海南省委、省政府已明确，该省水务厅相关的城市供水、节水、排水和污水处理等业务由住房和城乡建设部归口管理，这一点，与各直辖市的对口管理是相同的。

在城市层面（不含直辖市），城市公用事业行业主管部门的设置相对分散，主要由建设局、市政公用（事业）局、城管局、城建局、建委、规划建设管理局以及市政园林局等部门负责，这些部门基本都归属于建设部门管理的行政机构。同时设有自来水公司、排水管理处/排水公司、燃气公司、市容环卫公司、热力公司等分别负责具体行业的经营管理。但也有少数一些城市的行业主管部门设置为水利、环保、发改、国资等部门。根据住房和城乡建设部2009年对全国设市城市供水和污水处理行业管理体制情况的调查，由建设部门主管城市供水行业的地级市和县级市的比例分别是83％和81％，污水处理行业的比例则分别为83％和87％，其他的供水和污水处理行业主管部门主要分布在水务局、水利局和环保局等机构。

二、城市公用事业特许经营监管机构存在的主要问题

（一）监管机构设立缺乏法律依据

在美国、欧盟等国家和地区，城市公用事业改革的起点都是制定和颁布新的行业监管法律，将其作为改革的基本法律依据和改革的基本政策框架基础，而在法律中首要明确的就是监管机构。然而，尽管中国城市公用事业特许经营实践已实施近 20 年，但至今尚没有一部专门的国家法规对其进行规范，更遑论监管机构的确立。立法的严重滞后和部门主导的立法体制，导致从中央到地方都没有统一、明确且具权威性的城市公用事业特许经营监管机构。在缺乏上位法指导的基础上，由于城市公用事业特许经营的地域性特点很强，一些具有立法权的地方政府通过制定有关法规对监管机构的设立与运行做了规定，而多数城市政府则是根据国务院的"三定方案"来确立地方的监管机构。而在 2008 年国务院颁布的住房和城乡建设部的"三定方案"中，明确"将城市管理的具体职责交给城市人民政府，并由城市人民政府确定市政公用事业的管理体制"，这就大大增大了城市政府，特别是没有立法权的城市政府设置和更改城市公用事业特许经营监管机构的随意性和不稳定性。

（二）监管职能分散交叉，缺乏统筹协调

为提高城市公用事业特许经营监管机构的效率，要求监管机构对特定行业实行统一监管，这需要监管机构具有充分的监管权力和明确的监管职能。但目前中国城市公用事业特许经营的监管管理和职能过于分散，涉及住房城乡建设部门、发展改革部门、财政部门、国资管理部门等多个部门，涵盖城市公用事业特许经营的规划、建设、投资、资产、价格、质量、补贴等多项监管职责，这些职责是相互关联的。尽管在有关法律法规和国务院三定方案中对各部门职责分工已有规定，然而在实际工作中，监管机构间职能分散交叉，统筹协调的问题十分突出。一些城市没有明确规定牵头部门，由于部门间缺乏沟通协调机制，责权不清晰，导致管规划的不管投资，管投资的不管建设，管建设的不管运营，一些地方将工程招投标的方法套用在城市公用事业特许经营项目上，其

至由国有资产管理部门牵头负责，致使一味追求设施转让的高溢价，忽视了城市公用事业的公益性特征和技术工艺的要求，给特许经营项目的建设和运行埋下了隐患。

（三）监管机构的纵向权力关系没有理顺

中国幅员辽阔、地区间差异大，仅靠中央层面的监管机构无法实行对全国的有效监管，而且城市公用事业特许经营的地域性特点又十分明显，因此需要将集权和分权有机地结合起来，建立中央和地方的垂直管理体系。在城市公用事业特许经营改革过程中，调动地方积极性和全国统一监管之间是存在一定的矛盾和冲突的。比如是否转让资产、收费不足难以弥补运营成本部分由政府足额补贴、土地无偿划拨、优惠电价、税费减免等，由于中央和地方利益不一致，致使中央的许多政策在地方难以得到有效的贯彻落实。而且由于城市管理体制交由城市人民政府确定，导致地方城市公用事业的监管机构设置不统一，造成上下对口管理不一致、政令不畅通，加大了城市公用事业特许经营监管的难度。

（四）监管内容不明确

由于政府对城市公用事业特许经营目标及自身定位认识不清，一些地方政府在实施特许经营过程中，普遍存在甩包袱的思想，忽视公众责任，错误地把招商引资作为特许经营改革过程中的首要或唯一任务，急于把市政公用设施变现以应付财政短缺的燃眉之急，过多地关注项目投资和建设，强化资产管理职能，忽视了特许经营的前期管理以及安全、稳定和高效率运营的监管，形成管理上的错位。一些城市公用事业特许经营项目，由于不重视前期规划管理，给实际项目特许经营带来了各种问题，例如，项目规模过度超前（南方某污水处理规模超过实际污水处理量的 2/3），工艺标准不切合实际，盲目追求高标准、新工艺，往往造成单纯依靠水费根本无法满足投资者的回报，运营成本偏高，加重了居民的负担。一些城市公用事业 TOT 项目也由于忽视前期管理，造成资产评估不合理，企业的经营机制无法转换，负债不能合理安置，特许经营在实际运作过程中难以进行。还有一些城市在签订城市公用事业特许经营协议时，对产品或服务的质量、成本、价格等内容都没有明确的规定，或规定得十分模糊，导致对特许经营企业的运营监管缺乏有效的手段。

（五）缺乏专业化的监管队伍

城市公用事业特许经营涉及的业务庞杂而且专业，仅仅依靠相关的法规政策规范其运作是远远不够的，必须要有专门的机构负责日常的监督和管理工作。同时，为有效规避特许经营给社会带来的经济风险和环境风险，也必须建立一支精通项目管理和环境管理等专业知识的专门队伍。目前一些城市没有配备专门的城市公用事业监管机构和人员，特别是区（县）一级，没有建立基层的监管机构，往往导致特许经营监管缺位。

三、城市公用事业特许经营监管机构的职权配置

监管机构的高效运行从根本上取决于监管机构的职权和职责配置是否合理。因此，需要合理界定政府部门与监管机构之间、不同行业或领域监管机构之间的职能，科学配置监管机构的权限，明确监管机构的责任，确保监管机构权责一致。这不仅要求在监管机构之间建立有效的治理结构，还要求进一步理顺中央监管机构与地方监管机构之间的垂直管理体制，并建立有效的监管机构和其他政府部门之间的跨部门协调运行机制。城市公用事业特许经营监管机构的职权配置主要包括三个方面的内容：一是监管机构本身的职责权限的科学配置；二是监管机构与其他政府部门之间的横向职权配置，实现分工合理、协调有效的分工合作机制；三是监管机构内部的纵向权力配置，实现有效的中央与地方的集权和分权。

（一）科学配置城市公用事业特许经营监管机构的权力和职责

1. 监管机构的基本权力

总的来说，基于法律授权，监管机构应拥有准立法权、行政权和准司法权，并依法行使这些权力。

（1）准立法权。准立法权通常包括三个方面的内容：一是在法律框架内制定监管法规。监管机构可以根据立法授权和法律框架制定详细、可操作的特许

经营监管法规，如根据《城镇排水与污水处理条例》制定城镇排水与污水处理特许经营管理办法，以实现立法的目的。二是制定标准。有关法律对调整对象往往只规定一个原则性很强的普遍性标准，而监管机构则要根据这种原则标准，制定更具体的、可操作的执行标准。三是监管机构可以提出立法建议。通常监管机构有义务发挥专业优势就其监管业务向立法机构提出制定法律或修改法律的建议。当然，这种提出立法建议的权力，只是监管机构利用自身的专业能力和管制经验，辅助立法机构进行立法活动，本身并不是立法。这些立法建议在完成全部立法程序前，并不具有真正的约束力。

（2）行政权。监管机构的权力不限于制定抽象的规则，还包括处理大量的具体业务，裁决具体的争议。运用抽象的规则于具体事件，这就是监管机构的行政职能。例如，监管机构可要求被特许经营企业提出报告，对特许经营企业进行调查；可批准某些行为，禁止某些行为，追究某些违法行为。如果不行使具体的行政权，监管机构就无法履行自己的职责。因此，监管机构实质上是一个行政管理机构。

（3）准司法权。监管机构的准司法权体现在许多方面，比如对排水户是否违规排水进入下水道的判定等。由于城市公用事业特许经营高度的专业性和技术性，一般法官缺乏这种能力，因此，立法机关将这类法律争端的裁决权，授予执行该法律的监管机构行使，这种权力具有司法性质。准司法权的实质是司法权，只是行使的机关不同。行使准司法权是设立专门监管机构的一个重要原因。

2. 监管机构的基本职能

城市公用事业特许经营监管机构的各种权力是通过其具体职能反映与实施的，监管机构的主要职能也就是权力清单主要包括：

（1）签订和修订特许经营协议。监管机构根据政府授权，代表政府与企业签订特许经营协议，协议的本质是监管机构与企业间的一种合同，应详细规定企业应当承担的各项义务，在价格、服务质量、公平交易等方面的业务规范。同时，监管机构还应根据具体行业的发展状况和技术进步等因素，与企业共同协商修订完善特许经营协议的部分条款。

（2）实行市场进入退出的监管。城市公用事业特许经营改革的一个重要目标是促进竞争，充分发挥竞争机制的作用，这要求允许新企业进入；另一方面，城市供水、污水处理、燃气等公用事业具有较显著的规模经济和范围经济，这又需要控制进入的企业数量，以避免过度竞争。这要求监管机构合理控制进入壁垒，对进入市场实行监管。

（3）制定和监督执行特许经营价格。监管机构应根据城市公用具体行业的成本状况、科技进步、提高生产效率的潜力等因素制定特许经营价格，并周期性地实行价格调整，以激励企业提高生产效率，并将因效率提高而带来的部分利益让渡给消费者。

（4）监督并惩处企业的不正当行为。监管机构应对企业的经营行为实行监督，如发现企业违反特许经营协议所规定的条件、服务标准或其他应遵守的规则，监管机构可以中止并接管特许经营项目。监管机构还可以发布负面清单，禁止有关企业采用不正当的竞争行为和各种欺诈行为。此外，监管机构还可通过判付赔偿金迫使责任人承担相应的经济责任，促使责任人实施一定行为或不为一定行为，或改变一定行为。由于行政裁决赔偿程序比法院裁决程序更简单、经济、迅速，因而能有效地实现监管目标。

（5）调查和公开信息。监管机构可对违规的企业进行调查，并公布其违规行为，如违反产品或服务的质量标准、安全标准等。公布这类信息，能够对违规企业产生极大的威慑力。同时，监管机构通过对监管企业的调查，公布某些消费者无法获取的某些信息，既有利于控制企业夸大成本和要求涨价的行为，也有利于保护消费者的合法权益。在某些情况下，监管机构为履行职责，还可以根据特许经营协议要求企业公开其他有关信息，在服务中对有关信息做出明确说明。

（二）理顺行业监管机构与其他政府部门的职权关系

监管机构与政府相关政策部门的关系的基本原则是职能分离。从管理学的角度来说，职能分离是专业化分工思想的体现，通过职能分离使不同的机构或部门从事专业化的工作，能够提高组织工作效率。因此，根据专业化优势进行机构之间的横向职能划分是政府治理体系设计的基本内容。从行政法的角度来说，职能分离是实现公正的重要途径。当一个机构集执行权与监督权于一身的时候，就会产生专制，很难保证其以一种超然的客观态度来处理问题。因此，职能分离既有助于专门知识的应用，也有助于实现执法的公正。政策部门与监管机构之间的权力配置是在政企分开的基础上，保证监管机构独立性，避免政策部门对监管权进行干预的一项重要制度设计，其目的是在保持政策部门的政策职能的基础上，使监管机构能够独立地行使监管权。监管机构和政策部门之间的分离并不是指监管机构不受宏观政策部门的约束，而是指在执行具体的监管职能时，监管机构能够独立地进行决策和执行监管职能，不受政策部门的影响和干扰。

针对中国城市公用事业特许经营多头领导和责任划分不清的问题，应按照职能统一、权责明确原则理顺监管机构与其他部门间的职权配置。由于传统的城市公用行业政企不分的管理体制，国家发改委、国资委等政策性部门往往与城市公用行业具有重要的利益关系，政企不分、政资不分和政监不分问题突出。因此，为确保监管机构的独立性，必须实现监管机构与政府政策部门的适度分离，通过体制改革实现国务院宏观政策部门的政企、政资、政监和政社的四分开，为独立性特许经营监管机构的设立和有效运行创造基础条件。具体来说：首先，科学划分宏观调控和微观监管职能。根据职能分离的原则，将综合性政策部门的宏观调控和微观监管职能分开，并将微观监管职能集中到独立监管机构，在明确界定各部门的职责权限的基础上，通过构建监管机构与政策部门之间科学的组织、人事和财务关系，实现监管机构的职权配置科学和相对的执法独立性。其次，改革投融资管理体制，理顺政府行政管理部门、行业监管机构、国有资产监管机构三者在市场进入审批上的职责分工、职能界限、权力安排和责任承担；并改革国有资产管理体制和通过对城市公用事业特许经营改革，实现真正的政资分开、资企分开。再者，在合理配置宏观管理和微观监管职能的基础上，重构城市公用事业监管机构体制，实行政监分开，相应设立各个行业专门的监管机构，将行业监管的职责和权限充分赋予行业监管机构。

另一方面，同级发展改革等部门对行业主管部门组织的特许经营招投标活动应实施有效监督。例如，发展改革部门应当加强对城市公用事业特许经营项目业主招标投标工作的指导和协调，对规避招标或者不按照核准事项进行招标的行为，可以依法暂停项目执行或者暂停资金安排。财政部门应当加强对城市公用事业特许经营项目财政财务活动的管理和监督，并依法对项目预算、决（结）算进行审查。监察机关应当加强对参与城市公用事业特许经营项目业主招标投标活动的国家机关、国有企业事业单位及其工作人员的监察，对有关行政监督部门及其工作人员履行职责情况进行检查，并依法查处违纪违法行为。

（三）形成执行有力的监管权纵向配置体制

在目前的垄断产业纵向监管体制中，由于改革以来形成的复杂的中央和地方财政和行政权力关系，常常带来监管的综合协调困难和综合协调失灵，甚至出现局部地区的监管真空问题，严重影响监管权的全国统一执行。因此，形成科学的监管权纵向配置体制，实现有效的集权和分权，是监管机构体制建设的重要内容。监管权的纵向配置主要是指监管权在全国和地方之间的权力配置。由于供水、燃气等市政公用事业具有显著的地域性特点，各地在经济发展水平、基础条件、地方政府管理体制和自然条件等方面都存在较大的差别，而且在现有的市政公用事业投资体制下，各地的市政公用事业大多是由地方政府投资兴建，由地方财政来补贴运营中的亏损以保证运营。这些特

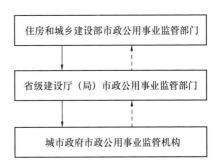

图 7-2　城市公用事业特许
经营监管机构纵向管理体制

点决定了城市公用事业特许经营监管权的纵向配置应当采用国家与地方分层模式，如图 7-2 所示。其中，国家、省级和城市三个层次的市政公用事业监管机构之间的纵向实线表示从上到下的业务指导关系，虚线则表示由下到上的信息反馈关系。

国家和地方分层模式涉及国家、省级和城市三个层次的市政公用事业监管机构。不同层次监管机构的纵向职权配置的基本思路是：从原则性到具体性、从政策制定到政策执行、从业务指导到信息反馈。国家市政公用事业监管机构的基本职能是"定规则、当裁判、做好服务工作"，负责宏观的政策制定和全国范围内或跨区域的监管事务和协调工作；省级市政公用事业监管机构的基本职能是"承上启下"；城市市政公用事业监管机构的基本职能是具体实施各项监管职能，在全国统一的基本政策下，可以根据地方的具体情况来采取各种灵活的监管政策和从事具体的执法工作。

此外，应当合理划分监管事权，科学理顺权责关系，落实各级政府"总责"和监管部门职责，层层分解城市公用事业特许经营监管职能，做到有权必有责，用权受监督。设立由省级、城市、区县管理机构构成的分层监管模式，配备专门的机构和专业的管理人员负责监督和考核，特别设置区（县）一级的专门管理机构，并对管理人员进行定期培训，提高专业技术水平，保证基层的管理不缺位，实现市、区（县）两级协调管理，有效提高管理效率。

第四节　城市公用事业特许经营监管的监督机制

从行政组织的配置来说，监管机构的产生是行政成本和收益比较的结果，是实现执法效率和执法公正的重要制度选择。为了发挥监管机构的专业化和相对独立性优势，国家权力机构授予了其广泛的执法权力，包括立法、行政和司法等，因此监管机构也称为"无主管的第四部门"。由于监管机构集立法、执行、裁决于一身，拥有广泛的自由裁量权并直接介入产业活动，因而存在权力扩张、管制俘获等政府失灵的风险。传统的公共利益理论认为，监管是弥补市场失灵和维护公共利益目标的重要政策工具。管制俘获理论则指出，监管的行政决策过程通常会被产业界所左右，致使监管不仅无法有效约束垄断定价行为，相反还会通过政府干预来支持垄断行为，从而出现监管过度和监管滥用的问题。在缺乏有效制衡体制的情况下，产业集团的利益会得到强化，消费者等的利益则得不到保障。"监管是为产业所有者所有，并主要为其自身利益而设计、运行的"，① 监管并不是一个维护公共利益的体制，监管也并不总是维护和体现公共利益。因此，"监管监管者"成为建立有效监管体制的核心。

监管体制的监督机制不仅包括有效的立法监督和监管行政体制内部的行政问责机制，而且还包括建立对监管行政行为的司法审查和法律救济制度，以及舆论监督和公众参与。因此，监管行政过程应该受到立法、行政、司法和社会等方面的监督。立法机关决定独立监管机构的目标、工作程序及其权力，监管机构通过授权立法、监督和实施法律以及行政裁决来执法。但是由于立法机关的授权不可能达到详尽以及监管机构的多重目标和任务，仅仅是立法机关本身并不能够有效地控制监管机构滥用自由裁量权。在监督层面，司法审查是核心。由于法院没有监管机构的专业性优势，因此应该通过以司法审查为核心的相关制度设计，实现在尊重监管机构专业化权限的基础上，对监管权的行使行为进行有效的监督。根据中国制度体制的现实，城市公用事业特许经营监管机构应该建立包括人大立法监督、司法审查、行政督察、舆论监督和公众参与在内的多元监督体制。

一、加强人大立法监督

监管机构与立法机关之间主要是一种授权控制关系。为了有效地控制监管机构的监管权行使，立法机关对监管机关的授权控制通常体现在以下几个方面：①立法控制。立法机关的控制主要是立法控制，即通过立法明确监管机构的法律地位、监管目标、职责范围、工具选择、监管程序等，为规范、控制以及评估监管机构的行为提供根据。监管机构是由立法机构依法批准建立，并根据立法机关的立法原则和授权范围来行使其权力。②预算控制。监管机构的拨款以及其财务预算要受到立法机关的控制。③绩效控制。立法机关有权通过听证和

---

① Stigler. The Theory of Regulation. Journal of Economics and Management Science，1971，Spring：37-45.

调查来了解监管机构的运作和绩效，审核预算和业绩；为防止腐败，立法机关通常还设立专门机构对监管机构人员的非法行为进行调查。

从中国的现实来看，加强人大的立法监督应重点加强以下三方面的工作：

首先，加强人大对城市公用事业特许经营监管机构的立法监督。由于目前中国的立法授权过于宽泛和模糊，在制度上集中体现为监管机构的职权立法和立法的部门化。据统计，全国人大通过的法律有 75％～85％ 是由国务院各部门提出的。另外，各行业主管部门还出台了大量的行政法规和部门规章，政府部门主导立法现象严重。在行政立法程序不规范的情况下，这些法律法规都或多或少地体现了行业保护或行政垄断的特点，是部门利益法定化的重要体现。根据依法行政的原则，应严格限制行业主管部门或行业监管机构行政立法的范围，严格执行立法程序。因此，应加强全国人大对监管机构的立法监督，建立部门立法审查机制和"日落法规"、立法否决等相关控制制度，废止体现部门和行业利益的法律法规，确保行业立法充分体现社会公共利益。

其次，加强人大对监管机构的预算审查。在中国，人民代表大会及其常委会审查和批准国民经济和社会发展计划以及国家预算、决算，其实质是从最基本的方面制约、监督政府。预算监督权也称之为"议会的钱袋权"。目前，中国监管部门的预算问题涉及三个部门：财政部、审计署和全国人大，从中国未来建立独立监管机构和加强人大的监督作用角度来看，由人大负责对独立监管机构的预算报告的审查是个理想的选择，预算的具体执行由财政部负责，审计署则担负独立的审计职能。近年来"审计风暴"反映出的同样的问题屡查屡犯现象，反映了预算报告的事前审查存在重大制度缺陷，尤其是全国人大预算监督权难以真正实施。因此，要从源头上治理这些违规使用资金的现象，必须强化全国人大的预算审批权。

再者，强化人大对监管机构的绩效审查。监管机构必须承担绩效责任，接受立法机关的绩效审查。随着独立监管机构的设立，应充分发挥人大在监管机构绩效问责中的主体作用。监管机构需要定期向人大报告自己的工作结果，自觉接受人大的绩效评价。

二、完善行政监督

首先，建立健全决策跟踪反馈和责任追究制度。监管机构应当确定机构和人员，定期对决策的执行情况进行跟踪与反馈，并适时调整和完善有关决策。要加强对监管决策活动的监督，完善行政决策的监督制度和机制，明确监督主体、监督内容、监督对象、监督程序和监督方式。要按照"谁决策、谁负责"的原则，建立健全决策责任追究制度，实现决策权和决策责任相统一。

其次，认真贯彻行政复议法，加强行政复议工作。按照《中华人民共和国行政复议法》的规定，认真履行行政复议职责，通过办理行政复议案件，依法加强对行政机关具体行政行为的监督，规范行政权力的行使，强化"有权必有责、用权受监督"的依法行政观念。完善行政复议责任追究制度，对下列行为应当依法追究相关行政机关的法律责任：①依法应当受理而不受理行政复议申请；②应当撤销、变更或者确认具体行政行为违法而不撤销、变更或者确认具体行政行为违法；③不在法定期限内做出行政复议决定；④违反行政复议法的其他规定的。

再者，要继续完善并严格执行行政赔偿和补偿制度，充分发挥行政救济的作用。要按照国家赔偿法实施行政赔偿。严格执行《国家赔偿费用管理办法》关于赔偿费用核拨的规定，依法从财政支取赔偿费用，保障公民、法人和其他组织依法获得赔偿。要探索在行政赔偿程序中引入听证、协商和和解制度，并建立健全行政补偿制度。

最后，充分发挥监察、审计等专门监督的作用。根据《宪法》和《组织法》的规定，各级政府都设立了监察、审计部门，专司监督职责。应大力改革行政监察的现行领导体制和隶属关系，加大上级主管部门的垂直领导力度，包括主要领导干部的选派、重大人事关系的变动、行政经费的提供等都由上级主管部门决定，同时在履行职责的过程中，只向授权组织负责，不受同级政府领导和其他机关的干扰。审计监督作为行政监督的重要组成部分，审计机关依照法律规定独立行使审计监督权，监督财政财务收支的真实、合法及效益。

具体地，上级行业行政主管部门加强对下级行业行政主管部门的行政执法监督。如上级建设主管部门应当加强对城市公用事业特许经营项目招标投标活动的监督检查，依法及时查处和纠正招标投标过程中的违法和不当行为。为防止招标人通过虚假招标，以暗箱操作方式确定项目业主，从中谋取私利或部门利益，有必要要求招标人事先拟定招标工作方案，内容主要包括：招标方式（公开招标或邀请招标）、招标组织形式（自行招标或委托招标）、投标人的资格条件及审查办法、评标方法与主要标准、特许经营协议（草案）、招标时间及进度计划等。同时，为了便于政府和有关部门实施监督，招标人应将招标工作方案报同级人民政府或者其授权部门批准，并送上级有关行政监督部门备案。

三、逐步建立司法审查制度

司法审查是现代法治国家普遍设置的监督制度，是指司法机关通过对立法机关和行政机关制订的法律、法规及其他行使国家权力的活动进行审查，宣告违反宪法的法律、法规无效及对其他违法活动通过司法裁判予以纠正。司法审查的对象是所有的行政行为，包括行政决策行为和制订规则的立法决策行为。法院对监管机构的司法审查主要体现在两个方面：一是法院有权对监管机构的行政立法进行司法审查；二是对由于当事人对监管机构的裁决不服而提起的司法审查请求进行裁决[①]。

法院对监管的司法审查具体体现在以下几个方面：①法院有权对监管权力的不当行使进行监督；②有权对监管性法律和法规进行司法解释；③有权重新审查、搁置监管性法律、法规，甚至宣布其无效；④在监管法律、法规的强制执行方面配合监管机构；⑤在监管机构没有或拒绝履行其职责的情况下，有权强制监管机构履行其职责。在中国，由于各种因素的影响，司法审查的案例并不多。总体来说，针对中国监管立法决策内部化和司法权控制弱质的状况，应

---

① 对监管机构行政行为结果的司法审查是一种事后的被动监督，只有在当事人对监管机构的裁决不服而提起诉讼时，法院才介入。

借鉴西方国家司法审查制度，强化司法独立，扩大司法权对监管决策的审查范围，强化和完善监管决策的司法审查制度。

四、建立有效的公众参与机制

公众参与是监管民主化和法治化的要求，有助于防止监管机构的权力滥用和监管俘获现象，提高监管的有效性。根据现代的公共决策理念，监管过程实际上是一个公共选择的过程，监管过程应该保持充分的透明度和公众参与，监管过程应该最大程度的让受监管决策影响的各种利益主体了解相关的信息，有机会参与决策过程，表达自己的观点，维护自己的利益。因此，监管民主化成为现代监管的最基本模式，监管民主化应该是中国城市公用事业特许经营监管体制构建的基本目标取向。民主化监管是通过相关利益主体平等、自由的对话、质证和协商的过程，达到利益表达、利益协调与利益实现，以实现监管的公共利益和监管的民主价值。监管民主化强调对公众利益的关注，强调民主的程序价值，强调公众的参与和公共监管的公开和透明。

公众参与的形式是实现公众参与的载体，不同的具体形式具有不同的功能与作用，因而对公众参与的贡献也是不一样的。根据公众参与的程度，公众参与的形式包括如下几种：①通告与书面评论。监管机构将法规制定的具体程序、计划告知公众，公众以对感兴趣的问题进行评论的方式参与监管法规的制定过程。这是行政管理程序法要求的一般的参与方式，是非正式的监管法规制定中经常采用的一种参与方式。②听证会。根据行政程序法对正式的监管法规的制定过程和裁决过程所提出的要求，参与者可以直接向负责监管法规的制定者口头提交证词，并允许利益各方展开讨论、争辩。③咨询委员会。这是由利益各方代表组成的，分别代表各自的利益，直接参与监管法规制定过程的组织形式。其主要功能是充当监管机构的智囊团，帮助监管机构制定监管法规的制定议程。④协商制定法规。当监管法规只是影响到少数利益集团时，他们可能直接就争议性的问题进行协商。在这种参与形式中，参与者可以充分地表达自身的利益要求，而且一般会得到认真的考虑，当然，这取决于各方的谈判能力。

原建设部《市政公用事业特许经营管理办法》规定，"社会公众对市政公用事业特许经营享有知情权、建议权。直辖市、市、县人民政府应当建立社会公众参与机制，保障公众能够对实施特许经营情况进行监督"。但是，公众知情权、建议权、参与权和监督权的前提是政府公共信息的披露，而该规章对于政府和企业信息的披露问题，包括披露信息内容、监督、法律责任等都未予规定，使公民权利的有效运用失去了基础。①

美国的供水企业每年要向管理机构递交有关水质和水源报告，并及时向公众公开供水相关信息，听取公众意见，以增强公信力。而且大部分联邦环境保护法规都包括了公益诉讼条款，当公民遭受水质污染等违反环境法规行为侵害时，公益诉讼条款成为诉讼的依据，实现公众对城市供水行业的监督。反观中国，2014年4月11日，兰州自来水苯污染超标，5位兰州市民到兰州市中级人民法院向兰州自来水厂特许经营企业威立雅公司提起民事诉讼，但却被以不符合《民事诉讼法》规定的公益诉讼原告资格为由驳回起诉。中国《民事诉讼法》规定了环境公益诉讼制度，但是前提条件是提起的主体只能是法律规定的团体和组织，但把社会公民排除在外。可见，为了保证公众参与的有效性，需要建立相应的制度保证，确保参与的有序、效率和效果。而且，应当建立公民对监管机构执法活动的救济制度。在监管法规的制定和监管裁决过程中，如果监管决策明显有失公正而造成对某些公众的损害，受损方可以寻求行政救济和司法救济，向法院上诉，一旦得到证实，法院便可以采取补救措施。

---

① 郎佩娟. 论我国公共基础设施特许经营的行政法环境. 中国人民大学学报，2006，（6）.

第八章　城市公用事业特许经营监管的主要内容

在城市公用事业的特许经营过程（如特许经营权的招投标过程）中，以及在特许经营协议签订后的建设运营过程中，必须加强政府的有效监管。本章从特许经营权的招投标过程监管、特许经营协议签订的监管、特许经营协议执行的监管、特许经营终止与退出的监管这四个方面来讨论特许经营监管的主要内容。

第一节　特许经营权招投标的监管

一、完善特许经营招投标的法规政策

城市公用事业特许经营权招投标的相关法规政策主要分为三类：法律法规、规范性文件和地方性政策。目前这些法规政策还很不完善，特别是有一些法律依据的可操作性不强。因此，有必要进一步完善和规范城市公用事业特许经营权招投标的相关法规政策，使特许经营权招投标实施起来更加有法可依、有规可循。例如制定并出台《城市公用事业特许经营招投标管理办法》、完善《城市公用事业特许经营协议示范文本》等，此外还需要完善城市公用事业特许经营权招标的配套法规政策。以城市垃圾处理行业为例，需要出台合理的垃圾处理收费政策，制定有关垃圾处理行业的技术政策和产业政策，健全垃圾处理行业的技术标准、管理规范和服务规范，并配套相应的规范性条例文本、标准化合同文本等，从而指导行业科技进步和相关产业的发展。对于外国投资者并购重

要的城市公用事业基础设施，影响国家安全的，还应当根据《国务院办公厅关于建立外国投资者并购境内企业安全审查制度的通知》要求，实施外国投资者并购境内企业的安全审查制度。

二、健全特许经营招投标的监管机构

2004 年 5 月 1 日原建设部颁布的《市政公用事业特许经营管理办法》规定，国务院建设主管部门负责全国市政公用事业特许经营活动的指导及监督工作，省、自治区人民政府建设主管部门负责本行政区域内的市政公用事业特许经营活动的指导及监督工作，直辖市、市、县人民政府市政公用事业主管部门依据本级人民政府的授权，负责本行政区域内的市政公用事业特许经营的具体实施。然而，从目前各省市的实践来看，对于城市公用事业特许经营招投标的监管机构不尽相同。天津市《特许经营管理办法》规定市人民政府授权市建设行政主管部门负责市政公用事业特许经营的组织实施；北京市《特许经营条例》则规定市发展改革部门负责本市特许经营的总体规划、综合平衡与协调，行业主管部门或市政府指定的其他机构负责市级项目的具体实施，区县政府或其确定的单位负责区县级项目的具体实施。一些学者指出，在同一行业，部委规章和地方立法对于主管机构的设定不一致可能会造成执行和监管主体的混乱。[①]

在城市公用事业特许经营招投标活动实践中，行业行政主管部门要发挥其专长，作为招标人负责项目招标的具体实施、合同签订和标后监管等工作。同时，城市公用事业主管部门要加强自身的监管能力建设，完善监管手段，强化工作人员培训，不断提高业务素质和监管水平。此外，项目所在地政府应建立招标领导机构，成员应包括建设主管部门、发展改革部门、环保主管部门、财政主管部门、土地主管部门、规划主管部门、国有资产管理部门等来负责招标过程中重大问题的决策和批准。

---

① 参见童新朝．从北京、天津的实例看地方特许经营立法中的问题．中国水网，2005，9. http：//news. h2o—china. com/html/2005/10/410801128740340 _ 1. shtml.

三、加强特许经营的招标过程管理

（一）特许经营招标的必备条件

根据《中华人民共和国招投标法》等相关法律法规，特许经营招标人是依法提出城市公用事业特许经营招标项目、进行招标的法人或其他组织。我们认为，依法必须招标的城市公用事业特许经营项目，应当具备一定条件才能进行特许经营招标。特许经营项目为新建项目或为存量项目的改建或扩建的，应当具备下列条件：①招标人依法成立；②立项建议书已获批复；③招标范围、招标方式和招标组织形式等应当履行核准手续的，已经被核准；④独立的或在项目可行性研究报告中具备项目经济概算；⑤城市公用事业服务对象明确。如若是特许经营项目为建成项目的，应当具备下列条件：①招标人依法成立；②特许经营项目已经通过竣工验收；③招标范围、招标方式和招标组织形式等应当履行核准手续的，已经被核准。

依法必须进行招标的城市公用事业特许经营项目，按特许经营项目审批管理规定，凡应报送项目审批部门审批的，招标人必须在报送的可行性研究报告中将招标范围、招标方式、招标组织形式等有关招标内容报送项目审批部门核准，由招标领导机构负责协调各审批部门进行联合会审。

城市公用事业特许经营招标分为公开招标和邀请招标两种。采用公开招标方式的，招标人应当发布招标公告，邀请不特定的法人或者其他组织投标。依法必须进行招标的特许经营项目的招标公告，应当在国家指定的报纸、杂志或者其他媒体上发布。

（二）邀请招标的前提条件和要求

我们认为，采用招标方式的城市公用事业特许经营项目原则上应当采用公开招标方式，但若有下列情形之一的，可以进行邀请招标：①技术复杂、有特殊要求或者受自然环境限制，只有少量潜在投标人可供选择；②其他根据国家规定不宜公开招标的。采用邀请招标方式的，招标人应当向三家以上具备承担招标项目能力、资信良好的特定法人或者其他组织发出投标邀请书。

（三）招标人资格审查的主要内容

资格审查分为资格预审和资格后审两种。资格预审，是指在投标前对潜在投标人进行的资格审查。资格后审，是指在开标后对投标人进行的资格审查。进行资格后审的，一般不再进行资格预审，但招标文件中另有规定的除外。采取资格预审的，招标人应当在资格预审文件中载明资格预审的条件、标准和方法；采取资格后审的，招标人应当载明对投标人资格要求的条件、标准和方法。招标人在招标过程中不得擅自改变招标文件中载明的资格条件或者以没有载明的资格条件对潜在投标人、投标人进行资格审查。

资格审查应主要审查潜在投标人、投标人是否符合下列条件：依法注册并有效存续的企业法人或其他组织；有相应的注册资本金和设施、设备；有良好的银行资信、财务状况及相应的偿债能力；有足够的城市公用事业从业经历和良好的业绩；有足够数量的技术、财务、经营等关键岗位人员；有切实可行的经营方案；地方性法规、政策规定的其他条件。

在特许经营权公开招标的过程中，招标人一般会对投标人设置市场准入资格条件要求，采取资格预审方式选择有业绩、有实力、符合招标人要求的潜在候选者。[①] 对于市场准入的资格条件，必须符合国家有关政策文件的规定。

投标企业中标后，应成立项目公司，项目公司的注册资本不得低于项目总投资的一定比例（一般为 20％或更高）并由政府主管部门颁发城市公用事业经营服务许可证。从目前各地公开招投标的实践经验看，各地一般都根据国家的规定来设定投标企业注册资本金、经济实力、相关业绩、主要技术负责人等方面的要求，并在资格预审和评标中体现。例如，根据《福建省城市污水、垃圾处理特许经营项目业主招标投标办法》，参与垃圾处理项目的投标企业在投标前三年平均资产负债率不得大于 60％，净资产不得低于招标项目估算总投资的40％，并对具有良好业绩、实力强、信誉好的专业化企业在商务标评分中给予

---

① 参见：王胜熙. 垃圾处理项目特许经营权招投标的思考. 福建建设科技，2008，（6）.

加分。①

（四）招标文件应包含的主要内容

我们认为，招标公告或者投标邀请书应当至少载明下列内容：①招标人的名称和地址；②招标项目的所在地、简介、投资和规模（如城市自来水供应量、管道燃气供应量、污水处理量、生活垃圾处理量）；③招标项目的特许经营期；④获取招标文件或者资格预审文件的地点和时间；⑤对招标文件或者资格预审文件收取的费用；⑥对投标人的资格要求。

招标人应根据特许经营招标项目的特点和需要编制招标文件。招标文件一般应包括下列内容：①投标邀请书；②项目主要工艺技术、设备水平、技术和经济指标的要求；③投标人的资格要求及审查标准；④评标标准和方法；⑤项目可行性研究报告、环境影响评价报告以及项目规划选址、用地预审等批准文件；⑥投标保证金、特许经营履约保证金的要求与返还；⑦项目特许经营协议条款草案；⑧其他投标辅助文件。若招标项目为新建项目或存量项目的改建、扩建的，招标文件还需增进以下内容：①项目建设技术规范与要求；②其他建设相关文件。

此外，投标保证金可以设定为不得超过招标项目总投资的2%。投标保证金有效期应当与投标有效期一致，招标人在此期间不得擅自挪用投标保证金。

招标人除了可以要求投标人在提交符合招标文件规定要求的投标文件外，还可以允许其提交备选投标方案，但应当在招标文件中做出说明并给出相应的评审和比较办法。招标文件规定的各项技术标准应符合国家强制性标准，不得包含明显利于或者排斥潜在投标人的内容。

招标文件要引入评标时除价格以外的所有评标因素以及相应的评估方法。在评标过程中，不得擅自改变招标文件中规定的评标标准、方法和中标条件。招标文件中应当规定评审方法，对所有投标人公开评审细则。评审原则上一般采用综合评审法并将评审分为技术、商务、法律等部分。

---

① 参见：王胜熙．垃圾处理项目特许经营权招投标的思考．福建建设科技，2008，（6）．

（五）选择招标代理机构的参照条件

招标人有能力自行招标的可以自行招标，否则应聘请招标代理机构协助招标活动的程序性事宜；政府部门直接作为招标主体的，原则上应聘请招标代理机构；项目中技术、商务、法律条件复杂的，招标人应当聘请专业机构对招标活动进行咨询。我们认为，城市公用事业特许经营项目选择招标代理机构应参照以下条件予以确定：依照中华人民共和国法律设立的中介组织；与行政机关、其他国家机关、潜在投标人没有行政隶属或者直接利益瓜葛；具备编制城市公用事业特许经营项目招标文件和组织评标的专业能力；具有可以作为评标委员会成员人选的技术、经济、法律等方面的专家库；拥有城市公用事业特许经营项目的代理经验；注册资金不少于一个特定的数额（如100万元）。

对招标代理机构应该明确其委托事宜和权限。例如，招标代理机构应当在招标人委托的范围内组织招标事宜；招标代理机构不得无权代理、越权代理，不得明知委托事项违法而进行代理；不得接受同一招标项目的投标代理和投标咨询业务；未经招标人同意，不得转让招标代理业务。

四、加强特许经营的投标过程管理

（一）城市公用事业特许经营投标文件的编制

我们认为，城市公用事业特许经营投标文件涉及技术标、商务标和经济标（投标报价）三个组成部分。技术标应符合国家有关技术经济政策，采用在国内外有工程实例的先进、运行稳定的工艺技术及设备。主要内容应至少包括：工艺流程、技术参数、设备清单（应明确主要设备的品牌、生产厂家）、运行维护方案、项目移交方案；对于新建项目还需要明确标书响应、施工组织设计、工程实施方案、管理体系和安全、质量、文明施工和环境保护等措施。需要说明的是，技术标适宜采用暗标的形式。商务标应按照《市政工程投资估算编制方法》、《建设项目经济评价方法与参数（第三版）》、招标文件确定的边界条件以及有关收费标准的规定，计算项目的投资造价、运行成本和财务评价指标，并分析相应报价的合理性。主要内容应至少包括：投标人的业绩和实力、项目投资估算、主要经济指标、财务评价及报价合理性分析、融资方案、对特许经营协议（草案）的响应、履约能力。投标报价表应当严格按照招标文件规定的报价格式进行编制，投标报价表中的报价应与商务标保持一致。

城市公用事业特许经营投标文件中必须包含的内容主要有：（1）商务部分。①投标函及投标函附录；②法定代表人身份证明或附有法定代表人身份证明的授权委托书；③联合体协议书；④投标保证金；⑤资格审查资料（包括投标人同类项目的投资与经营业绩说明，投资人财务状况以及最近3年经审计的财务报表，银行为投标人出具的最近时期的资信证明或其他可以证明投标人资信的材料，投标人被行政管理部门处罚的情况说明，对特许经营协议全部内容实质性接受的确认书，证明投标人提供的各项证明材料内容真实无误及有关复印件与原件完全一致的律师函或公证书，法律、规章的其他要求）；⑥投标人用于项目公司现金出资的资金来源证明；⑦投标人关于项目公司的商业计划书（工程建设方案、财务保障方案、服务运营方案）；⑧投标人须知前附表规定的其他材料。投标人须知前附表规定不接受联合体投标的，或投标人没有组成联合体的，投标文件不包括③所指的联合体协议书。（2）经济部分。①投标报价；②已标价的工程量；③拟分包项目的情况。其中，②、③仅适用于新建项目。（3）技术部分。①生产或处理工艺（例如生活垃圾填埋或焚烧处理的具体工艺）；②项目管理机构及保证体系；③工作程序及保证措施；④施工组织设计、施工方案、专项方案；⑤项目公司组建方案。其中，④仅适用于新建和改扩建项目。此外，城市公用事业特许经营投标文件中还应包括城市公用事业特许经营项目投标方所要求的其他内容。

（二）对特许经营投标过程中的合谋进行明确界定

由于投标企业之间的合谋是导致城市公用事业特许经营投标低效率的重要因素之一，因此对投标企业合谋问题进行有效管理是城市公用事业特许经营项目有效性的重要保障。我们认为，特许经营投标过程中的合谋分为两类：

1. 投标人之间的合谋行为

有下列情形之一的，属于投标人相互串通投标：①投标人之间协商投标报价等投标文件的实质性内容；②投标人之间约定中标人的；③投标人之间约定部分投标人放弃投标或者中标；④属于同一集团、协会、商会等组织成员的投标人按照该组织要求协同投标；⑤投标人之间为谋取中标或者排斥特定投标人而采取其他联合行动的。

2. 投标人与招标人的合谋行为

有下列情形之一的，属于招标人与投标人串通投标：①招标人在开标前开启投标文件并将有关信息泄露给其他投标人；②招标人直接或者间接向投标人泄露标底、评标委员会成员等信息；③招标人明示或者暗示投标人压低或者抬高投标报价；④招标人授意投标人撤换、修改投标文件；⑤招标人明示或者暗示投标人为特定投标人中标提供方便；⑥招标人与投标人为谋求特定投标人中标而采取的其他串通行为。

（三）明确城市公用事业特许经营投标文件提交的相关要求

（1）投标人在招标文件要求提交投标文件的截止时间前，可以补充、修改、替代或者撤回已提交的投标文件，并书面通知招标人，补充、修改的内容为投标文件的组成部分。

（2）在提交投标文件截止时间后到招标文件规定的投标有效期终止之前，投标人不得补充、修改、替代或者撤回其投标文件。投标人补充、修改、替代投标文件的，招标人不予接受；投标人撤回投标文件的，其投标保证金将被没收。

（3）在开标前，招标人应妥善保管好已接收的投标文件、修改或撤回通知、备选投标方案等投标资料。

（4）招标人可以在招标文件中要求投标人提交投标保证金。投标保证金除现金外，可以是银行出具的银行保函。投标保证金不得超过项目估算价的 2%。投标保证金有效期应当与投标有效期一致。

（5）投标人应当按照招标文件要求的方式和金额，将投标保证金随投标文件提交给招标人。

（6）投标人不按招标文件要求提交投标保证金的，招标人可拒绝其投标文件，作废标处理。

五、加强特许经营的评标过程管理

（一）评标人的选择

加强特许经营的评标过程管理首先应明确评标人要满足的基本条件。评标人由招标人的代表和城市公用事业行业有关的运营、技术、建设管理、财务、法律等方面的专家组成。当然，城市公用事业特许经营项目主管部门人员和行政监督部门人员不得作为专家和评标委员会成员参与评标。此外，评标专家应熟悉城市公用事业的技术经济特征，并具有高级职称或者同等专业水平；熟悉有关招投标的法律法规，并具有与招标项目相关的实践经验；能够认真、公正、诚实、廉洁地履行职责。

加强特许经营的评标过程管理还应当建立评标人的筛选机制。根据《中华人民共和国招投标法》第四章第三十七条的规定，评标人由招标人依法组建的评标委员会负责。城市公用事业特许经营招投标项目，应由省级城市公用行业主管部门建立特许经营招投标活动的评委专家库，并建立评委专家的准入和考核机制。评标委员会的成员人数可以设为七人以上的单数，其中技术、经济等方面的专家不得少于成员总数的 2/3。评标专家的选择采用计算机在评标专家库随机抽取并严格遵循保密和回避制度，以保证评委产生的随机性、公正性和保密性。与投标人有利害关系者不得进入相关项目的评标委员会，已经进入的应当更换。评标委员会成员的名单在中标结果确定前应当保密。评标委员会设负责人的，应由评标委员会成员推举产生或者由招标人确定。负责人与评标委员会的其他成员有同等的表决权。

（二）评标程序

加强特许经营的评标过程管理应完善评标、定标程序。

（1）特许经营项目评标应当采用综合评估法，评估对象包括工艺技术先进性、设备运行稳定可靠性、运营管理经济性、财务评价及报价的合理性等因素，确保项目建成后能够稳定运行、达标排放。技术标、商务标及投标报价三部分的分值（权重）可以技术标、商务标、投标报价各占一定比例的方式确定（如技术标 30％、商务标 30％、投标报价 40％）。具体项目可根据实际进行细微调整，但报价和商务部分的分值权重不得少于一定比重（例如 60％）。对具有良好业绩、实力强、信誉好的专业化企业，在商务标评分中应当给予加分。有关加分具体办法需要在招标文件的示范文本中规定。

（2）所有评标标准和方法必须在招标文件中详细载明，要求表达清晰、含义明确，以最大程度地削减评标专家的自由裁量权，杜绝人为操纵的现象发生。

（3）在量化评分中，评标专家只有发现了问题才可以进行扣分，并书面写明扣分原因。对于评委评分明显偏高或偏低的，可要求该评委当面说明原因。

（4）评标结束后，评标委员会应当向招标人提交书面评标报告，并按综合评分从高至低的顺序排列，向招标人推荐 1～3 位中标候选方。

（三）加强城市公用事业特许经营项目的定标管理

一方面，要明确定标的原则与方法。①评标委员会给出中标单位排名顺序，应选择排名第一的中标候选人为中标人；如排名第一的中标候选人放弃其中标资格或违反招标文件要求被取消其中标资格的，应由排名第二的中标候选人为中标人，以此类推。②如果出现前三名中标候选人均放弃其中标资格或未遵循招标文件要求被取消其中标资格，招标人应重新组织招标。

另一方面，要加强对合同授予的管理。①招标人应在接到评标委员会的书面评标报告后 5 日内，依据推荐结果确定综合排名第一的中标人。②招标人不承诺将合同授予报价最低的投标人。③招标人在发出中标通知书前，有权依据评标委员会的评标报告拒绝不合格的投标。④招标人应当自确定中标人之日起 3 日内，将有关中标结果的事项在事先指定的信息网络上公示。公示期内，有关行政监督部门接到投诉的，可以视具体情况书面通知招标人暂停签订协议。⑤招标人应当自确定中标人之日起 15 日内，向同级人民政府或者其授权部门提交招投标情况的书面报告，并报省建设厅备案。⑥招标人和中标人应当自中标通知书发出之日起 30 日内，依据招标文件和中标人的投标文件签订项目特许经营权受让框架协议。招标人和中标人签订的项目特许经营权受让框架协议条款应当与招标文件中的项目特许经营协议（草案）保持一致，价格、建设标准、建设范围、运营指标、主要设备选型等不得与中标人的投标文件有实质性差别。招标人应当自订立项目特许经营权受让框架协议之日起 7 日内将协议报同级人民政府或者其授权部门备案。⑦项目特许经营权受让框架协议签订之日起 60 日内，中标人应当在当地成立具有独立法人资格的项目公司，并以项目公司名义与招标人正式签订项目特许经营协议；逾期未签订的，视为放弃中标资格。项目公司应当确保项目按协议约定的时间开工建设，并在协议约定的合理工期内建成投产。因项目公司自身原因造成项目未按期开工建设或建成投产的，招标人有权依照协议没收其工程建设期内的特许经营履约保证金。⑧中标人及项目公司应当履行投标文件承诺，不得向他人转让中标项目，不得擅自调换投标文件中承诺的项目负责人及主要技术人员，不得擅自更换投标文件中承诺的主要工艺设备。因特殊情况确须调换投标文件中列示的项目负责人或主要技术人员、主要工艺设备的，应当经招标人书面同意，并报同级人民政府或者其授权部门备案。调换后的项目负责人及主要技术人员的资格、业绩和信誉，更换后的主要工艺设备的性能、规格、档次、数量等均不得低于投标文件中承诺的条件。

六、强化特许经营招投标的行政监督

在城市公用事业特许经营招投标活动实践中，行业行政主管部门往往一方面是项目招标人，另一方面又是招投标活动的行政监督部门。这实际上属于集运动员和裁判员于一身的制度设计，致使社会公众怀疑招投标过程中会存在违规问题，也使得社会公众投诉无门的现象时有发生。为确保城市公用事业特许经营招投标活动的公正、公平和公开，有必要强化对特许经营招投标的行政监督。我们认为，行政监督至少有两个层面：

第一个层面，上级行业行政主管部门加强对下级行业行政主管部门的行政执法监督。例如上级建设主管部门应当加强对城市公用事业特许经营项目招投标活动的监督检查，依法及时查处和纠正招投标过程中的不当或违法行为。为防止招标人通过虚假招标、暗箱操作的方式确定项目业主以从中谋取私利或部门利益，有必要要求招标人事先拟定招标工作方案，主要内容包括：招标方式

（公开招标或邀请招标）、招标组织形式（自行招标或委托招标）、投标人的资格条件及审查办法、评标方法与主要标准、特许经营协议（草案）、招标时间及进度计划等。同时，为了便于政府和有关部门实施监督，招标人应将招标工作方案报同级人民政府或者其授权部门批准，并送上级有关行政监督部门备案。

第二个层面，同级各部门对行业行政主管部门组织的招标活动应实施有效监督。例如，发展和改革委员会应当加强对城市公用事业特许经营项目业主招投标工作的指导和协调，对规避招标或者不按照核准事项进行招标的行为，可以依法叫停该项目或者切断其资金流。财政部门应当加强对城市公用事业特许经营项目财务活动的管理和监督，依法对其项目预算、决（结）算进行审查。监察机关应当加强对参与城市公用事业特许经营项目业主招投标活动的国家机关、国有企业事业单位及其工作人员的监察，对有关行政监督部门及其工作人员履职情况进行检查，及时查处违纪违法行为。

有关行政管理部门及其工作人员违反规定，在招投标活动中有滥用职权、玩忽职守、徇私舞弊、索贿受贿行为的，由上级主管部门或者监察机关责令改正，对负有直接责任的主管人员和工作人员应当依法给予行政处分。构成犯罪的，依法追究刑事责任。招标人或者取得特许经营权的企业违反特许经营协议的，应当承担违约责任。给对方造成损失的，应当承担赔偿责任。

七、增强特许经营招投标的社会监督

城市公用事业特许经营招投标应当遵循公正、公平、公开和公共利益优先的原则。为了实现这一点，可以增强对特许经营招投标过程的社会监督。一方面，招投标过程必须有相关利益群体的代表参与，征求他们的意见以保障特定群体的合法权益。投标人和其他利益相关者认为招标投标活动不符合有关政策规定的，有权向招标人提出异议或者依法向相关行政监督部门投诉。另一方面，特许经营招投标过程要尽可能公开披露（包括招投标的信息公开和程序公开），使消费者和社会各界能够及时了解特许经营招投标的缘由、过程和结果，避免暗箱操作和决策失误。

第二节　特许经营协议签订的监管

特许经营协议能够界定双方当事人的权利和义务，为公用事业协议双方的行为规范提供依据。它符合经济合同的价值取向，具有经济性、商事性，它在本质上是政府商事合同。[①]尽管政府在协议中起主导作用，但是协议必须遵循市场的经济规律与合同双方地位平等的要求。换言之，当事人双方在形式和实质上是平等的，这样才能达到最大限度满足广大人民群众切身利益，保障公用事业健康、有序、可持续发展的目标。[②]

一般地，公用事业特许经营协议包括如下几方面的内容：产品或服务质量、产品或服务价格、普遍服务、持续服务、信息报告和备案以及对监管者的监管。在特许经营协议签订的过程中，如果这几项关键内容规范到位了，特许经营协议的实体方面就不会出现大问题。

一、产品或服务质量

政府对公用事业监管的一个主要目标就是保护公众和消费者的利益，而产品或服务的质量是对公众和消费者利益影响最为重要的一个方面。根据《市政公用事业特许经营管理办法》，产品或服务质量在"产品和服务标准"条款中有具体的规定。我们认为，协议中对于产品或服务质量的规定，应当做到以下几个方面：

1. 质量指标符合相关法律法规和行业规范，满足广大社会公众的质量要求

为保障消费者利益和社会长远利益（如资源节约和环境保护），各行各业往往都会有国家或行业协会制定的产品或服务规范。而公用事业的产品或服务的最终消费者是广大社会公众，协议中对产品和服务标准的要求应以法律法规与

---

① 参见：冉洁. 试析市政公用事业特许经营合同的法律性质. 城乡建设, 2008, (4).
② 参见：黄川宁, 刘刘菲. 谈完善公用事业特许经营制度体系的建立, 建筑与预算, 2008, (1).

行业规范的要求为底线，以满足大部分公众的质量要求为目标。第一，要求产品供给者符合强制性的质量管理体系标准（包括环境管理体系标准、职业安全与卫生管理体系标准、社会责任管理体系标准等）。第二，对产品质量风险的责任规避，即对产品生产者和销售者的质量义务及其产品质量责任的构成与免除进行规范。[①]

2. 质量指标便于测量与监控，利于政府监管，将质量风险最小化

原建设部 2005 年发布的《关于加强市政公用事业监管的意见》，明确要求政府加强产品或服务质量的监督检查，定期对公用事业的产品和服务进行检验、检测和检查。这首先要求质量指标便于测量与监控。例如，对城市供水的水质测量指标为浑浊度、色度、臭和味、肉眼可见物、CODMn、余氯、细菌、总大肠菌群、耐热大肠菌群，这些测量指标均是日常检测中便于检测的指标，便于政府监管机构的监管，如表 8-1 所示。

公用事业各行业的代表性质量指标   表 8-1

行　　业	部分代表性质量指标
城市供水	①供水细菌学指标 ②无机物（包括感官） ③有机物（氯代烷烃、芳烃、氯代苯、其他有机物） ④农药 ⑤消毒剂及消毒副产物 ⑥放射性 ⑦供水压力 ……
污水处理	①出水水质 ②污泥处理 ③废气排放 ④噪声控制 ……

---

① 参见：李志德. 中国产品质量发展的长效机制研究.［博士学位论文］武汉大学，2012.

行　业	部分代表性质量指标
管道燃气	①输配 ②燃烧特性 ③灶前压力 ④用具 ⑤环保 ⑥安全 ……
垃圾处理	①无害化处理率 ②垃圾日处理量 ③焚烧废气污染物 ④渗滤液污染物 ⑤飞灰产生量 ⑥焚烧残渣产生量 ……

资料来源：作者根据相关文献资料汇总整理。

3. 质量指标应当包含对附加产品或延伸产品的要求

附加产品或延伸产品属于产品整体概念的第三层次，[①]主要包括供应方提供的各项服务与保证。例如管道燃气公司提供上门二次点火、上门维修或拆除燃气设施、答复顾客账单质询和预约上门抄表等附加服务。

二、产品或服务的价格

产品或服务的价格是深刻影响公众利益的另一个方面。根据《市政公用事

---

① 现代营销理论认为，产品整体概念包含核心产品、有形产品、附加产品（或延伸产品）三个层次。核心产品也称实质产品，是消费者购买某种产品所追求的利益，是消费者真正要买的东西。有形产品是核心产品借以实现的形式，通常表现为产品质量水平、外观特色、式样、品牌名称和包装等。附加产品（或延伸产品）是消费者购买有形产品时所获得的全部附加服务和利益，包括提供信贷、免费送货、保证、安装、售后服务等。

业特许经营管理办法》，产品或服务的价格在"价格和收费的确定方法、标准以及调整程序"中具体规定。在特许经营协议中明确产品或服务的价格有如下意义：一是刺激企业生产效率，优化生产要素组合；二是促进社会分配效率，增加消费者福利；三是鼓励资本投资，稳定和提高城市公用产品或服务的供给；四是促进资源节约与环境保护，实现城市公用事业的可持续发展。产品或服务的价格有政府定价和政府指导价两类，但均需要遵循分类定价、逐步细化的原则。下面我们分行业阐述城市公用事业产品或服务的价格确定。

（一）城市供水与污水处理的价格确定

2004年，国务院办公厅发布的《关于推进水价改革促进节约用水保护水资源的通知》将城市水价明确为四部分组成，即水资源费、水利工程供水价格、城市供水价格和污水处理费。对于城市供水价格来说，国家计委、原建设部印发的《城市供水价格管理办法》根据使用性质将水分为居民生活用水、工业用水、行政事业用水、经营服务用水、特种水等五类，并规定城市供水价格由供水成本、费用、税金和利润构成。其中，供水企业合理盈利的平均水平应当是净资产利润率8%～10%。至于供水成本，根据国家发改委于2010年印发的《城市供水定价成本监审办法（试行）》第二十九条规定，供水定价单位成本＝供水定价总成本/核定供水量。其中，供水定价总成本＝制水成本＋输配成本＋期间费用；核定供水量＝供水总量×（1－核定管网漏损率）；管网漏损率按照行业主管部门的城市供水管网漏损控制及评定标准相关规定核定。城市供水的价格构成如图8-1所示。

（二）城市管道燃气的价格确定

城市管道燃气销售价格实行分类计价，即居民用气、工业用气和其他类用气三类。其他类用气销售价格可按照简化的原则，分为商业用气、居民集中供暖用气和汽车加气用气等销售价格。2011年3月实行的《城镇燃气管理条例》（国务院第583号令）规定，燃气销售价格应当根据购气成本、经营成本和当地经济社会发展水平合理确定并适时调整。因此，管道燃气价格包括取得特许经营企业的燃气采购成本、费用、初装费冲减额、用掺混气成本、税金和盈利构成，如图8-2所示。

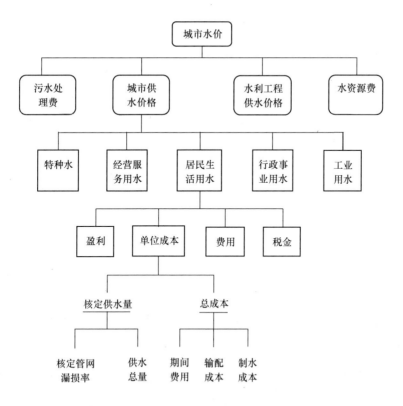

图 8-1　城市供水的价格构成

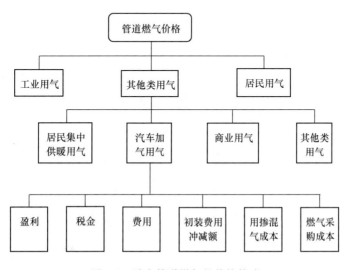

图 8-2　城市管道燃气的价格构成

（三）城市垃圾处理的价格确定

以垃圾焚烧发电项目为例，目前我国垃圾焚烧发电项目大都采用现金流量法进行财务评价，测算垃圾处理的成本和单价。根据国家发展和改革委员会与原建设部 2006 年发布的《建设项目经济评价方法与参数》（第三版），城市垃圾处理的定价模型为：

$$\sum_{t=1}^{n} (CI - CO)_t (1 + I_c)^{-t} = 0$$

其中，CI 为现金流入量；CO 为现金流出量；n 为项目特许经营期；t 为项目特许期内的第 t 期，$t = 1, 2, \cdots, n$；I_c 为项目投资财务内部收益率期望值，通常取行业基准收益率 8%。

此外，公用事业特许经营协议中对产品或服务价格的约定还应做到如下几点：

1. 在协议中引入经济杠杆，明确补偿与收费行为的条件与标准以保证政府、公众与企业三方利益

首先，对盈利水平较低的项目，特许经营协议中可以明确如下机制：①价格补偿机制。公用事业特许经营者主要通过价格补偿来填补其生产经营成本的亏损。从理论上讲，公用事业产品价格不仅应当补偿生产经营成本，而且还应当使经营者获得合理利润，这样才能使公用事业投资方有利可图，从而增加投入、扩大生产、满足社会对公用事业产品的需求。[1] ②财政补贴机制。财政补贴是保证运营者增加服务供给、改善服务质量的一种重要方式。③政策优惠机制。为鼓励公用事业经营者为社会公众提供质优价廉的公用事业服务，政府可以在建设用地、税费等方面给予必要的政策支持，使经营者在公共产品生产和提供的过程中产生的非经营性亏损得到一定补偿，以维持其正常的生产经营。

其次，对于盈利水平较高的项目，政府可以在特许经营协议中约定向运营方征收一定比例的费用来供给其他盈利水平较低的公用事业项目。

再次，对消费者生活费用的补偿。由于某些特定原因导致价格超过消费者

---

① 参见：周望军，朱明龙，刘刚. 公用事业价格监管问题研究. 中国物价，2006，（11）.

经济承受能力时，政府对消费者进行补偿。具体补偿标准可以根据消费者的人均可支配收入、消费结构和产品或服务价格确定。此外，为了尽可能地减少低收入者的生活费用负担，低保、特困家庭等低收入者可凭相关证明从政府领取一定的生活费用补贴。

最后，对环境保护的补偿。部分公用事业在运营过程中对环境会不可避免地造成损害，政府应当在协议中依据企业的盈利水平、实际社会效益与可能的环境破坏程度进行综合考虑，收取环境保护费用。

2. 城市公用事业特许经营协议中应当明确调定价的听证制度

根据 2008 年 12 月 1 日起施行的《政府制定价格听证办法》，制定关系群众切身利益的公用事业价格、公益性服务价格和自然垄断经营的产品价格等政府定价、政府指导价，应当实行定价听证。在传统的"价格申报审批制度"下，城市公用事业企业提出调定价申请的，政府进行审核后直接定价，最终的价格实际上是政府与公用事业企业双边博弈的结果，消费者作为一个重要的利益相关方是被排斥在外的。听证会制度确立了一个由政府、公用事业企业、消费者三者共同参与、相互制约的价格形成机制，通过消费者和公用事业企业在听证会上的博弈，听证会制度提供了政府听取消费者意见的一个正式渠道（而不是像过去一样只听取企业的一面之词）。可见，特许经营协议中引入定价和调价的听证制度具有非常重要的意义。

为了确保听证会制度的有效实施，特许经营协议中需要明确运营企业应当向听证代表及其他有关人员提供准确、完整、及时的成本、收益、需求、供给等与定价相关的基础信息，并保障社会公众和其他相关人员有权利（法律权利）、有条件（经济、技术、时间等必要条件）对城市公用事业企业进行深入调研以取得相关信息。对提供虚假信息的城市公用事业企业进行处罚来确保城市公用事业企业提供的生产经营成本、财务管理等资料真实可靠。

3. 在特许经营协议中规范定价成本项目，建立健全公用事业的成本控制和约束机制

一般来说，成本控制和约束机制主要针对两方面：①公用事业企业生产经

营过程中的成本支出监控；②企业投资计划监控（因为资本投入对企业未来成本具有长期的重要影响）。一方面，特许经营协议中应该严格限定定价成本项目，对于不符合《会计法》等相关法律法规或政策文件规定的费用、与公用事业产品或服务的生产经营活动无关的费用以及不符合成本监审办法规定的费用，都不能计入定价成本。①另一方面，特许经营协议中还应要求企业建立成本费用的明细台账。产品成本费用的明细台账是政府监管部门对公用事业实施价格监管的主要依据，②因此必须确保其真实可靠可信，防止企业虚增不合理成本。

4. 协议中明确价格定期调整和临时调整机制

针对复杂多变的市场，在协议中一方面要根据实际情况引入定期的价格调整机制，另一方面还要有应对突发状况（如暴乱、严重的自然灾害或者项目公司破产经济状况严重恶化以至于公司无法继续为消费者提供稳定和连续的公共产品或服务，或市场供求变化导致公共产品供需严重不足等）的临时价格调整机制。监管部门定期对公用事业运营方的价格执行情况、企业成本变动情况、收入情况进行综合评估，并在此基础上对价格进行调整。协议中应明确价格的联动方式或调整方式，保证运营方的合理利润，提高投资者对公用事业项目的投资积极性。以垃圾处理焚烧发电为例：

（1）物价变动引起调价：$\Delta P_1 = CPI \times C_0$

其中，ΔP_1 为本期允许的价格变动幅度；CPI 为价格指数；C_0 为上期垃圾处理的单位成本。

（2）投资额变动引起调价：$\sum_{t=1}^{n}(\Delta CI - \Delta CO)_t(1+I_c)^{-t} = 0$

其中，ΔCI、ΔCO 为现金流入量和流出量的变化值；n 为项目特许经营期；t 为项目特许期内的第 t 期，$t = 1, 2, \cdots, n$；I_c 为投标时项目投资财务内部收益率期望值。③

---

① 参见：周望军，朱明龙，刘刚. 公用事业价格监管问题研究. 中国物价，2006，(11).
② 参见：范子龙. 公用事业价格监管机制的优化与完善. 经济研究导刊，2011，(29).
③ 参见：陈瑞英. 垃圾发电 BOT 项目处理费调价公式的确定. 有色冶金节能，2013，(3).

（3）上网电价变动引起调价：$\Delta P_2 =$ 上年度平均每吨垃圾上网电量×（调整前上网电价－调整后上网电价）。

（4）突发状况引起调价：重新核算各类收入支出，运用定价模型计算新的单价。

三、普遍服务

城市公用事业普遍服务的概念可以简要地定义为：为维护全体公民的基本权利，缩小贫富差距，国家通过制定与实施相关法规，促使城市公用事业经营者向所有存在现实或潜在需要的消费者，以可承受的、无歧视的价格提供的基本服务。其基本含义是：①可获得性。即只要消费者需要，公用事业经营者都应该高效率地向消费者提供有关服务。②非歧视性。对所有消费者一视同仁，在服务价格、质量等方面不因地理位置、种族、宗教信仰等方面的差别而存在歧视。③可承受性。即服务价格应该合理，使大多数消费者都能承受。

在城市公用事业特许经营中，公用事业产品或服务的提供者由政府事业单位转变为经济上独立的企业（甚至是民营企业），和其他市场主体一样，特许经营者的经营目标也是追求自身利润最大化。为了防止公用事业企业对消费者挑肥拣瘦，协议中必须对公用事业企业的普遍服务义务进行规定。根据《市政公用事业特许经营管理办法》，普遍服务体现在"特许经营内容、区域、范围及有效期限"中。我们认为，公用事业特许经营协议中的普遍服务内容应包括：

1. 明确特许经营者提供公用产品的服务覆盖面

由于我国各地区自然地理条件的差异以及经济社会发展的不平衡，某些城市或地区基础设施不发达，对这些城市或地区提供公用事业产品或服务的投资成本高，收益却很小或者短期内没有收益，因此特许经营者不会主动地对这些地区的公用产品网络等基础设施进行投资建设。因此监管部门应当客观统计本城市或本地区内公用产品网络尚未普及的地区，在协议签订前与特许经营者进行一对一的谈判与沟通，①从而在特许经营协议中明确对这些城市或地区提供公用产品或服务的要求，并在其网络投资建设的过程中加强监督。

2. 明确公用事业企业对弱势消费者的普遍服务义务

以城市供水、管道燃气为例，自来水价格和燃气价格的确定不能纯粹依赖拉姆齐法则（Ramsey Rule），而要首先考虑保障弱势消费者的基本生活用水、用气及部分弱小基础产业的基本用水、用气需求，实施核定的保护价。因此，特许经营协议中必须明确公用事业企业对弱势消费者服务的义务，更好地促进社会公平与和谐。

3. 对特许经营者提供公用产品的歧视性行为进行界定和监管

获得特许经营权后，公用事业企业可能更倾向给那些能够支付较高价格的公众群体提供更多的公用事业产品或服务，而对那些支付能力较低的弱势群体少提供甚至不提供公用事业产品或服务。由此，监管部门事前必须对公用事业企业的歧视性行为进行定义和监管，在协议中明确要求公用事业企业必须在其运营区域内向所有社会公众提供无歧视、无差别的公用产品服务，履行普遍服务义务。②以城市供水为例，供水企业不应以区域、楼层和天气等非类别决定因素区别性改变供水的水质、供水压力、管网抢修与维护的及时性、营业服务质量、硬件设施水平等。

4. 建立保障普遍服务的有效机制，使承担普遍服务义务的公用事业企业得到合理的补偿

一个公认有效的普遍服务机制就是建立普遍服务基金。普遍服务基金是指所有运营商，无论从事何种业务、最终是否提供普遍服务，都要通过缴纳普遍服务基金来承担普遍服务义务。③普遍服务基金是发达国家实现普遍服务的主要形式，政府把来源于多方面的基金整合起来，通过市场手段——招标的方式配置普遍服务基金。它是市场经济条件下政府实行的一项激励措施，普遍服务基

---

① 参见：闫海，宋欣. 公用事业特许经营的政府监管研究. 理论与现代化，2011，(3).
② 参见：闫海，宋欣. 公用事业特许经营的政府监管研究. 理论与现代化. 2011，(3).
③ 参见：张红艳. 公用事业特许经营中的公共利益维护. 四川行政学院学报，2009，(6).

金与其他的普遍服务支持方式相比具有公开、公平、透明、高效等优点。如何明确普遍服务基金的征收对象、如何界定普遍服务基金的征收范围、如何制定合理的征收比率、如何对普遍服务的提供者进行成本补偿等，这一系列问题都应当在特许经营协议中明确规定。

四、持续服务

持续服务是政府和公众对公用事业在持续运营时间上的要求。根据《市政公用事业特许经营管理办法》，持续服务体现在"设施维护和更新改造"、"安全管理"与"双方认为应该约定的其他事项"中。我们认为，特许经营协议中的持续服务包括多个方面：第一，企业在日常经营过程中要保证产品或服务的连续性，不能在公众有需要的时候时有时无。对城市供水、供气企业来说，企业应当保证城市居民能够 24 小时用上符合生活用水标准、用气标准的自来水和管道燃气。第二，企业在日常经营过程中要注重社会效益和环境效益，不影响公众未来需求的满足。对城市供水来说，供水企业不应由于成本、技术原因过度采用地下水，而应改进水处理技术、加大资金投入多利用地表水，防止地下水水位下降导致地面沉降，进而造成地下水污染，影响城市居民未来的用水供给。第三，明确特许经营期限以及到期前公用事业的运营方式和转接程序，防止公众所受服务受到不利影响。根据《市政公用事业特许经营管理办法》，特许经营期限应当根据行业特点、规模、经营方式等因素确定，最长不得超过 30 年。特许经营期限过长会产生政府对公用事业基础设施不能顺利回收的风险。当然特许经营期限也不宜过短，过短不利于投资方实现获利。第四，运营方在获得特许经营协议后不履行约定义务，在特许经营协议中应设置相应的违约处罚。例如，协议中规定招标人可以没收中标人或项目公司已经提交的特许经营履约保证金，并收回特许经营权、终止特许经营协议；项目已经建成并实施的，由招标人实行临时接管。

五、信息报告和备案

为了便于监管方对经营企业的活动进行监督控制，协议中要加入经营企业需要履行的报告义务。这可以从以下几方面入手：第一，经营企业应将有关特许经营项目的硬件设施设计、建设和运行的所有技术数据，包括设计报告、计算和设计文件、运行数据等，编制完成后提交给监管机构，以使监管机构能监督项目设施设计、建设的进度和设施的运行。第二，经营企业应当定期提交企业的资产情况、发展情况、管理状况、服务质量报告、经营计划的执行情况以及特许经营财务报告。第三，经营企业应当定期提交企业的年度或中长期的发展计划、投资计划和经营计划。第四，经营企业应当在发生可能对公司特许经营业务有重大影响的事项时及时向监管方提交报告，比如持股10%以上的股东发生变化，总经理、总工程师等高级管理人员发生变更等等。

六、对监管者的监管

如果协议中不规定对监管者的约束机制，监管行为也可能会给某些特定团体输送利益而侵害了社会公众的权利。根据《市政公用事业特许经营管理办法》，对监管者的监管应在"争议解决方式"或"双方认为应该约定的其他事项"中表述出来。我们认为，公用事业特许经营协议中，对监管者的监管应包括以下内容:[①]

1. 明确监管的监督主体

我国公用事业行业多数有行业协会，公用事业行业协会既是公用事业自律监管的主体，又是公用事业特许经营监管的监管者，可以监督监管者，并对其提出批评和意见。此外，新闻媒体可以揭露公用事业特许经营监管中存在的问题，发挥舆论监督的作用，也是公众监督的一个有效主体。

2. 提高监管的透明度

提高监管透明度既是政府的责任，也是社会各界对政府的要求。提高监管透明度要求政府监管机构建立有效的公众参与机制，实现有效的监管信息公开（包括主动公开的信息和公众申请公开的信息），使监管机构的权利行使运行在

---

① 参见：闫海，宋欣. 公用事业特许经营的政府监管研究. 理论与现代化，2011，(3).

"阳光"下。一般来说，监管机构应及时主动公开的信息包括：监管机构的设置、职能和联系方式；监管的有关法律、行政法规、规章和其他规范性文件；监管各项业务的依据、程序、条件、时限和要求以及申请文本或表格；受监管行业的发展规划、改革方案等；行政许可的过程和结果，以及行政裁决的结果以及听证公告。[①]当然，提高监管透明度、推动监管透明度不断提升是一个逐渐完善的过程，有赖于政府、公民、企业和媒体共同、持续的努力。

3. 对监管绩效进行有效评价

监管绩效与市场效率密切相关，监管绩效的提升可以促进其所监管行业的效率提升。因此，必须对公用事业特许经营监管进行监管绩效评估。监管绩效评估可以分为两个方面：程序绩效评估与结果绩效评估。程序绩效评估是对监管者是否遵守相关法律法规规定的程序、手续、期限的评估。程序越周密、严谨、完整，则越具有科学性与可实施性，也越能限制监管机构的自由行为，提高政府监管效率。结果绩效评估是指监管结果的有效性，它是对政府监管行为的实施结果进行观察、分析，以评估和判断特定政府监管行为是否增加了全社会最大多数人的福利，亦即是否实现帕累托改进（Pareto improvement）。[②]结果绩效评估是评价政府监管绩效的一项核心内容，政府监管工作是否到位、监管水平如何，这些都需要通过监管结果进行评价。结果绩效评估往往可以通过监管特许经营者是否做出相应的调整以及公众对调整结果的满意度来实现。[③]

第三节　特许经营协议执行的监管

特许经营协议及相关法律法规是监管部门的监管依据，它需要监管部门在

---

①　参见：王俊豪等. 深化中国垄断行业改革研究. 北京：中国社会科学出版社，2010：276-277.

②　"帕累托改进"是以意大利经济学家帕累托（Vil-fredoPareto）命名的。它是指一项改革政策能够至少增进一个人的福利，而不会对社会上任何其他人的福利造成损害。"帕累托最优"就是上述一切帕累托改进的机会都用到了，再要对任何一个人的福利有所改善，就得不损害另外一些人的利益，达到这样的状态就是帕累托最优。

③　参见：闫海，宋欣. 公用事业特许经营的政府监管研究. 理论与现代化，2011，（3）.

企业运营过程中加以落实。按监管内容分类，监管活动大致可以分为组织监管，资金、技术、人员和设施监管，信息监管和日常运营监管等方面。

一、组织监管

监管部门应当对特许经营项目的建设企业和运营企业进行严格审查，避免资质不足和使用虚假资质、借用其他企业资质的企业承担项目的建设或运营。依据原建设部 2007 年颁布的《建筑业企业资质管理规定》，建筑业企业应当按照其拥有的注册资本、专业技术人员、技术装备和已完成的建筑工程业绩等条件申请资质，经审查合格取得建筑业企业资质证书后，方可在资质许可的范围内从事建筑施工活动。此外，要确保运营方及成立的项目公司不擅自转让、出租或者以承包经营、挂靠等方式变相转让特许经营权，不擅自质押、抵押或者以其他方式处分特许经营权和特许经营项目资产。为了避免上述情形的出现，在特许经营协议中应设置相应的违约责任。

二、资金、技术、人员和设施监管

由于公用事业具有投入巨大、建设周期长、运营周期久的特性，所以资金与硬件设施均是逐步投放。以上海江桥生活垃圾焚烧厂为例，工程投资高达 7.1 亿元，1999 年 9 月开工，2005 年末整体投入运营，分两期建成，合同运营期限长达 20 年。在项目建设和实际运营过程中，监管方应当定时或者随机检查运营方及项目公司是否擅自调换投标文件中承诺的项目负责人及主要技术人员，是否擅自更换投标文件中承诺的主要工艺设备，以防运营方未经招标人书面同意并报同级人民政府或者其授权部门备案擅自行动。因出现特殊情况确需调换或更换的，应当报经招标人书面同意，并报同级人民政府或者其授权部门备案。而且，调换后的项目负责人及主要技术人员的资格、业绩和信誉，或者更换后的主要工艺设备的性能、规格、档次、数量等均不得低于投标文件中承诺的条件。此外，监管部门还可建立资金定额与实物资产定额相结合的定额标准体系、引入第三方监理机构、抓好竣工验收和项目后评价来加大监管力度。

三、日常运营监管

监管部门需要对企业的日常运营活动建立日常、定期化的评估机制，进行定期检查和临时抽检，对评估中发现的问题，要提出整改意见并监督企业限期整改。限于篇幅，这里我们主要阐述两点：

一方面对产品或服务质量加强监管。对城市公用事业产品或服务质量建立监测制度，实施定时、定点监测，确定其是否降低了产品或服务的质量和数量，是否擅自停业、歇业，监督运营方及项目公司是否承当了相应义务或触犯了协议条款。对产品或服务的质量监测方法往往有多种，监管部门在选取监测手段时应综合考虑测量手段的便利性与可靠性，从而使产品或服务的质量监测常态化，确保产品或服务质量。如有必要，监管者还可在质量监管过程中引入第三方机构加强监管（佛山市高明垃圾填埋场特许经营项目就引入了第三方监管）。

另一方面是对产品或服务价格加强监管。由于公用事业的特殊性，主管方不允许经营方擅自改变城市公用事业收费价格。首先，监管部门可以建立价格联动机制，允许企业遵循联动机制将产品或服务的价格与上游企业产品价格实行联动，这就要求政府部门及时掌握上游企业产品价格的上涨或下降情况，判定价格变动的合理性。其次，监管部门应该严格审核成本，包括调定价审核和定期审核两方面。调定价审核需要首先规范成本的项目，建立健全特许经营企业的成本控制和约束机制。定期审核则要求相关监管部门定期掌握经营企业的成本变化、资金投入等方面的情况并结合上游企业的成本变动情况，适时批准企业提交的价格调整方案。

四、信息监管

监管部门的监管活动主要是通过获取相关信息从而采取相应行动的过程，因此信息渠道的通畅对监管活动非常重要。根据信息渠道的不同，可以将监管活动分为两类，第一类是企业主动提供给监管部门或者监管部门从企业处主动获取信息的监管；第二类是社会公众获取公用事业相关信息后再将其反馈给监管部门而引发的监管。

在第一类监管中，监管部门需要仔细核查企业提交的各类定期报告与临时报告。尤其是运营方在中标后新设立项目公司的，运营方与项目公司在法律上属于不同主体，为了确保运营方能够切实履行投标时的各项承诺，监管方应当及时督促运营方对项目公司的阶段性工作情况进行汇报，否则运营方要为不履行特许经营协议的行为承担连带担保责任。同时限制项目公司股权变更的方式，强化运营方的履约义务。在发生按协议约定需提交报告的事项时，若经营企业未履行报告义务，监管部门应先督促企业消除事件的负面影响，再查明事件发生过程，最后对其做出相应处罚。例如，对于城市供水行业来说，由于水源的突发性污染事件导致企业供水不达标，运营方未在采取措施的同时报告有关部门，监管部门应当督促其立即提交相关事件报告并向社会公布事件的原委，消除恶劣影响。

在第二类监管中，监管部门一方面应当督促或者代公用事业企业将相关的建设运营信息向社会发布，接受公众、媒体及社会各界的监督。以城市垃圾处理行业为例，监管部门和公用事业企业要将生活垃圾无害化处理情况、建设投资情况、垃圾处理服务费及构成情况、配合实施专项规划情况、安全生产工作情况等信息向社会公开，接受各界监督。另一方面，监管部门应当在特许经营协议签订之后向社会进行公告并开辟专门渠道（官方网站反馈页面、服务热线、电子邮件、微博、微信等）作为社会公众表达自身利益诉求的途径，积极处理社会反馈的信息。最后，政府机构需要精心组织听证会，保证消费者代表在适当的期限内获取和听证内容相关的材料，保证消费者代表在听证过程中有实实在在的话语权，从而真正保障消费者参与公用事业运营的权力。

第四节 特许经营终止与退出的监管

特许经营退出是指特许经营权人停止其原本应该经营的公用事业服务的情形。[①]作为公用事业特许经营监管的最后环节，市场退出监管同样是政府"加强公

---

① 参见：杨志华，肖迹. 论公用事业特许经营中的市场退出制度. 湖南广播电视大学学报，2011，(4).

用事业监管"和"健全公用事业监管体系"进程中不可或缺的一环。无序的退出监管不仅致使预期的目标落空，还会加大特许经营项目的运营风险。公用事业特许经营中的市场退出分为两种情况，第一种是正常退出，第二种是非正常退出。

正常退出是指特许经营权人基于法律规范或是协议的约定，按预定的程序终止特许经营权，并不再提供原城市公用事业产品或服务的情形。正常退出包括以下几种情形：第一种是特许经营期限临近届满，特许经营权人未申请延期或未得到延期批准，且已将其原本经营的公用事业移交给新的经营者或由政府接管。第二种是在特许经营期限内，由于发生协议所约定的准许运营方提前终止特许经营权且将公用事业特许经营权移交给新的经营者经营或由政府接管的情形。第二种情形中提前终止的原因有很多种，如特许经营权人主动申请终止特许经营权并经监管部门按程序批准、政府根据公共利益的要求与经营方协商之后提前收回特许经营权等等。

非正常退出是指特许经营者或政府监管机构违法或违约，中止或终止公用事业特许经营的服务项目。这种退出的情形，主要基于特许经营者或者政府监管机构的单方面违法违约行为，当然也不排除有双方均违法违约的情况。[①] 非正常退出包括以下两种情形：第一，特许经营权人的行为导致政府将特许经营权提前收回，包括经营人擅自转让特许经营权、出租特许经营权、擅自处置公用事业财产、擅自停业或歇业以致严重影响到社会公共利益和安全、管理不善导致重大质量事故或生产安全事故以及法律、法规禁止的其他行为。第二，政府在无正当事由的情况下将运营人的特许经营权收回并接管该公用事业或移交给新的经营人。由于公用事业特许经营往往涉及巨额资金投入，政府监管部门的信用、诚信对保护公用事业投资者的利益具有重要意义，[②]因此，在无正当事由下政府应避免做出收回或接管特许经营权的行为。

在确定当前运营方不再继续运营特定公用事业项目时应做好如下工作：首

---

① 参见：章志远，黄娟. 公用事业特许经营市场退出法律制度研究. 学习论坛，2011，(6).
② 参见：闫海，宝丽. 公用事业特许经营中行政优益权探究. 天府新论，2011，(5).

先，加强项目监管，督促运营方在剩余期限内维护好相关设施，提供符合协议规定标准的产品或服务。其次，监管部门应提前进行招标活动，保证公用事业运作的可持续性。再次，监管部门要做好特许经营权的移交监督和退出补偿工作，避免产生历史遗留问题。最高人民法院2008年作出的《民事案件案由规定》将特许经营合同纠纷确定为知识产权纠纷，对于未能达成和解的纠纷，监管部门可以主动将其诉诸法律。对于政府、企业与社会利益发生严重冲突难以调和时，应当启动听证程序，依次进行启动、听证、决策和执行。[①]

（1）启动。根据启动的主动方可分为两类：第一类是公用事业监管部门依职权在必要时主动启动；第二类是公用事业监管部门根据运营方或其他利益相关者的申请而启动。

（2）听证。首先是发布听证公告，听证公告中要详细说明特许经营者名称、临时接管事由、听证时间、听证地点等事项。其次是组织听证会，参加听证的人员应包括公用事业监管部门、特许经营者、与特许经营事项有关的利害关系人、公众监督委员会成员以及消费者代表等。听证中应充分听取各方当事人和利害关系人的意见，对当事人提出的事实、理由和证据，应当进行核实，必要时可以进行补充调查。最后，应当及时把听证的案卷记录提交政府作参考。

（3）决策。政府收到听证的案卷材料之后，基于听证笔录和监管部门提交的相关材料来决定是否终止企业的特许经营权。[②]政府做出相关决定后，应将决定送达被接管者和利益相关人并在政府公报及门户网站予以公告，公告内容主要包括公用事业项目的名称和地址、接管的事由、接管期限、接管组织、接管的项目及范围等。

（4）执行。根据最终决定的安排，监管部门应严格遵照执行，以免影响公众应享有的正当权益。

---

① 参见：章志远，李明超. 公用事业特许经营中的临时接管制度研究——从"首例政府临时接管特许经营案"切入. 行政法学研究，2010，（6）.

② 参见：章志远，李明超. 公用事业特许经营中的临时接管制度研究——从"首例政府临时接管特许经营权案"切入. 行政法学研究，2010，（6）.

第九章　城市公用事业特许经营监管的典型案例

本章选取了城市水务、管道燃气和垃圾处理这三个城市公用行业的八个典型特许经营实践案例，详细分析了各实践案例的项目背景、实施过程、政府监管和实施效果，并对每个案例进行了简要的分析评价。这可为在中国城市公用事业实行特许经营及其有效监管提供经验借鉴。

第一节　城市水务行业特许经营监管的典型案例

案例一　江苏省常州市城北污水处理厂
特许经营项目及其监管

（一）项目背景

常州地处长江下游南岸，太湖流域水网平原，位于江苏省南部，长江三角洲中心地带，北携长江，南衔太湖，东望东海，与上海、南京、杭州皆等距相邻，扼江南地理要冲，与苏州、无锡联袂成片。其具有"中吴要辅、八邑之都"的独特风韵，物华天宝，人文荟萃，既是一座历史文化名城，又是一座充满现代气息、经济发达的新兴工业城市。随着经济社会发展和人口大量增加，常州市水源危机和水质污染的问题开始凸显，城市生产、生活用水主要依靠河网水源，水质较差。同时，工业废水、生活污水及富含营养的农田排水直接进入河网，造成水体水质不断恶化。常州市城北污水处理厂始建于1995年，是常州市利用世界银行贷款建设的常州市污水治理一期工程的主体工程，隶属于常州市城市建设（集团）有限公司。该厂占地面积 5 公顷，设计处理能力达 15 万立方米/日，采用 A²/O 工艺，是当时常州市规模最大的二级强化城市污水处理厂，分三期建成，每期各 5 万立方米/日的污水处理规模，服务范围覆盖常州市区中部、北部、新北区及常州市高新技术工业园区，服务面积约 50 平方公里，服务人口约 60 万人，主要负责处理该市市区中、北部的生活污水和部分以印染废水为主的工业废水。因此，城北污水处理厂的安全、高效运行对保障常州市水质安全、改善水环境起到重要作用。

然而，常州市城北污水处理厂建成后由于受资金、体制等因素的困扰，传统的运营管理模式已难以满足城市发展的需要，加快引进外来投资者参与城北污水处理厂运营管理的需求十分迫切。2004 年初，常州市政府在总结 2003 年城市燃气合资项目成功经验的基础上，为盘活国有存量资产，加快市政公用事业市场化进程，多渠道筹集社会资金用于市政基础设施的建设与运营，根据国家及江苏省有关政策法规的要求，常州市政府决定采用 TOT 模式，向国内外的水务投资者公开招标转让常州市城北污水处理厂 20 年特许经营权。

（二）特许经营过程

1. 招标程序

在城北污水处理厂项目招商的最初，常州市拟采用协议转让的方式引入一家环保投资公司，并已进入尽职调查阶段。然而，2004 年 3 月原建设部颁布《市政公用事业特许经营管理办法》（建设部令 126 号），要求"政府按照有关法律、法规规定，通过市场竞争机制选择市政公用事业投资者或者经营者"，在综合分析利弊和听取招商顾问的建议下，城北污水处理厂主管部门常州市城乡建设局决定终止协议谈判的项目运作方式，并报请市政府批准采用公开招标的方式转让城北污水处理厂的特许经营权。2004 年 6 月 26 日，常州市政府做出同意批复，并由常州市城乡建设局作为行业主管部门会同市财政局、发改委、监察局组成项目领导小组，招标方为常州市城乡建设局、常州市城建集团、常州市排水管理处，分别代表行业主管部门、国有资产占有方和服务监管部门。2004

年 7 月，城北污水处理厂特许经营项目招标工作正式启动，整个招标过程主要经历了以下几个程序[①]。

（1）招标信息发布。2004 年 7 月 23 日，招标方在包括《中国建设报》在内的各类媒体发布项目招商公告。公告发布后，该项目引起国内外多家水务公司的重视，包括法国通用水务、深圳水务、北京首创等近 20 家水务公司报名购买了资格预审文件。

（2）资格预审。招标方在发售资格预审文件的同时，设定了参加资格预审的主要条件。根据事先设定的资格预审主要条件，最终共有 12 家水务企业组成的 8 家投资者（或联合体）通过资格预审。

（3）招商文件编制。招标方事先编制了详细、完善的招商文件，在招商文件中同步提供了《特许经营协议》、《经营权转让协议》和《污水处理服务协议》，对未来双方的权利义务、服务质量和政府监管等方面作了详细约定，明确了项目实施范围、土地使用、转让期限、污水处理量、转让价款支付、污水处理单价调整、污水处理费计价方式、水质标准、污泥处置、重置和大修、项目设施移交、税收、人员安置、提前终止补偿等 14 个项目转让的核心条件，并明确如果投标人对核心条件有实质性不响应，将作为废标处理。同时，招商文件详细描述了项目转让的法律、财务和程序要求，为投资人进行财务测算减少了许多不确定因素。[②]

（4）调查与释疑。招商文件发售后，招标方组织投资人进行尽职调查和现场勘看，并分四个阶段对项目进行澄清，针对投资人的提问发出 167 条答复，使得投资人对城北污水处理厂项目以及招商文件有全面、准确的了解和掌握。这是投资人按照招商文件要求撰写投资建议书的关键环节。

2. 评标程序

（1）投资建议书评审。2004 年 11 月 30 日，共有 5 家投资者按时递交项目

---

① 黄坚，徐晓钟. 运用"TOT"方式转让城北污水处理厂特许经营权. http://www.doc88.com/p-77632963856.html.

② 束惠萍. 常州市城北污水处理厂经营权转让思考. 城市公用事业，2008，(1).

投资建议书（另有 3 家投资者未递交）。招标方组织专家对投资建议书进行评审，评审分两个阶段进行：一是形式审查，主要审查投资建议书是否对招商文件有实质性不响应，如有即作为废标处理；二是专家评审，首先由抽签确定专家评审委员会，然后按照财务、技术、法律和报价等内容，由评审委员会进行综合评分并确定排名顺序。

（2）项目谈判与中标。2005 年 1 月，招标方组织投资建议书评审前 3 名的投资人进行项目谈判，谈判持续了 3 天。最终，深圳水务（集团）有限公司在商务报价排名第三、综合评审排名第二的情况下，在最后谈判阶段凭借其全面、详尽、可行的技术方案及规范的运营管理方案中标，并于 2005 年 2 月 3 日与招标方完成协议草签。

（3）特许经营协议签订

2005 年 4 月，深圳水务（集团）有限公司先后与常州市城乡建设局、常州市城市建设（集团）有限公司和常州市排水管理处分别签订了特许经营协议、经营权转让协议和污水处理服务协议，如图 9-1 所示。

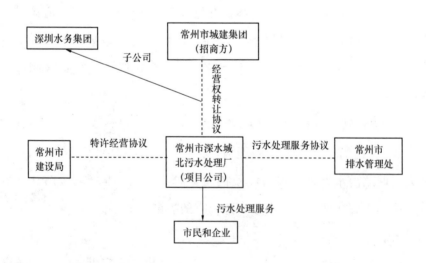

图 9-1　常州市城北污水处理厂的特许经营模式

其中，常州市城乡建设局作为行业主管部门，代表常州市政府与深圳市水务（集团）有限公司签署了《常州市城北污水处理厂经营权转让项目特许经营协议》，市建设局授予深圳水务集团（包括其依本协议的规定将成立的项目公司）本项目的 TOT 特许经营权。深圳水务（集团）有限公司成立项目公司，注册资本 5040 万元，按协议规定在特许经营期内经营城北污水处理厂的设施，从事污水处理并收取污水处理服务费，20 年特许经营期满后，项目公司无偿将城北污水处理厂移交给资产所有人。

常州市城市建设（集团）有限公司作为城北污水处理厂国有资产的授权管理单位，与项目公司签署了《常州市城北污水处理厂经营权转让协议》，将污水处理厂特许经营权转让给项目公司，转让总价为 1.68 亿元人民币。协议规定了城建集团应协助项目公司获得批准、移交公共设施并不干预运营，同时规定了项目公司在项目设施谨慎使用维护、环境保护、土地使用等方面的义务和责任。

常州市排水管理处作为污水处理厂监管机构，与项目公司签署了《常州市城北污水处理厂污水处理服务协议》，规定了排水管理处免费供应进水、保证水量以及项目公司连续提供污水处理服务、污水达标排放等义务和责任。

（三）特许经营项目的实施

1. 项目融资

根据《常州市城北污水处理厂经营权转让协议》规定，TOT 转让交易金额为 1.68 亿元，其中项目公司的自有资金占 30%。项目最终实际投资总额 17640万元，其中，深圳市水务投资公司直接贷款投入注册资本 5040 万元；向深圳市国开行贷款 1800 万元；项目公司经常州市城建集团书面同意，以常州市城北污水处理厂经营期内污水处理服务费收费权质押、并且由深圳市水务投资有限公司作全额连带责任保证，向建行深圳市分行申请固定资产贷款人民币 10800万元。

2. 设施移交

特许经营协议草签后，由协议双方专门成立设施移交小组，并由常州市排水管理处负责制定详细的移交方案，确定移交清单，签订移交协议。其中移交清单的编制尤为重要，主要分为项目设施、公用设施、备品备件、技术资料、人员移交等五个方面，仅项目设施、设备移交清单就列了 800 多项。

3. 设施运营

(1) 工艺技术。项目公司成立后，深圳水务集团根据投资建议书的承诺，采取了一系列有效措施提高污水处理厂的运行质量：一是对影响运行工艺的主要设备进行更新、改造，一期包括提升泵、鼓风机、脱水机等 80 多项内容，总投资近 700 万元。二是利用技术优势，安装开发 MAXIMO 设备管理系统，建立水质分析模型，改善工艺控制技术，提高出水水质保障。三是实现污泥无害化处置和资源化利用，通过与政府建立良好的伙伴关系，将污泥处置方式由原来的填埋变为焚烧发电，项目每天产生污泥约 350 吨，全部委托常州广源热电有限公司焚烧处理，少量的生活垃圾送环卫部门统一处理。四是节能降耗效果显著，项目公司与供电局签订大工业用电合同，使用电单耗大大降低，同时公司加强职工环保节能教育工作，使节能降耗真正落到实处。

(2) 经营管理。项目公司购买了财产一切险、设备意外险、第三者责任险和员工人身安全险等 4 类保险，同时对厂区绿化管养、安全保卫和卫生工作等非主营业务采取社会化管理，项目公司将主要力量集中到设施和工艺运行上。在管理水平上，项目公司先后建立了 ISO14001 环境管理体系、ISO9001 质量管理体系和 OHSAS18001 职业健康管理体系，并制订了绩效工资考核制度、污水运行班的考核细则、污泥脱水班的考核细则，每月组织考核，年底汇总考评。通过绩效考核实现公司目标与部门目标、个人目标的统一，提高了工作执行力，也为公司的绩效分配、工资调档、评优评先、岗位调整及培训安排提供了依据，极大程度地促进职工的工作积极性。此外，项目公司自 2012 年起全面推行 5S 管理，成立了 5S 推行组织，制定 5S 活动的推行目标、指导方针及实施方案，通过定点摄影、定期检查、红牌作战等方式逐步推进 5S 活动，在提高员工自身素养的同时提高了工作效率和安全意识，提升了企业品质。

4. 协议变更与补充

(1) 项目公司变更。2006 年 9 月，深圳水务集团将其持有的项目股权全额转让给深圳市水务投资公司并办理了工商变更手续，变更后深圳市水务投资公司 100% 持有项目股权，以 TOT 方式单独运作常州市城北污水处理厂。2008 年

6月，经工商部门批准，项目主体名称由"常州市城北污水处理有限公司"变更为"常州市深水城北污水处理有限公司"。

（2）项目提标改造。为控制太湖水质富营养化现象，2008年江苏省政府要求对现有污水处理站一、二、三期进行一级A深度处理工艺的提标改造，使尾水中化学需氧量、氨氮、总磷、总氮等主要污染物的排放浓度符合《太湖地区城镇污水处理厂及重点工业行业主要水污染物排放限值》（DB 32/1072—2007）的标准；悬浮物、五日生化需氧量、石油类、动物和植物油的排放浓度符合《城镇污水处理厂污染物排放标准》（GB 18918—2002）的一级A标准，pH值、色度亦符合该标准；挥发酚的排放浓度符合《污水综合排放标准》（GB 8978—1996）的一级标准。提标改造工程总投资1.3亿元，历时一年半，在城北污水处理厂原厂址及东南侧新征用地上进行，与原城北污水处理厂TOT项目为同一个经营主体，同在一个厂区，工艺运行连贯不可分。但由于提标改造后的经营范围与特许经营协议签订之初的项目边界条件发生了变化，2012年12月，常州市深水城北污水处理有限公司与常州市城乡建设局签订城北污水处理厂一级A委托运营协议。

（四）特许经营项目的实施效果

在正式签订特许经营合同之后，深圳水务集团成立项目公司具体负责常州市城北污水处理厂的运营，把传统的污水处理厂转变成为现代企业运营的公司，污水处理运行情况良好，管理水平大幅提升，取得了良好的经济效益和环境效益。

从经济效益看，截至2012年12月31日，公司总资产1.37亿元，总负债7147万元；净资产从成立初期的5160万元增长到2012年末的6520万元，年平均增幅4.39％；营业收入从2006年的3059万元增至2012年的5186万元，年平均增幅11.59％；员工可支配收入年增长5％～8％，股东投资多年综合年回报率达到8％。

从环境效益看，随着常州市产业结构的调整，城北污水处理厂服务区域内的重污染工业企业越来越少，进厂污水中工业废水比例越来越低，进水污染物浓度也逐年下降，到 2011 年后逐步趋于平稳，目前项目公司出水水质已远远优于国家《城镇污水处理厂污染物排放标准》（GB 18918—2002）的一级 A 标准，整体经营态势良好。

（五）特许经营项目的政府监管与经验启示

常州市城北污水处理厂特许经营权转让项目是国内第一个公开招标成功的不转让资产的污水处理 TOT 项目。该项目的成功实施为地方政府实施水务特许经营改革提供了新的思路，尤其在特许经营模式、特许经营招投标监管、监管体制、运营监管等方面具有诸多优势和经验，促进了社会资源的合理配置，提高了资源利用效率，更重要的是促使政府转变观念和职能，对其他城市水务项目实施特许经营具有重要的借鉴意义和示范价值。

1. 特许经营模式的选择与政府责任

水务特许经营 TOT 项目中，常见的竞标方式有两种：一是固定经营权转让价，竞投污水处理服务初始单价，如常州市城北污水处理厂 TOT 项目；二是固定污水处理服务初始单价，竞投经营权转让价，如合肥市王小郢污水处理厂 TOT 项目。第一种竞投初始服务单价的方式，如果转让价设定合理，可以鼓励投资者通过各种方案优化、提高管理水平来降低污水处理成本，使政府和公众能花更少的钱来享受高质量的污水处理服务。而第二种竞投经营权转让价的方式，则鼓励投资者以高报价来获取项目经营权，其后通过提高污水处理服务费来收回高报价及利润，最终还是由政府和公众用更高的付费水平买单。第二种竞标方式往往会产生高溢价的现象，但项目的投资回报建立在日后支付较高污水处理服务费的基础上，实际上是政府将责任转嫁给了社会公众和下一届政府，而并非真正意义的投资增值溢价。

常州市政府在选择特许经营模式时，将城北污水处理厂 TOT 项目的基本目标定位为：促进市政公用行业管理机制的转换，改善设施运营管理水平，而将引进社会资金作为第二层次的目标。因此，城北污水处理厂 TOT 项目选用竞投初始服务单价的竞标方式，并不是一味追求资产转让价最大化，真正让老百姓成为项目特许经营后的最大受益者。同时，由于政府担心资产所有权被经营者用于抵押融资等其他用途，城北污水处理厂 TOT 项目仅转让资产运营权，不转让资产所有权，特许经营期满后，城北污水处理厂将无偿转移给资产所有者。因此。由于项目资产所有权未发生变更，避免了资产所有者与经营者之间因资产评估而发生的争议，减少了许多讨价还价的工作，同时也简化了移交手续。

2. 特许经营招投标监管

水务特许经营项目招投标不同于一般的工程招投标，对招商方案和项目结构设计尤为关键和特殊，不能简单地生搬硬套。常州市政府聘请了具有水务特许经营招投标经验的咨询公司提供了全过程的招商顾问服务，包括编制招商方案、综合评标、编制项目协议文本等。负责项目牵头运作的常州市城乡建设局始终坚信"显失公平的合同是不长久的合同"的观点，主动换位思考，使项目招商文件及协议文本尽可能体现风险分担和权利义务平衡的原则，技术细节强调可操作性，政府监管较为明确，得到了参与项目竞标的投资者的好评。

在编制招标方案过程中，根据常州市政府确立的招商方案总体框架，在招商、法律和技术顾问的协助下，招标方先后向各政府部门发出政策征询确认函 10 余封，历时两个多月，反复修订、完善招标方案，包含了项目现状与招商目标的结合、招商重要边界条件的设置、交易结构设计及人员安置等重要内容，对一些招标条件尽量做到固化。正是由于前期细致的准备工作，很大程度上缩短了后期谈判周期，从而大大缩短签约时间。

在评标方面，城北污水处理厂 TOT 项目采用综合评审原则，即总评分中不但重视投资者的商务报价（60%），也综合考虑投资者在技术方案、财务方案、法律人事方案等其他方面的规划、说明与承诺，并通过在招商文件中事先规定综合评审原则和各方案的得分占比，引导投资人不是一味追求最具竞争性的商务报价（服务单价低或转让价高）。最终中标的深圳水务（集团）有限公司并不是商务报价最高者，而是凭借其具有吸引力的技术方案和运营管理方案中标。

在项目协议文本编制方面，充分考虑了协议文本的可操作性，同时体现合理的风险分担机制，按照"谁最有能力控制的风险由谁承担"的风险管理原则，平衡协议双方的权利义务，避免将大部分风险由政府或投资者单一方面承担的不合理情况。如在特许经营协议中设定调价公式和物价部门价格审核和听证方式，服务协议中明确服务质量标准，经营权转让协议明确了设备维护、经营计划、定期报告等内容。对一些不能细化的内容也保留相应的解决机制，并尝试解决了一些监管的技术难题，如用控制液位来监管项目公司最低污水处理义务、采用在线监控系统加强监管力度等。

3. 特许经营监管体制

为保证城北污水处理厂 TOT 项目的顺利推进和操作的公开、公平、公正，常州市城乡建设局作为行业主管部门会同市财政局、发改委、监察局组成项目领导小组，通过联席会议制度，及时对项目招商的重大问题做出决策并进行协调，对相关技术问题进行有效指导，对招标实行全过程监督。

根据常州市 1993 年出台的《城市排水管理办法》，常州市城乡建设局是城市污水处理的主管部门，其下属单位常州市排水管理处主要承担常州市区生活污水（含部分工业废水）的处理，全市市区污水处理设施的规划、建设、运行、监管和污水处理费征收等工作职能，现有职工 200 多人。为加强对城北污水处理厂的监管，常州市进一步明确了监管主体的职责和监管依据，建立了行政监管和合同监督两种机制：建设、国资、环保、物价等行业主管部门依其行政职权进行行业监管，经营权转让人和排水管理机构依据项目协议进行合同监督。同时，公众可以通过舆论媒体和举报等制度进行社会监督。

常州市城乡建设局作为行业主管部门，对城北污水处理厂 TOT 项目的监管思路主要体现在三方面。一是监管是手段不是目的，如设立特派员制度、年度考核加分并给予适当奖励，以及对于超过基本处理能力范围之外多处理的污水，提高价格补偿比例；二是过程监管和结果监管相结合，注重结果监管，以必要的资产监管和服务质量监管的过程来保证结果监管；三是依法监管，依合同监督，最大限度不干涉项目公司的正常运营管理。

4. 特许经营项目的运营监管

对城北污水处理厂 TOT 项目运营监管的主要依据是项目协议，主要由经营权转让人和排水管理机构负责实施。日常监管采取对监管方的检查、抽查、在线仪表的监控、服务的定期考核等方式，通过对运营商运营能力定期和不定期的评估，评判运营商的能力和运营的总体状况以及评价运营监管是否满足服务协议的要求。通过设立监督员、日常监测、不定期抽查、定期评估、专项调查和举报等方式，对项目公司的服务质量进行监管，设置了较为全面的违约处理机制，约束项目公司的行为。建立了每半年的综合考核机制，常州市排水管理处按照协议，根据考核结果向项目公司支付污水处理运营服务费，若项目公司运行质量较好或能积极履行和承担社会公共义务和责任的，政府将给予相应的奖励，若考核不合格，则核减部分运营服务费。污水处理运营服务费的价格调整由项目公司申请，常州市排水管理处和城乡建设局依据协议分别进行初审和审定。

案例二　上海威立雅浦东自来水有限公司股权转让项目

（一）项目背景

上海市多年平均地表径流量为 24.15 亿立方米，年地下水可开采为 1.42 亿立方米。过境太湖水 106.6 亿立方米，长江干流过境水 9335 亿立方米，总计 9441.6 亿立方米，上海地区水资源总量为 9467.17 亿立方米。上海地表水污染属有机物污染，主要污染物为化学需氧量、高锰酸钾指数、非离子氨、石油类和总磷等。黄浦江干流 2000 年监测结果显示：巅峰、松浦大桥、临江、杨浦大桥、吴淞口等断面分别有若干项指标劣于地表水 Ⅱ、Ⅲ、Ⅳ 类水质标准。市区黄浦江支流一些有机物污染劣于 Ⅴ 类水质标准。郊区黄浦江支流除淀浦河个别断面达到地表水 Ⅳ 类水质标准外，其余河流断面均劣于 Ⅳ 类水质标准。长江口大多数指标能达到 Ⅱ 类水质标准。上海市中心城区由上海市市北、市南、浦东、闵行四家自来水公司供水，浦东新区、闵行区、宝山区的一部分和嘉定区的大部分地区以及其他区县由当地区县自来水公司和乡镇水厂供水，农场则由农场水厂供水，另外还有部分企业自备水源取水。

2000 年，上海市全年自来水供水量 23.99 亿立方米，其中工业用水量 5.49 亿立方米，占 27.8%；居民生活用水量 6.86 亿立方米，占 34.7%；公共用水量 4.99 亿立方米，占 25.2%；产销比为 1.2。根据上海全市用水量的总趋势进行预测分析，从 1999～2001 年间用水量基本持平，略有下降，2001 年之后会开始爬坡，虽然通过各种节水措施来提高用水效率，但由于人口增长和工业发展，预测到 2020 年上海市用水还会逐步增加。根据上海市的用水预测，2002 年的供水能力已经达到了 2005 年的规划，供水量的调整主要体现在因地制宜，实现浦东、浦西、浦南、三岛各片的供求平衡。这一方面要根据需要改造水厂规模，做到扩建与缩小并举；另一方面需要建造过江管道，真正实现浦东浦西两岸用水相互调剂。

此外，上海自来水的水质除酚出现数次不合格外，主要不合格项目是感官指标，不同水源的色、铁、锰合格率不同，长江水源的自来水明显优于黄浦江水源的自来水。按照 1998 年开始使用的原建设部 2000 年水质目标对自来水各水厂进行 88 项分析，其中较《生活饮用水卫生标准》（GB 5749—85）增加的水质不合格率的情况见表 9-1，这个标准代表了 20 世纪 80 年代国际先进水平。产生以下不合格项目的主要原因是黄浦江水源受到有机物污染，而目前水厂常规工艺难以去除这些项目。

按照原建设部 2000 年 88 项标准检验不合格的比率　　　　　　　　　表 9-1

项目	氨氮	电导率	亚硝酸盐	铝	耗氧量	致突变实验
合格率（%）	25.0	19.23	71.80	82.7	90.38	7.69

总体而言，上海自来水的水质与上海大都市地位不相适应，所以上海市政府提出全面提高水质的目标，要求 2005 年贯彻落实原建设部 2000 年水质目标，而到 2010 年能够使上海市的水质达到欧盟同期标准。达到这一目标需要加大从长江原水取水的比例、加速现有水厂改造、逐步实现净水深度处理、采用新型管材改造城市管网，总投资预算需 200 多亿元。

2002 年，上海市自来水浦东有限公司下属 7 家单位：浦东水厂、临江水厂、凌桥水厂、客户服务中心、泵站管理所、浦茂工程公司、管网所，日制水能力

127 万吨，供水面积 320 多平方公里，供水区域内有管网长度约 2000 公里，在装水表 71 万余只。业务范围包括：制水、输配水、售水，供水设施的工程管理以及给水业务。供水服务区域范围包括：浦东城市化地区，北起凌桥、南至陈行、东至外环线，同时供应浦东国际机场。

当时上海和浦东正处于经济高速增长时期，城市公共设施建设的投资力度很大。同时，上海地区也是中国经济改革和对外开放的窗口，外资、港澳台资和民营经济的成分比重在逐步上升，并且非公有制资本也在快速进入到城市建设的投资中来。此外，上海市政府明确表示，今后不再对公共事业的水务企业投入资金，政府希望改善公司治理结构和提高管理水平，使得水务企业形成自负盈亏的市场主体。但按照上海市有关部门到 2020 年各阶段近景和远景规划，其所需资金非常庞大，上海市水务行业对投资者的吸引力为特许经营融资提供了可行性，这也促使政府决定对上海市自来水浦东有限公司 50％国有股权进行转让。

（二）特许经营过程

1. 招标程序

（1）基础准备工作。在浦东自来水厂特许经营项目确立招标的招商形式之后，开始一系列的准备工作。这些工作主要是整理涉及项目具体资料和制定招商的基本思路，比如浦东自来水厂的资产盘点、评估以及考虑对投资者的基本要求等，并且比较快地将这些内容落实成为规范的文字形式，其中涉及招商信息的资料基本都上网公开，以便将信息传递到更多的投资者。而招商进一步相关的内容形成了《资格预审公告》及《资格预审须知》等文件，以便下一步招商工作过程连续有条不紊地进行。浦东自来水公司估价 15.2 亿人民币，转让的 50％股份估价 7.6 亿人民币。

（2）资格预审。在上海水务资产公司发出招商信息之后，法国昂帝欧水务公司、法国通用水务公司、英国泰晤士水务公司、美国坦克公司下属的地球工程公司、意大利英波基洛股份公司、ABB 公司、香港中华电力 7 家公司与招商部门进行了初步接触，招商工作组向这些公司同时于 2001 年 11 月 14 日发出了

《资格预审公告》及《资格预审须知》等资格预审文件。上海市产权交易中心根据预审文件提出的基本要求，认定法国昂帝欧——新世界联合体、法国通用水务公司、英国泰晤士水务公司3家符合要求。这3家公司在慎重考虑之后于11月21日向招商工作组递交了资格预审答复文件，其余4家公司自动退出。上海市水务局、水务资产公司、各自来水公司领导、专家组成资格预审评审组，对3家公司进行预审后，认为符合资格预审要求并进入下一轮招商推介和招商申请谈判。

（3）招商推介。招商推介是为便于提高浦东自来水公司的透明度和便于外商制作招商申请文件而组织的招商推介会，内容包括：实地踏勘、数据库资料查询等。通过预审的3家公司都表现出很大的诚意，竞争非常激烈。

（4）招标文件编制。招标文件的生成是项目最为重要和持续时间比较长的阶段，招标文件是由中方草拟，外方投资商只能够根据中方招标文件中提出的基本要求讨论一些文件可能没有规定的细节问题。因此，招标文件实质上规定了此次特许经营项目的基本内容和框架，所以就显得尤为重要。正因为如此，中方招商工作组需要对外方投资者提出的问题做出详细的解释。中方和外方投资商均聘请了业务能力很强的代理公司，其中中方招标的代理公司是东方国际招标公司，法国通用水务公司聘请的财务公司是上海国资经营公司。

招标工作组制作了《招商须知》、《股权转让合同草稿》、《合资合同草稿》、《合资企业章程草稿》、《问题解答备忘录》等。在此期间，项目组做了《三家招商申请文件的浓缩版》、《分类汇总对照表》、《谈判要点》、《问题澄清清单》、《评审标准和办法》等文件，为下一步工作做好了充分的准备。

（5）澄清与释疑。第一轮主要是澄清中方在历次文件中提出的合作原则和前提，对承诺的情况予以说明。第二轮主要是就外方对招商文件中不清楚和不明白的内容给予解释和说明，并且中方也希望外方投资商对其要求做出详尽的解释。谈判按照财务、技术和服务、人事和组织三个组分别进行。在中方分别对三个公司进行答疑的过程中，每个公司提出的问题约500余个，同时，中方也对外方共提出了500余个问题，并要求对方制作书面的回答备忘录。

2. 评标程序

在中外双方释疑和谈判之后，三家外方投资商分别向中方招商工作组提交了标书，标书交由专家组评审。评审专家对招商申请人在招商文件中提出的受让价格、财务方案、技术方案、服务方案和组织人事方案、管理水平5个部分进行评分，各占20%，最后得出对三家公司的综合评价。根据评审的5个方面组成了各个专家组，专家组的形成是严格和公正的，首先上海市有关专业单位和部门分别推荐来自全国的专家组成专家库；然后聘请公证处公正专家产生办法和评审程序，并签订正式委托合同，公证评审全过程；最后通过摇号的方法摇出每组4名评审专家。

在评审专家信息严格对外保密的情况下，秘密邀请各位专家到指定地点进行秘密评审，评审地点也是保密的，评审材料进行隐名处理。评审的时间持续了两天，在评审工作中作为招商组织者的上海水务资产公司和浦东自来水公司主要的任务是对专家释疑，对专家提出的关于外方招商申请书中的问题进行回答，不直接参与评分。

评估之后，专家得出结论：法国通用水务公司中标。其中就受让价格而言，法国通用水务公司出价20.26亿人民币，中法水务出价16亿人民币，只有泰晤士公司出价是略高于标的7.6亿元。在得出评估结论后，上海水务局领导随后向上海市政府分管领导，时任上海市副市长韩正汇报，最后确定法国通用水务公司中标。

3. 特许经营协议签订

2002年5月，在上海浦东香格里拉大酒店举行了自来水浦东公司部分股权转让合同签字仪式，上海水务资产经营发展有限公司与法国通用水务公司的代表在合同上签字，法方受让上海市自来水浦东有限公司50%国有股权。2002年8月30日在履行完全部法定程序和手续后，上海浦东威立雅自来水有限公司正式揭牌成立，合资公司与上海市政局签订特许经营协议，经营期限为50年，特许经营模式如图9-2所示[①]。

---

① 傅涛等. 中国城市水业改革实践与案例. 北京：中国建筑工业出版社，2006.

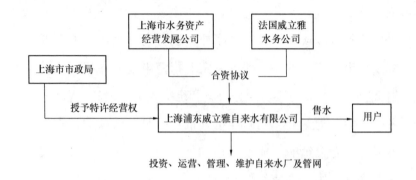

图 9-2　上海浦东自来水公司特许经营模式

项目的特许经营原则为：利益共享、风险共担、共同经营、不设固定回报。特许经营协议的主要内容包括：合资前提的设置、合资公司必须遵守的内容、关于水价调整的合法途径、关于合资企业的监管、关于前提条件的补充。

（三）特许经营项目的实施与效果

1. 项目融资

根据股权转让合同，法国威立雅水务公司出资 20.26 亿人民币受让上海市自来水浦东有限公司 50% 国有股权，溢价近 3 倍。其中，转让价款的 40% 为威立雅自有资金，60% 由威立雅向中国当地商业银行进行贷款融资，不发生项目融资。

2. 合资公司管理层的构成

合资企业的董事会由 7 人组成，其中中法双方各 3 人，上海水务局派出 1 名独立董事作为政府主管部门的代表，独立董事对涉及用水安全、社会稳定等方面的问题具有一票否决权。合资后第一任管理层中，中方派出董事长，法方派出总经理，原则上 4 年一轮换，但是也可双方协商决定。实际运作的并不是董事会，而是公司执行委员会，执行委员会由 4 人构成，中法双方各 2 人，中方包括董事长和一名中方副总经理，法方包括总经理和一名法方副总经理。由于执行委员会中中外双方 2：2 的人员构成，在双方意见不一致时，容易出现相持不下的争执。

3. 经营管理

在管理层方面，由于股权比例的对等，使得中法双方在公司经营管理上具有对等的发言权，执行委员会中人数的 2：2 也说明了这一点。合资公司中的中方管理层是由上海水务局任命的，其利益取向一方面要考虑政府主管部门的意见，另一方面要考虑到合资企业的利益，即使就合资企业的利益和目标而言，中方和法方的认识也未必一致。而且，法方管理人员在管理方式、文化习俗上与中方人员有不相容的一面。所以，中法双方管理层在合作过程中出现了一些摩擦，双方对等的发言权又使得关于一个决策的争执往往要持续比较长的一段时间，较大程度地影响到了决策的速度。

在企业职工方面，虽然协议规定合资公司对原来浦东自来水公司的正式职工全部不能裁员，年收入按照 2001 年的基数，在此基础上每年提升 10％。但是从合资企业运营的近两年来看，很难达到这一要求，工人的实际待遇有所下降，工人对此有不满情绪。原因在于原来浦东自来水公司的工人收入中 40％是由主业支付，而另 60％是副业的经营收入，合资之后逐渐进行主副剥离，副业经营产生的工人待遇不可避免地在减少；另一方面，外方对于合资之前工人一些福利作为收入基数并不认可。

4. 设施运营与效果

在供水服务方面，合资公司服务区域不断扩大，达到 320.05 平方公里；服务人口与日俱增，逾 170 万；水表用户新增 7 万，总表数达 66 万余只；管网长度新增 121400 米，达到 2065383 米。合资企业的规模得到了扩大。

在管网改造改造方面，根据 2001 年城市供水管网普查，由于历史原因，在浦东威立雅辖的地区道路及街坊 $DN75 \sim DN500$ 供水管道中，无内衬管道 57110m，占 $DN75 \sim DN500$ 管道总长度的 4.2％。内衬管道易于结垢，造成管径缩小，流速降低；管内的结垢，会严重影响供水水质，使浊度上升。按照水务局《城市供水管网改造计划》会议要求，为从根本上解决供水中的二次污染问题，经过努力，公司到 2003 年底共改造了 $DN100 \sim DN500$ 无内衬管道总计 57079m，投入资金 4671.6 万元，率先消灭了道路、街坊无内衬管道。

在供水水质方面，2003 年，合资公司成立了水质部和水质中心化验室筹备组，外方总经理直接抓水质，强化了人员配备和水质管理工作。为了借鉴国际上先进的实验室的运作经验，还特派水质考察团赴法国里昂中心化验室进行了考察和学习。合资后，供水水质总体较合资前有明显提高，其中锰指标合格率和出厂水平均浊度指标有显著变化，且四项合格率达到 100%。以凌桥水厂为例，其备用水源位于黄浦江下游 2 公里处，2002 年春季，出厂水的锰时常超标。合资后，公司就非常重视，中法双方经过技术论证，采用了符合原水水质特点、简单易行的高锰酸钾预处理工艺。2003 年初完成了凌桥高锰酸钾预处理工程。运行后提高水质效果十分明显，锰指标合格率从 2002 年 5 月的 61.11% 提高到 2003 年的 99.23%。2004 年 1 月全市黄浦江原水水厂普遍锰超标，仅浦东威立雅公司的凌桥水厂的锰合格率为 100%。

（四）特许经营项目的政府监管与经验启示

1. 特许经营模式的选择

浦东自来水项目是典型的自来水公司整体股权转让，从而实现合资的项目模式，合资企业将获得浦东地区 50 年供水专营权。这种股权转让的模式属于权益收购，与一般的特许经营不同，经营到期后，投资人所持股权不是无偿交给地方政府，而是要由地方政府回购。因此，尽管转让价款溢价很高，但经营期满后由政府回购的话，为股权受让企业增加了话语权，可能会导致政府在期满后以更高的溢价回购股权，增加了政府巨额财政支出的潜在风险。而且由于威立雅水务公司拥有的是完全产权，而不是有限产权，因此经营期限没有实际的约束价值，只是投资人用于核算投资回报的财务期限。同时，这种专营权也不同于 TOT 资产转让项目模式。TOT 资产转让项目的转让价格取决于特许经营期内运营项目资产所获得的全部净现金流的折现值，管理和效率因素很少。而专营项目由于无法确定准确的水价和水量，因此管理效率和服务水平所起的作用比重显著加大。

此外，浦东自来水项目的特许经营期为 50 年，而原建设部颁布的《市政公用事业特许经营管理办法》规定特许经营最长期限不超过 30 年，因此特许经营期 50 年在执行中存在政策障碍。从融资模式看，浦东自来水项目是典型的专业服务性合资模式，20 多亿元的投入全部由投资人筹集，不能安排项目融资。这种转让资金全部出自投资人的本金、以投资人为主体的而不是以项目公司为主体的融资模式势必加重投资人的资本负担。

2. 特许经营招投标监管

浦东自来水项目按照公开、公平、公众的原则，采用了国际招标的形式，由于有很多强有力的竞争对手参与，因此投资方为了保证中标，必须最大程度地满足招标方的意愿，从而提高收购价格，并且增加对运行水价、水质、水利和供水安全的许诺。然而，浦东自来水项目由中方主导的招标模式未必完全适用于其他地区。中方草拟标书进行招投标方式的优点在于提高了谈判的效率，但是浦东模式对投资者的限制非常的苛刻，这种模式放在浦东这片中国最有投资前景的地区能够成功，并不代表在其他地区也适用，而且对政府的专业技术水平也提出了很高的要求。

3. 特许经营的运营监管

2000年5月，上海市组建了全国首个省级建制的水务局，聚合了水利、供水、排水三大行业，归并城市防洪、城乡供水、排水和污水处理、地下水管理、计划用水和节约用水五大职能。其中，上海市水务局计划用水管理处承担着整个上海自来水供应的调度协调工作，浦东自来水公司合资后加大了监管的工作难度。这一方面是由于传统的行政管理体制，在项目合资前，水务局作为浦东自来水公司的行政上级，具有绝对的管理权（包括人事权），即使在协调工作中出现利益上的摩擦，行政上的权威也使得问题容易解决。但对于合资公司，尤其是对外方的协调工作，却难以运用行政命令。虽然特许经营协议中的具体条款在很大程度上限制了合资企业的行为，但合约的不完备性决定了协议中存在一些事先未预见的问题，增加了监管部门协调的难度。另一方面是由于中外双方在管理理念上存在差异甚至冲突。由于语言、文化等方面的不一致，往往对于一个合资之前认为是很简单的问题，要花费很大的精力和时间才能解决。同时，尽管合资之后外方在提高水质等方面起到了一定的作用，但是外方在技术转移上离他们的期望还比较远，上海经济社会的发展对水务行业的技术水平提出了越来越高的要求，外方在技术转移方面可做的工作很多，然而，技术转移就意味着需要资金的投入，这是外方必定要考虑的。因此外方当初在受让价格中出价也并不是越高越好，这可能会使其在其他方面减少资金投入。

此外，项目的特许经营并不等同于政府完全退出水务行业的投资，如水源保护、社会节水等投资很难纳入计量范围，属非经营性资产，需要政府以财政形式支付，体现社会效益；另外，有些项目的实施，如管网系统，关联面很宽，是具有自愿统筹配置特征的项目，也必须由政府负责投资和实施，以发挥政府的协调特长，提高效率，将管网系统打包进行股权转让，一定程度上增大了城市安全的隐患。

第二节　城市管道燃气行业特许经营监管的典型案例

城市管道燃气特许经营有两个基本要素：一是管道燃气特许经营权，这是由政府授予特许经营者的权力；二是管道燃气特许经营协议，协议除明确政府的权利义务和特许经营者的具体权利外，更重要的是明确特许经营者的义务。所以，管道燃气特许经营的本质是授予特许经营权和协议监管。城市管道燃气特许经营权由政府通过市场竞争方式授予，政府在授予特许经营权后，又主要依据管道燃气特许经营协议，对获得特许经营权的企业进行监管。我们将通过下面三个案例分析中国城市管道燃气实施特许经营的成功经验和失败教训。

案例一　深圳市管道燃气行业特许经营
项目及其监管[①]

（一）案例

自改革开放以来，中国燃气行业得到高速发展。深圳燃气集团是深圳市燃气供应的龙头企业，1995年底由经营管道燃气与瓶装燃气的两家企业合并重组

---

① 深圳市燃气集团有限公司. 深圳燃气集团改革发展的实践与探索. 求是，2003，（15）.

而成。1996 年 3 月，深圳市人大审议并发布中国第一个地方性法规《深圳经济特区燃气管理条例》，规定管道燃气（含瓶装供气）实行统一经营。多年来，在深圳经济快速发展的大环境下，集团管理层坚持改革创新，企业规模不断扩大，经营水平稳步提高。

随着改革的不断深化，国有企业在产权结构、公司管理体制等方面日益暴露出深层次的矛盾。从燃气集团的性质和特点看，产权主体多元化改革是企业可持续发展的必然。首先，引进投资者，形成混合所有制的产权格局，有利于转换企业经营机制，使集团按照现代企业制度的要求，成为自主经营、自负盈亏的法人经营实体和市场主体。其次，引进投资者，有利于解决国有独资企业存在的公司治理结构不完善问题，建立起股东之间、所有者与经营者之间休戚与共、相互制衡的机制。第三，引进投资者，有利于集团在主业经营上形成强强联合和优势互补的格局，从而优化资本结构，引进科学的管理经验和优秀的管理人才，增强企业核心竞争力，把企业做强做大。

2002 年 8 月，深圳市推出深圳燃气集团等五家大型国有企业主体多元化的国际招标招募改革，推动新一轮国有企业改革和城市公用事业投融资体制改革的创新。然而，在国际招标招募中，深圳市政府发现前来报名的国际知名企业非常重视招标企业的行业监管环境，当得知深圳市仅有的政府文件规定管道燃气统一经营、没有一部特许经营的监管办法的情况后，许多跨国企业退出国际招标招募。要吸引国际资本投资公用事业，就必须推动相关领域的全面改革创新，创新监管方式和服务方式。

2003 年 3 月，深圳市政府出台了《深圳市公用事业特许经营办法》，为五家大型企业国际招标招募奠定了基础。该《办法》是国内第一部关于公用事业监管的系统性法规，在许多方面进行了大胆创新，对特许经营权的授权主体、授权方式、程序、内容、监管机构、公众参与等重大问题进行了规定，明确了特许经营企业的权利和义务，规范了政府的监督和管理行为，丰富了价格监管和普遍服务等内容。

在国家推行公用事业改革、鼓励社会资金、港澳台资及境外资本进入公用事业领域政策引导下，按照深圳市政府的统一部署，燃气集团作为首批国际招标招募企业，通过国际招标招募引进战略投资者——香港中华煤气有限公司和四川新希望集团有限公司，三方合资经营燃气集团的期限为 50 年。深圳市燃气集团股权转让及增资原则性协议中确定，香港中华煤气受让 30％的股权，"新希望"受让 10％的股权，另外 60％的股权仍由深圳市投资管理公司持有。这也显示出了政府在公用事业上的主导地位，避免了公用事业特许经营可能带来的不应有的社会震动。

针对过去长期计划经济体制下遗留的一些弊端，燃气集团建立了科学的企业管理层级结构，积极引入竞争机制，选拔管理人员。一是精简职能部室和下属企业，压缩管理岗位，提高整体工作效率；二是通过公开选拔和竞争上岗，打破了"铁交椅、铁饭碗"，建立了"能上能下、能进能出、竞争择优"的用人机制，造就了一支团结、精干、高效、奋进的管理团队。

在建立全新用人机制的同时，燃气集团按照现代企业的运行模式，逐步建立健全了各项管理制度。通过严格执行各项管理制度，将管理目标、责任全部落实到个人，实行责任追究制，采用激励和约束机制加强管理，确保了企业生产经营全过程的有序、高效。

安全是燃气企业的生命线。燃气集团以"安全供气、优质服务"为企业经营宗旨，积极开发、利用高新技术手段提高管理水平和服务质量，通过各种途径加强安全管理，警钟长鸣，防患于未然。集团自行开发的燃气管网生产抢险调度系统、管道燃气客户服务和生产管理系统、自动化办公系统以及智能抄表和燃气监控系统在国内同行业中处于领先水平，这些系统在集团生产经营过程中发挥了重要作用。多年来，集团未发生任何重大安全责任事故，设备完好率达 98％，安全生产指标均达 100％，取得了良好的社会效益和经济效益。

服务是燃气企业发展的基石。燃气集团通过开展微笑服务和标准服务活动，实行统一作业法，坚持推行社会服务承诺制，把科学管理与优质服务相结合。为此，开通了管道气 5199999 网站，使客户能直接通过互联网办理各项业务；设立 24 小时服务热线，提供一个窗口办公、一站式服务，努力打造"深圳燃气"

的安全服务品牌。

人才竞争是企业竞争的实质。燃气集团把投资人力资本、完善人力资源管理体系作为全面提升企业核心竞争力的关键来抓。集团十分注重通过教育、培训和实际锻炼来不断提高员工的素质。建立以人为本的人力资源管理体系，从多角度营造吸引人才的环境。集团领导认为，人才对物质的追求并不是唯一的，单位能为他们提供实现自我价值的客观环境才是最重要的。因此，集团摒弃旧的等级观念，充分发挥国有企业的优势，以平等的工作关系吸引人才、留住人才，建立了一套良好的用才机制，最大限度地发挥各类人才的积极性和聪明才智。集团的努力得到了全体员工的认同，企业人力资源状况不断改善，一批务实、干练、懂经营、会管理的人才脱颖而出，走上了重要领导岗位。

燃气集团把"开拓、奋进、高效、服务"定位为新时期的企业精神，要求全体员工做到"安全供气、优质服务"。大力倡导企业精神，促使员工保持奋发向上的精神状态，构筑具有自身特色的企业文化。通过弘扬"燃气文化"，发扬"燃气精神"，使"深圳燃气"的优质品牌形象深入千家万户，赢得社会的信赖和赞誉。

发展是硬道理，是企业生存之本、壮大之源。为了支持企业做强做大，深圳市政府给予燃气集团五大政策支持：30 年管道燃气特许经营权、市政燃气管网使用权和投资权、全成本燃气定价机制、广东 LNG（液化天然气）项目 10%的权益和深圳城市天然气利用工程的投资建设经营权。这些政策的出台解决了长期困扰燃气集团改革发展的深层次问题，为集团的进一步发展壮大提供了历史性机遇。

管道燃气是集团的核心业务，是集团资本运营和对外扩张的纽带，发展管道燃气是做强做大燃气集团的必由之路。由于历史原因，燃气集团的多元化经营一度走过了头，严重影响了主营业务的发展和企业经营效率。对此，集团采取"有所为，有所不为"和"进而有为，退而有序"的策略，大力调整产业结构，抓大放小，加快从赢利能力差、经营风险高的非主营业务退出的步伐。截至 2002 年底，集团完成了燃气用具公司等 7 家下属企业的股权和资产转让工作，钢瓶检验公司等多家下属企业的改制和放小工作也取得了实质性进展。与此同时，燃气集团通过资本运营方式不断拓展主营业务。2001年，集团成功收购了液化石油气进口量居全国首位的企业——华安公司，2003年，集团又成功收购了宝安国投燃气公司，实现了全市管道燃气的统一经营和东西联网，进一步拓展了集团在行业内的发展空间。

深圳燃气集团的发展目标是力争成为区域性最大的燃气企业，积极拓展华南市场，参与西气东输工程。集团的策略是以管道燃气的经营品牌与实力雄厚的投资者结成战略联盟，实现资源共享、优势互补、风险转移的目标，通过投入少量资金，占有一定股权，取得城市管道供气项目的经营管理权，在城市管道燃气领域拓展新的市场，实现跨地区经营。

深圳燃气集团快速发展的实践有力地证明，改革创新是国有企业发展的根本动力。在充满机遇和挑战的新形势下，深圳燃气集团将不断探索国企改革新模式，锐意进取，永不懈怠，为提高深圳市民生活质量，加快深圳现代化进程贡献力量。

（二）案例分析

从深圳燃气集团改革发展历程可以看到，中国城市管道燃气行业实施特许经营制度改革一直是在探索中前进的，尤其是在改革初期，在尚没有明确的政府政策支持的情况下，深圳市政府积极尝试城市管道燃气行业改革。首先对国有管道燃气企业进行改制，引进投资者，完善公司治理结构并优化资本结构，有效地提升了企业竞争力；其次通过国际招标招募引入资本投入城市公用事业。与此同时，深圳市政府在认识到监管制度建设滞后是特许经营制度实施的障碍后，很快出台《深圳市公用事业特许经营办法》（以下称《办法》），以规范管道燃气行业特许经营制度的实施。该《办法》对特许经营权的授权主体、授权方式、程序、内容、监管机构、公众参与等重大问题进行了规定，明确了特许经营企业的权利和义务，规范了政府的监督和管理行为，丰富了价格监管和普遍服务等内容，为准备进入城市管道燃气行业的企业提供了稳定的政策环境。深圳市燃气集团不断发展壮大的事实证明，政府监管制度的完善，不仅是对获取特许经营权企业的约束，更是进入城市管道燃气行业的企业顺利发展的保障。

案例二　北京亦庄开发区管道燃气特许经营项目及其监管①②

（一）案例

2002 年，北京市市政管理委员会（下称"市政管委"）和北京经济技术开发区（下称"亦庄开发区"）管委会与中国石油股份公司的下属公司——北京华油联合燃气开发公司（下称"华油公司"）签署《北京经济技术开发区南部新区管道燃气特许经营协议》，这是国内第一个规范的燃气特许权协议，标志着北京市燃气供应产业化工作进入了规范化阶段。

亦庄开发区是北京市唯一一个经过国务院批准的国家级开发区，一期占地15 平方公里，区内共有企业 1100 多家，投资总额 40 多亿美元，年国内生产总值近 800 亿元，但到 2002 年，市燃气集团的供气范围还没有到达亦庄开发区。为满足开发区工业和居民用气的需要，亦庄开发区管委会与华油公司经协商签订了燃气供应协议，华油公司据此修建了向亦庄开发区供气的管线，为开发区南部新区内部分用户提供供热和民用天然气，气源为中国石油公司从陕甘宁输送的天然气。

在北京的燃气市场并没有开放的情况下，华油公司的参与给北京的燃气供应体制提出了新课题，为此北京市政府责成市政管委研究解决。市政管委聘请了大岳咨询有限公司作为亦庄燃气供应项目的顾问，与市燃气办公室组成了工作小组，原建设部 2002 年 12 月 27 日下发的《公用事业产业化指导意见》则为工作小组提供了解决问题的政策依据。

---

①　金永祥，童玫. 城市燃气特许经营协议的典范——北京亦庄开发区燃气供应特许经营案例. 2003，(10).

②　金永祥，蔡建升. 燃气供应特许经营项目运作——北京亦庄东区燃气特许经营案例. 中国投资，2004，(11).

在倡导公用市政行业市场化发展的大环境下，华油公司进入北京天然气供应市场，对于推动北京燃气行业的改革开放有积极作用。然而，由于公用行业在地域内具有自然垄断的性质、在服务上与人民生活密切相关，因此，公用行业的竞争应该在有序、符合规范的前提下进行，政府应加强对该行业的管理，在开放市场的同时，要保证公用行业的服务质量和安全。

为妥善解决该区域燃气发展与投资建设和管理问题，保障安全供气，探索在北京市燃气行业实施特许经营的途径，工作小组结合项目实际情况，在综合考虑全市、开发区、华油公司、北京市燃气集团以及沿线用户各方利益的前提下，决定由市政管委、亦庄开发区管委会和华油公司签订特许经营协议，对开发区南部新区管道燃气供应实施特许经营。工作小组还建议以规范亦庄开发区燃气供应为试点，逐步完善北京燃气供应的特许经营制度。

国内其他城市燃气供应的市场化和产业化进程早在几年前就已经开始，但还没有一个城市建立规范的特许经营制度。由于燃气供应不同于一般的货物买卖，在一定时期和一定范围内，供应商是垄断经营的，因此在垄断情况下如何保证客户利益、保证服务质量和价格合理，是特许经营协议需要解决的主要问题。

在燃气供应产业化较早的地区，不规范运作带来的问题逐渐显露出来：有的城市在燃气产业化时由于未对供应商的普遍服务做出规定，在政府需要解决稍偏远区域的供气时，供应商从商业利益出发拒绝提供服务，致使政府不得不额外增加投入；有的城市对燃气价格的机制研究不够，在产业化之初对供应商做出了高价承诺，使市民承担了不该承担的负担。随着燃气产业化进程的推进，暴露出的问题越来越多，规范化运作的重要性将被越来越多人意识到。

大岳咨询公司认真研究了国外燃气供应的特许经营实践并总结了国内燃气产业化的经验教训，结合亦庄项目的实际情况提出若干具体问题并专门进行研究解决，经与市政管委燃气办和有关政府部门讨论，确立了特许经营的基本原则，以此为基础形成了特许经营协议初稿。市政管委和华油公司都成立了谈判小组，就特许经营协议内容进行了协商并达成共识，完成了前文提到的即将签署的特许经营协议文本。

亦庄燃气特许经营协议由主协议及附件组成，其主要内容有：术语定义，特许经营目的与原则，特许经营权及授予，特许经营权范围，特许经营权的管理要求，特许经营权的使用和承继，管道燃气设施的所有权与使用权，市政管委的权利和义务，特许经营公司的权利和义务，违约及处罚，管道燃气设施的征用、收回及补偿，影响用户用气工程的报告与通知，公共用地、道路及其他公用设施的占用，供气计量及收费，燃气价格，供气和用气安全，管道燃气设施的使用、维修及更换，特许经营权的终止及撤销，特许经营权终止后的资产处置，合同的变更与解除，不可抗力及免责，争议的解决等。同时，将特许区域范围平面图、管道供气服务标准和管道燃气安全管理标准列为特许经营协议的附件，为今后执行协议提供参照标准。

依据特许经营协议规定，华油公司享有特许区域范围内的管道燃气业务独家经营权，并拥有根据特许供气范围内总体规划及燃气规划管道的投资、发展，依据特许经营合同规定的燃气价格，向用户收取管道燃气供应费及相关服务费等权利，同时应履行提供燃气服务、承担风险和责任、持续经营、普遍服务、安全服务、开展用户教育等义务。

特许经营协议解决了供应商的权利和义务、供气范围、供气质量和价格、政府监管、普遍服务、退出机制、违约责任等问题，将会保证供应商、政府和客户各方的利益，保证在特许供应期内供气工作顺利进行。

除了以签订特许经营协议的方式来约束特许经营企业外，对燃气供应商的经济实力、管理能力、管理模式等方面的要求也是必需的。市政管委燃气办从行业管理的角度出发，对华油公司提出了相应的要求。

首先是公司组织形式，要求特许经营公司必须是依据《中华人民共和国公司法》注册登记的独立法人。其次是公司业务范围，特许经营公司只能从事特许区域范围内的燃气供应业务，不得从事其他业务。此外，对特许经营公司的生产工人、管理与工程技术人员、服务人员的定员，要按原建设部《城市建设各行业编制定员标准》的规定配备，在特许期内，特许供应公司必须始终保持一定数量的具有合格资质的管理人员和技术人员进行运营管理，并按照适用法律及谨慎运营惯例运营和维护项目设施。

亦庄燃气项目的特许经营是北京市燃气特许经营制度改革的试点。从亦庄项目实施情况看存在着供应商的选择环节缺少竞争以及政府职能调整不到位等问题。这为北京在管道燃气行业进一步实施特许经营制度提供了借鉴。在汲取前期改革经营的基础上，2004 年 9 月 20 日，北京经济技术开发区东区天然气供应特许经营项目融资招标正式开标，来自境内外的 5 家联合体参加了竞标，其中新奥燃气和京港亦庄联合体（由北京燃气集团和香港中华煤气公司组成）的报价最低，其他投标人的报价在 1.35～1.50 元/m^3 之间。亦庄项目取得了重要的阶段性进展，开标结果震动了全国燃气行业，并将对燃气改革和燃气体制产生深远影响。

（二）案例分析

亦庄燃气项目的特许经营是北京市燃气特许经营制度改革的试点。为北京市进一步推进城市管道燃气特许经营制度提供了很好的借鉴。从亦庄项目实施情况看，存在着供应商的选择环节缺少竞争以及政府职能调整不到位等问题。在后续项目实施特许经营中则得到了及时调整。

从亦庄燃气项目实施过程看，签订特许经营协议是政府监管部门对获得特许经营权企业进行约束的基本依据，同时也是获得特许经营权企业权益保障的依据。因此，对于特许经营权授予方的政府以及获得授予权的企业而言，签订特许经营协议都是十分关键的环节。鉴于特许经营协议的签署具有较强的专业性，聘请第三方咨询机构协助签订项目协议有助于项目的规范运作。

案例三　山西永济市管道燃气特许经营
项目及其监管①

（一）案例

一方是掌控气源、背景颇深的大型国企，另一方是手持城市管道燃气特许

---

①　韩文. 一场国企与民企的天然气"暗战"山西永济供气之争. 中国经济周刊，2011-06-13.

经营权的地方民企。2010 年底开始，源于抢夺 5 户大型工业用户的供气之争在山西运城永济市上演。

这场企业间的"暗战"，国企以"发展战略"开道，民企坚持"抵御外侵"。然而，看似平静的博弈，背后却暗流涌动。企业的利益纷争最终"伤"到了民生，当地数千居民用户与众多工商业用户为此苦不堪言。

1. 用户"气不顺"

"国庆、新年、春节……"作为永济市城市管道燃气唯一的特许经营单位，永济市民生天然气有限公司（下称"永济民生"），给当地居民、工商业用户的通气承诺一次次落空，而最终的时间表仍难以敲定。

5 月 26 日，在永济市惠民小区，许多年逾花甲的老人正围坐在楼前打牌娱乐，头顶上方安装多时的天然气表箱挂满了尘土。

惠民小区是当地政府建设的安居工程，共建有 5 栋楼，安置 336 户千余居民，其中经济适用房 300 户，廉租房 36 户。

某军工企业职工，在企业破产后因生活困难申请到这套经适房。在这位职工的家中，他向记者诉苦："住经济适用房的都是低收入人群，已经够难了。现在天然气迟迟不通，使用电或液化气费用太高，我们还得换灶。"

"不给通气，就给我们退钱（管道工程安装费）！"某纺织厂女工显然已对永济民生失去耐心。

记者随后来到当地最高档的小区——御苑小区，二期项目的 458 户居民同样满腹意见。在 7 号楼居民家中，记者看到脏兮兮的液化气罐放置在装饰考究的厨房里，极不协调。居民表示："做饭不方便还可以对付，但当初安装好的天然气洗浴装置却用不上，总不能不洗澡吧！"

相比居民而言，工业用户对通气的呼声更为高涨。永济市广海铝业有限公司副总经理曾茂林为记者算了笔账："现在每个月用柴油七八十吨，每吨 8000 多元，保守估计每月得 60 多万元。如果用天然气，至少可以省出 1/3 的费用，全年可以节约 300 万元左右。"

与广海铝业一样，周边的华圣、海丰、云海、粟海等铝加工企业都倍感

"受伤"——已交纳管道工程安装费，管道就在厂区外，却无气可用，只能选择柴油、重油、电等高成本能源。

2. 气"堵"何处？

接受《中国经济周刊》记者采访时，永济民生总经理一脸无辜，坦言自己同样是受害者。

"我快跳楼了！我们这边早就具备了通气条件，但负责长输管线的山西压缩天然气集团有限公司（下称"山西压缩"）的分输站一直不和我们对接，气进不来！"永济民生总经理抱怨道。

据悉，永济民生在 2008 年取得永济市管道燃气特许经营权后，便于次年 3 月与山西天然气股份有限公司（下称"山西天然气"）签订了天然气购销意向书。两家公司在当月先后动工开建，前者建设永济市区管网，后者建设运城—临猗—永济长输十线及永济分输站。

"你的气源在哪里？"山西压缩董事长一度质疑当地政府与永济民生签订特许经营权协议的合理性。作为临猗—永济长输管线所有权单位，山西压缩董事长也不认可之前永济民生与山西天然气签订的意向书，理由是意向不等同于协议，且意向并非是与山西压缩所签。

那么山西天然气与山西压缩究竟是何关系？

记者走访得知，山西天然气是山西国新能源发展集团（下称"国新能源"）控股子公司，而山西压缩是由山西天然气与山西煤炭运销集团有限公司（下称"山西煤销"）合资成立的均股公司，国新能源与山西煤销均为山西省国资委重点监管企业。山西压缩成立后，山西天然气将长输管网进行了移交。

山西压缩董事长称，当年建设的运城—临猗的管线是归山西天然气所有，后移交给山西压缩，而临猗—永济—风陵渡的管线本来就由山西压缩投资建设。所以之前永济民生所签的购气意向主体明显不对，况且永济民生也从没派人到山西压缩商谈供气事宜。

永济民生却有不同说法，公司总经理表示："我们先后数次找过山西压缩的项目部、运行部，也按要求提交了新增用户的开口资料。2010 年 10 月份达到通气条件后，还专门去函，希望通气点火，对方始终没有回复。"

企业协调无果的情况下，永济市政府高度重视，先后于 2010 年 11 月 3 日、12 月 16 日两次给山西压缩去函，希望早日通气，但依然没有取得实质进展。

提及此事，山西压缩董事长也很委屈："我们承担着气化运煤通道的重任，都是省重点工程，省重点办也在催，我们更急！现在还有三处地方要穿越铁路，前段时间高速公路施工挖坏的管道也需修复，还要请中石油公司通球打压（管道建设中的一道技术工序），最后验收通过才能送气。"

永济市城市燃气管理办公室主任坚持认为，"长输管网在去年年底就具备了通气条件"。他记得，去年 10 月份，山西压缩的长线管网就已竣工；12 月 16 日，永济市的经济观摩会还到项目现场参观，当时项目经理称"土建、安装已完成，正在办手续"。

3. 直供"阳谋"？

在永济民生总经理看来，山西压缩的长输管网早已具备通气条件是不争事实，迟迟不肯跟永济民生对接的根本原因是觊觎当地 5 家大型铝工业企业，想为企业直供天然气。

接受记者采访时，山西压缩董事长自言不讳："沿管线的工业用户由我们直供基于三方面原因：一是兑现运城市政府的承诺；二是沿线企业的一致呼声；三是国新能源的一贯要求。"

永济民生则认为，山西压缩自供企业明显违背了山西省天然气营业范围划分规定，属于"超范围"经营。其依据是山西省煤层气（天然气）综合开发利用领导组办公室在 2004 年下发的《关于天然气公司营业范围有关问题的通知》（下称《通知》）。

《通知》显示：山西天然气负责全省天然气主干管网、主干管网沿线 CNG 加气站的建设、运营、管理；市（地）及县级天然气公司，负责本行政区域内天然气支线、城市供气管网、大工业用户、城市 CNG 加气站以及各城市门站的建设、运营、管理。

记者试图联系上述发文单位核实具体细节，但截至记者发稿，仍无法联系到该办负责人。

事实上，山西压缩"早有准备"。2009 年 5 月 14 日山西压缩成立后，其市级天然气子公司也相继在各地成立，以求直供"合规"。各子公司由山西压缩控股 51％，山西煤销各地分公司在天然气子公司参股 49％，山西煤销以 74.5％的股份实质控股山西压缩各子公司。

"我们运城子公司也是市级天然气公司，按照《通知》规定，完全有资格为企业供气"，山西压缩董事长表示。

2010 年 12 月，山西华圣、海丰等 5 家铝加工企业联名致函山西压缩，要求为企业自供天然气。但这份被永济民生疑为"靠低价承诺串联而来"的函并没有得到运城及永济官方的支持。

运城市城市集中供热供气办公室在接到山西压缩来函后，明确回复"不能直供"。永济市政府也予以了回绝，并发文要求"规范天然气市场"。

虽然永济民生与 5 户铝加工企业签订了天然气设施安装协议及用气意向，但气源的被动使得供气充满变数。

广海铝业坦言："价格已不是当前最重要的，关键是要尽早给我们供气，我们拖不起！"

如今，山西压缩运城子公司的母站开始试运行，永济市个别铝加工企业已尝试通过槽车往回拉气。山西压缩董事长很坦然："成立山西压缩的初衷就是气化运煤通道，为沿管线企业直供天然气，我们正在逐步推进。"

4. 民企的"烦恼"

"居民用户更多体现的是社会效益与政治效益，经济效益还得靠工业用户。只有把工业用户和居民用户捆绑在一起，才有企业愿意做这笔生意。"永济市城市燃气管理办公室主任直言。

据了解，永济市政府当年因无力承担上亿元的天然气管网投资，才决定引入社会资本。永济民生通过竞标，于 2008 年 11 月 1 日正式取得永济市城市管道燃气独家特许经营权，期限 30 年。

在合同文本中，记者清楚看到第 3.5 条明确了特许范围：以管道输送形式向居民、工业、商业公福及汽车用户供应天然气、煤层气燃料。

2009 年开始，永济民生累计投资 4000 余万元，完成了新街村门站至黄河大道、河东大道 20 余公里的主管网铺设，庭院管网入户近 5000 户，基本覆盖了小区集中的地方，工业用户专线业已铺设完成。

永济民生总经理也为记者算了笔账：永济市用气居民上限为 2 万户，每户平均月用气量最多 15 立方米，每月售气合计 30 万立方米，以每立方米 0.5 元的利润计算，每月盈利约 15 万元，全年就是 180 万元。但全年运行费用就要近 400 万元，是亏本生意，这个窟窿就要靠工业用户去弥补。

"你辛辛苦苦种下的麦子，别人要来收割，你能同意吗？"永济民生总经理愤愤道。

2010 年，山西省委、省政府提出"气化山西"的重大战略决策，运城市、永济市也相继做出"全面气化"的部署。在 2010 年的人代会上，永济市政府曾向该市人民庄严承诺，要把天然气利用工程作为民心工程，务必在 2010 年通气。如今，政府无奈地"失信于民"了。

"如果利润高的工业用户给了别人，那么谁来保障永济近 2 万户居民的用气？"永济市城市燃气管理办公室主任站在政府的立场提出疑问。

（二）案例分析

在对管道燃气产业进行纵向和横向分割以及实施特许经营制度引入民营企业后，燃气管道市场变得更加复杂。这是因为，不同的业务与不同的经营者之间的往来需要通过市场进行交易，也就是说，在引进竞争的同时带来了各业务间的协调问题。政府制定相应的监管政策并解决各业务之间的协调问题是城市管道燃气实施特许经营的前期准备。

在本案例中，表面上看，似乎是国有企业与民营企业间争利导致整个城市管道燃气无法按时正常运营，但实质上应该是政府在城市管道燃气行业实施过程中监管不力所致。

永济市政府因无力承担上亿元的天然气管网投资，决定引入社会资本。永济民生通过竞标正式取得永济市城市管道燃气独家特许经营权，且在合同文本中明确了特许范围：以管道输送形式向居民、工业、商业公福及汽车用户供应天然气、煤层气燃料。根据特许经营协议，永济民生根据管道燃气运营需要对所需要的管网进行投资建设。但作为大型国企的山西压缩，凭借其对上游气源的控制，企图把已经明确属于永济民生的大型工业用户供气业务归为己有，这无形中是"逼"政府违约。面对由于企业间"协调"无果导致居民和企业无法"通气"的僵局，作为监管部门的政府似乎有些无奈。但我们知道，对于实施特许经营制度的管道燃气行业，在出现这类协调问题时，政府必须承担协调监管并有效执行的责任。也就是说，作为授权方的政府，在授予特许经营者特许经营权后，必须保证在特定的期限和地域范围内特许经营权的排他性。因此，政府必须通过有效履行监管职能，来确保进入管道燃气行业生产经营企业的利益以及公众的利益。

第三节　城市垃圾处理行业特许经营监管的典型案例

案例一　北京市高安屯生活垃圾焚烧厂特许经营项目及其监管[①]

（一）项目背景

北京高安屯生活垃圾焚烧厂特许经营项目之前，北京市城市生活垃圾长期、稳定消纳未能得到根本解决，垃圾处理系统现状给环境造成二次污染，垃圾处理设施严重滞后于城市发展建设，没有形成有效垃圾管理机制等。北京高安屯生活垃圾焚烧厂是北京市第一个垃圾焚烧处理项目，为引进国外垃圾焚烧先进技术，建设具有国际先进管理水平的垃圾焚烧厂，较大程度地改变环卫工作的

---

① 案例来源：北京市推进基础设施建设市场化国际论坛. 经典案例《地铁奥运支线 BT 项目》. http://www.bjpc.gov.cn/zt/sheshi/anli08.htm.

落后面貌，北京市对高安屯生活垃圾焚烧厂项目实施了特许经营制度。

（二）特许经营制度过程①

1998 年 11 月 12 日，国家发展计划委员会以计投资（1998）2265 号文件正式批准北京高安屯生活垃圾焚烧厂项目立项。当时的建设内容是：新建 2 台 600 吨/日垃圾焚烧炉，配套安装 2×1.2 万千瓦汽轮发电机组及辅助设施，股东为北京市朝阳区环境卫生局、北京华联达公司等 8 家。原国家建设部、国家环境保护总局、国家财政部、中国华北电力集团公司等也相应做了批复。而当时金州控股集团有限公司作为进口设备的代理方，于 1999 年初介入、参与并知晓了该项目的情况。

2000 年 11 月 17 日，国家发展计划委员会以计投资（2000）2199 号文件正式批复同意项目的可行性研究报告。在该报告中，建设内容调整为：新建 2 台 672 吨/日垃圾焚烧炉，新建 1 台 2.5 万千瓦汽轮发电机组及辅助设施，股东变更为北京国朝国有资产运营公司、北京华联达环保能源技术开发有限责任公司、北京首创股份有限公司、赤壁金同投资管理公司等 4 家公司。项目的可行性研究报告批复后，由于种种原因，项目实际上处于停滞的状态，甚至有夭折的可能。此时，金州控股集团有限公司介入此项目。2002 年 4 月 27 日，北京国朝国有资产运营有限公司、金州控股集团有限公司、北京金州工程有限公司、北京华联达环保能源技术开发有限责任公司签署了关于北京高安屯垃圾焚烧有限公司的合资合同。这标志着北京高安屯生活垃圾焚烧厂项目从此迈上一个新台阶。

金州控股集团有限公司介入该项目后，立即组织国内外的专家对项目重新进行细致科学的调查、研究和分析。根据北京市朝阳区现有垃圾量的调查和科学的预测以及大量富有成效的工作，对原可行性研究报告进行了重大调整：将焚烧炉容量改为 2×800 吨/日，汽轮发电机组容量确定为 2×17.5 万千瓦，垃圾焚烧工艺采用往复式机械炉排技术，烟气处理系统采用半干法＋袋式除尘器＋

---

① 参见：徐向东. 北京高安屯生活垃圾焚烧厂项目实录. http：//house. focus. cn/msgview/121/95970302. html.

活性炭喷射系统以及非接触性催化还原脱氮工艺组成的烟气净化工艺。项目估算总投资也相应进行了调整。并根据新的情况于 2002 年 6 月上报了北京高安屯生活垃圾焚烧厂项目可行性研究报告之调整建设方案补充报告。

2003 年 1 月 29 日，国家发展计划委员会以计投资（2003）138 号文件正式批复同意：明确由上述四家股东组建中外合资经营有限责任公司进行项目的投资、建设和运营，并对新的建设内容进行了确认。北京市对外经济贸易委员会、中国华北电力集团公司、北京市规划委员会、北京市物价局、首都机场集团公司、北京市商务局等先后做了相应的批复。2003 年 5 月 26 日，北京市工商行政管理局颁发了《企业法人营业执照》，标志着北京高安屯垃圾焚烧有限公司正式成立。从此，北京高安屯垃圾焚烧有限公司作为项目公司，正式开始进行项目的实施工作。该项目重要的里程碑如表 9-2 所示。

北京高安屯垃圾焚烧有限公司的特许经营过程　　　　　　　　表 9-2

时　间	事　件
2003 年 6 月 23 日	北京高安屯垃圾焚烧有限公司与北京国电华北电力工程有限公司签署了项目建设工程设计合同。正式委托北京国电华北电力工程有限公司进行项目的初步设计和施工图设计工作
2003 年 7 月 16 日	金州控股集团有限公司代表北京高安屯垃圾焚烧有限公司，与北京市朝阳区市政管理委员会正式签署了《垃圾供应协议》。同日，中国华北电力集团公司以华北电集设〔2003〕46 号文件审定同意项目发电机组接入系统设计审查，接入电厂 110 千伏电网；北京市物价局以京价（商）字〔2003〕312 号文件签发了《关于承诺北京高安屯垃圾焚烧厂上网电价的函》，对该项目建成投产后的上网电价原则进行承诺
2003 年 10 月 7 日	经过谈判，北京高安屯垃圾焚烧有限公司、中化国际招标有限责任公司与日本株式会社田熊公司签署关于项目的设计、调试及技术服务合同。正式委托日本株式会社田熊公司开展项目的垃圾焚烧工艺和烟气处理系统工艺的基础设计工作和详细设计工作。该合同根据国内生活垃圾焚烧项目的实施经验，将项目的建设风险与外商进行最合理化的调配
2003 年 10 月 29 日	在北京市朝阳区楼梓庄乡高安屯项目工地举行项目开工仪式
2004 年 6 月 1 日	北京市规划委员会审定通过了项目设计方案
2004 年 6 月 24 日	取得中华人民共和国建设用地规划许可证
2004 年 9 月 6 日	北京市规划委员会召开了关于北京高安屯生活垃圾焚烧厂项目工程初步设计审查会
2004 年 10 月 29 日	取得北京市规划委员会颁发的中华人民共和国建设工程规划许可证
2004 年 12 月 9 日	国家环境保护总局以（2004）522 号文件审批通过新的北京高安屯生活垃圾焚烧厂项目环境影响报告书。
2004 年 12 月 18 日	北京高安屯垃圾焚烧厂项目桩基础工程正式开始施工

资料来源：作者根据相关资料汇总整理。

北京高安屯生活垃圾焚烧厂项目采用 BOOT（Build-Own-Operate-Transfer）模式即建设－拥有－经营－移交模式运作，由金州控股集团有限公司控股，北京金州工程有限公司、北京国朝国有资产运营有限公司、北京华联达环保能源技术开发有限责任公司和中国对外经济贸易信托投资有限公司于 2003 年 5 月参股组建北京高安屯生活垃圾焚烧有限公司（项目公司），属于中外合资企业，对北京高安屯生活垃圾焚烧厂项目进行投资、建设、运营，合资经营期限为 50 年。

北京高安屯垃圾焚烧厂建成后为北京 2008 年奥运会提供市政及环保基础设施配套服务。该项目可研批复总投资 7.5 亿元人民币，项目资本金 2.5 亿元，由企业投资。项目公司由美国金州控股集团有限公司、中国对外经济贸易信托投资有限公司、北京金州工程技术有限公司等股东按各自股份比例以现金入股，北京国朝国有资产运营有限公司以土地作价入股。除注册资本外，其他资金通过国内商业银行以项目融资形式贷款 5 亿元解决。

（三）国家的项目政策支持

（1）项目建成后，垃圾焚烧发电厂提供垃圾处理服务，并利用焚烧余热发电，政府支付垃圾处理费，并保证焚烧发电厂电力上网销售，投资者由此回收成本并获得合理回报。特许经营者和政府签订的《垃圾补贴协议》和《购售电协议》是项目成功运营的经济保障和利润来源，95 元/吨的垃圾补贴和 0.74 元/度的电价为项目提供了运行资金。特许经营期届满后，投资者按照协议规定，将垃圾焚烧发电厂的所有权和经营权无偿移交给政府。

（2）"协议照付"原则。"协议照付"原则是特许经营项目中重要的信用保证形式。在垃圾焚烧发电厂的运行期，政府或其授权机构必须按照《垃圾补贴协议》规定向垃圾焚烧发电厂提供垃圾和接受垃圾处理服务，并支付垃圾处理费；如果政府未能按照协议规定向垃圾焚烧发电厂提供垃圾，政府同样要按预先约定支付垃圾处理费。设置"最低（年）垃圾供应量"是实施"协议照付"原则的主要措施。

（3）政府将遵守"协议照付"原则，同时力求"物尽其用"，根据实际情况，合理规划垃圾处理设施。根据规划和有关协议，垃圾焚烧发电厂在一定区域内通常具有独占性。垃圾焚烧发电厂特许经营模式的独占性还表现为对同一区域内扩建或新建垃圾处理项目的种种优先权。

（4）据国家税务总局有关规定，垃圾处理企业可享受所得税方面的优惠政策。

（四）政府监管措施①

在高安屯垃圾焚烧厂项目通过环境保护验收后，为确保各项污染物长期稳定达标排放，保证周边地区环境安全、社会稳定，北京市朝阳区环保局按照国家环保部的要求，采取 6 项措施，加大对北京高安屯垃圾焚烧厂的监管力度：

①加强日常监管监测。加强焚烧炉运行状况及污染物治理设施运行状况监督，督促企业落实污染物治理措施和污染物达标排放。②依法开展排污申报登记工作。落实排污申报登记制度，准确申报污染物排放量，依法征收排污费，督促企业稳定达标。③实时在线监控污染物排放状况。接驳高安屯垃圾焚烧厂烟气连续在线监测系统，对接收到数据进行分析，对焚烧工况和污染物治理设施运行情况进行实时监控。④改善居民生活环境，做好社会维护稳定工作。发挥属地管理职能，密切关注周边群众的反映，依法处理相关环境信访案件。⑤提高企业自律意识。督促高安屯垃圾焚烧厂建立企业环境监督员制度，通过强化企业内部管理，从源头保障设施正常运行，稳定达标，减少污染物排放。⑥加强联合执法，建立联动机制。与区市政市容委、朝阳循环经济产业园管理中心建立联合监管机制，及时沟通情况，共享管理资源，形成齐抓共管良好局面。

（五）案例分析

北京高安屯垃圾焚烧厂特许经营项目的成功主要归因于如下几点：

（1）项目实施前，政府相关监管机构做了大量的项目准备工作。包括现有垃圾量的调查和科学预测，调整可行性研究报告等等。

（2）政府政策支持对高安屯垃圾焚烧厂特许经营项目的成功非常重要。包

---

① 资料来源：朝阳区环保局. 区环保局强化高安屯垃圾焚烧厂环境监管. 2010-09-02. http：//www.bjchy.gov.cn/affair/gysy/8a24f09a294a323b012ad06e99212265.html.

括政府支付垃圾处理费，保证焚烧发电厂电力上网销售，按照"协议照付"原则设置"最低（年）垃圾供应量"等等。

（3）项目建设运营期间的政府监管对于项目成功也非常关键。为确保垃圾焚烧厂各项污染物长期稳定达标排放，北京市朝阳区环保局采取了6项监管措施，确保了各项污染物长期稳定达标排放。

案例二　佛山市高明垃圾填埋场特许经营项目及其监管[①]

（一）特许经营制度实施的概况

2004年，佛山市城镇生活垃圾无害化处理率仅为31.4%，佛山市政府提出垃圾无害化处理率必须达到80%以上。为此，佛山市政府采用BOT模式建设和运营高明苗村白石坳生活垃圾卫生填埋场（以下简称"高明垃圾填埋场"）。

高明垃圾填埋场（一期工程）占地约1433亩，总库容为2398万立方米，总投资约5.6亿元，设计处理能力2000吨/日。该垃圾填埋场完全按照BOT（建设—运营—移交）模式进行建设和运营。2005年10月投入试运行，特许经营期为30年，政府按每吨垃圾支付垃圾处理费。该垃圾处理场是广东省较早并且较为成功的BOT模式运作例子之一。

（二）特许经营制度实施的监管

佛山市公用局按照佛山市政府的要求，经过反复调研论证，大胆提出采用公开招标的方式选择具有垃圾处理管理经验的中介机构对苗村填埋场实施日常运营过程中技术及环保层面监管，政府则着重从法律法规和政策层面上进行宏观管理的设想。

2007年12月，佛山市公用局率先在全国进行填埋场监管服务的政府采购，对应标单位的要求主要包括：应标单位对填埋场的建设和运营进行全面的监管，

---

① 参见：佛山市公用事业管理局. 佛山市以BOT模式建设和运营高明苗村垃圾填埋场的做法和经验. 环卫科技网. http://www.cn—hw.net/html/32/200711/4901.html.

包括施工组织管理，运营监管，环境监测，安全应急，经济、技术及法律支持等各方面工作；应标方所组建的监管组负责人必须具有大学本科或以上学历且具备卫生垃圾填埋场的运营管理经验；监管组成员须具有大学专科或以上学历且具备公用事业特许经营项目的法律、财务、技术和经济方面经验；监管组成员一经确定未经业主许可不得更换，监管组负责人不允许更换，否则须赔付合同金额的50％给业主；监管组每月10日前向业主提供月度监管报告，于下年度第1月提供上年度《年度监管报告》。

在"公开、公正、公平"的原则下，经过法定程序，广州恒发环境科技公司和广州市环境卫生研究所的联合体最终中标，成为代表政府方进驻苗村填埋场实施现场监管的专业机构，在全国首开先河，开始了中国垃圾填埋场专业化监管的新实践。自2008年3月由中标单位组成的监管组正式进驻填埋场开展监管工作以来，严格依据有关法律法规和《特许经营协议》等法律文件，结合填埋场实际，制定监管程序、监管标准、监管措施和应急预案，明确监管机构和人员的职责范围，初步形成一套完整的监管条例实施专业化监管，为政府对填埋场的管理提供法律服务和技术支撑。

根据特许经营权协议，佛山市政府制定了与运营商经济挂钩的《运营监管手册》，实行分项评分制度，即检查不达标的项目，扣除分数，相应扣减垃圾处理运营费。主要包括：①现场巡查。监管组每月根据《监管手册》中的环境保护、运营技术标准和指标等六个方面共21项进行打分考核评价和监管。同时，每日对现场运营和建设项目进行巡查，巡查点覆盖全场，如发现营运公司有不符合中国有关法律、法规的要求或《特许经营权协议》的规定时，根据《监管手册》向营运公司提出纠正、改进要求并监督其改进或采取补救措施的落实情况，同时将处理结果写进当月监管月报或单独以书面形式向公用局报告。如在此过程中发现营运公司未按要求做出相应改进或采取补救措施，监管组则根据《特许权协议》的规定，向公用局提出采取进一步措施的建议，并根据公用局的指示采取下一步行动。②技术咨询。监管组根据公用局的要求对营运公司所发函件提供技术咨询，编写相关的书面报告和建议提交给公用局参考。③法律咨询。监管组与专业律师事务所合作，通过对《特许权协议》的认真研读，结合填埋场项目的实际，提出了多项法律建议，并主动对合同法律风险进行了分析，专门提出了风险控制方法和预案，平时也对日常的法律事务提供有力的支持。监管组根据《特许权协议》、《垃圾处理协议》、《监管手册》及相关国家条例、规范提示公用局行使相应的权利和义务，并编制相关的书面报告、通知和建议，提交给公用局批准和备案。监管组除按要求对威立雅公司的建设和运营履行全面的监管职责外，还根据公用局需要，对垃圾运输车辆情况及场区周边环境进行每月两次的抽样调查，尽可能地减少因垃圾水滴漏、垃圾洒漏、垃圾车行驶超速所造成的对填埋场周边环境的影响，确保填埋场的正常运行。

特许经营后一年半的监管工作实践表明，监管组有效配合政府方面的工作，高明垃圾填埋场运行朝着好的方向进一步发展。该监管模式的实践初步显示出以下优点：政府可以从具体繁杂的监管业务中解脱出来，有利于集中力量实现强化宏观调控、政策导向等政府职能；监管组在运营商和政府之间建立反馈及时、信息共享的沟通平台，对运营商提出的实际问题及时予以解决；对日常运营的各项指标及时督促检查，有利于提高日常监管的效率；监管组的专业化功能，能有效实现监管目标，对运营商提出的各种计划和问题进行科学分析和提出处理建议，有利于保障政府决策的科学性，取得更好的社会效益、环保效益和经济效益。

（三）特许经营制度推行的效果

高明垃圾填埋场从 2005 年 10 月 1 日开始试运行以来，已取得了明显效果：一方面，环境效益显著。由于严格按照国家卫生填埋场标准进行建设和运营，高明垃圾填埋场的各项环境监测指标均达标。该填埋场运营后，佛山市关闭了五个区的 25 个简易垃圾处理场（厂），大部分垃圾运往苗村填埋场处理，解决了垃圾出路。另一方面，经济效益可观。①采用 BOT 方式建设、运营垃圾填埋场缓解了政府投资过程资金不足的困难，既避免了政府的债务风险，又能尽快地解决垃圾处理的问题。从长远来看，因为填埋场捆绑了运营商的利益，使他们严格按规定技术标准操作运营，尽量提高填埋密实度，以增加填埋场的库容。

②严格的管理和规范的作业为填埋气的利用提供了有利条件，可利用清洁能源机制开发填埋场沼气发电项目。若按每天处理 1500 吨垃圾来计算，每吨垃圾可以产气 168 立方米，产气寿命可达到 12.5 年，按填埋气平均回收率 75％计算，每年产气 6900 万立方米，可发电约 7400 万度，除供给苗村填埋场自用外，还可上网卖电，收入按六四分成，这样政府以沼气作为投入，获得 60％的利润分成。高明垃圾填埋场的实践已经证明，BOT 模式一方面可以有效地规范政府部门的行为，提高垃圾处理项目管理水平，另一方面可以通过市场化的运作方式，加快城市公用设施建设的步伐，造福于民。

（四）案例分析

城市垃圾处理特许经营项目实施后如何有效监管是目前各地政府监管部门深化城市公用事业改革中遇到的一个共同话题，也是一个共同难题。目前在很多城市或地方，由于政府监管部门在垃圾处理的专业技术人员以及熟悉经济、财务、法律、环保等综合知识的人才方面比较缺乏，在监管方面人才和技术更显不足，政府监管机构对城市垃圾处理特许经营项目的监管仍然处于弱势。因此，尽快适应这种高标准的运营监管，配备专业技术人才，建立有效的监管机制，行使政府对特许经营协议的监管责任是政府监管机构面对的迫切问题。佛山市采用公开招标的方式，选择具有垃圾处理管理经验的中介机构对苗村填埋场实施日常运营中技术及环保层面的第三方监管，这是一个大胆的监管创新，实践证明也取得了理想的效果。

案例三　黄山市垃圾处理场特许经营项目及其监管①

黄山市为进一步加快创建国际旅游城市和国家环境保护模范城市的进程，

---

① 资料来源：黄山市垃圾填埋场初步设计. 环卫科技网，2010-09. http://www.cn－hw.net/html/51/201009/18454.html.

广泛吸收社会资本进入黄山市垃圾处理领域，确保黄山市垃圾处理场能够正常运营，并实现垃圾处理场运营成本的最低化，根据《国家计委、建设部、国家环保总局关于推进城市污水、垃圾处理产业化发展的意见》（计投〔2002〕1591号）精神，就黄山市垃圾处理场特许经营权转让的相关问题提出如下实施方案（修改稿）。

（一）黄山市垃圾处理场的基本情况及现状

黄山市垃圾处理工程被列为省"861"和市"443"行动计划，是国家预算内的补助项目（国债），亚洲开发银行长江流域酸雨治理项目。该场选址于黄山市徽州区岩寺镇里石亭的废弃煤矿中，是一所区域性垃圾处理场，占地415亩，于2004年8月正式开工建设，一期填埋库容72万立方米，将集中处理屯溪区、徽州区、休宁县、黄山风景区的生活垃圾，日处理量有望达200吨（暂定），使用年限为14年。二期填埋库容621万立方米，集中处理歙县及周边14个集镇农村生活垃圾，使用年限为32年。黄山市垃圾处理场采用国际先进的改良型厌氧式卫生填埋工艺，渗沥液处理经国际招标后确定为生化加滤膜工艺，填埋区域的底部设置有防渗垫层HDPE膜、导气石笼，用于收集渗滤液和沼气，渗滤液处理达到一级水质标准后排放，各项指标均属国内、省内最先进工艺。

目前，垃圾处理场主体工程已全部完成，填埋场到黄山市经济开发区640米的进场道路已竣工，垃圾场渗沥液处理工程已基本完工。

（二）黄山市垃圾处理场特许经营的方式

黄山市垃圾处理产业化（经营权转让）将采用TOT的模式，即移交—运营—移交，由市政府对已建成的垃圾处理场在资产评估的基础上通过公开招标向具备相关资格的社会投资者出租资产和转让特许经营权，投资者在租得设施并取得特许经营权后组建项目公司，项目公司在协议期内拥有并运营和维护该设施，该公司通过物价部门测算的每吨垃圾收费标准，再由政府组织专门机构征收垃圾处理费，该收费来源作为项目公司的投资回报。待协议期满后，投资者将运行良好的设施无偿移交给政府。

（三）采用 TOT 模式实施特许经营权转让的必要性和目标

（1）改变原垃圾处理事业由政府投资、政府或国有企业经营的单一模式，通过转换经营机制和加强政府监管，提高黄山市垃圾处理运营效率，减轻政府的财政负担，维持垃圾处理场的正常运营，提高垃圾处理场的服务质量。

（2）通过转让政府在垃圾处理企业中的经营权、引入国内外有实力有经验的投资人参与城市垃圾处理事业，实现黄山市城市垃圾处理市场化和投资主体多元化。

（3）通过对城市垃圾处理市场的管理体制进行改革，规范运作城市垃圾处理市场化项目并辅以适当的宣传手段，可以树立黄山市的良好形象，提高黄山市作为国际旅游城市的知名度和影响力，增强其对国内外资本的吸引力，促进当地经济的发展。

（四）特许经营权获得方和授予方可享受到的经济效益

（1）黄山市物价部门核定的每吨垃圾处理成本在 40～60 元之间，是国家核定的下限，且新建成的垃圾处理场没有建设风险和老企业留下来的后遗症，因此投资企业如能科学管理，将有很大的利润空间。

（2）在运营期内，投资企业可以根据实际情况，在不影响垃圾无害化处理的情况下，自行建设垃圾分拣设施，对于分拣出的可回收的资源归投资企业所有。

（3）政府通过转让黄山市垃圾处理场经营权，获得转让收入，但亚行贷款 2500 万元及国债 1000 万元仍由政府承担。（备注：亚行贷款和国债只有符合相关规定才能转移给民营企业。因此经营权利转让后其债务债权仍由市政府通过垃圾处理收费来承担。）

（4）特许经营期内，在不影响渗沥液处理效果并经环保部门许可，项目公司可从处理工业废水中获取利润。

（5）政府拥有垃圾处理场新科研项目的受益权。

（五）特许经营转让的内容

1. 特许经营权转让的政策依据

黄山市垃圾处理场特许经营转让的政策依据有：

（1）《中华人民共和国经济和社会发展第十一个五年规划纲要》；

（2）《国务院批转建设部等部门关于解决我国城市生活垃圾问题几点意见的通知》（国发〔1992〕39 号）；

（3）国家计委、原建设部、国家环保总局《关于印发推进城市污水、垃圾处理产业化发展意见的通知》（计投资〔2002〕1591 号）；

（4）中华人民共和国建设部第 126 号令《市政公用事业特许经营管理方法》（2004 年 5 月 1 日起施行）；

（5）安徽省计划委员会《关于〈黄山市垃圾处理工程可行性研究报告的批复〉》（计投资〔2003〕551 号）；

（6）市政府领导对市市容局《关于黄山市垃圾处理场特许经营权实行 TOT 模式的请示》（黄城管执法〔2006〕42 号）的批示意见中明确提出"原则同意采取公开方式转让特许经营权"。

2. 特许经营权转让的范围

特许经营期限及范围：黄山市垃圾处理特许经营权在黄山市范围内有效。特许经营期限设暂定为 14 年（以一期工程封场为期限）。特许经营的企业拥有垃圾处理场二期工程建设、经营的优先权。

特许经营权获得方所接收的资产仅限于黄山市垃圾处理场场区之内（以地磅站入口开始）所有的设施，主要包括土地、建构筑物、机械设备、道路、存货等，含国债补助部分 1100 万元。

3. 相关资产的权属处置

场区占用的土地仍保留划拨方式，由特许经营权获得方使用，不缴纳土地使用税费。未经政府批准，不得将该土地用于特许经营范围以外的其他项目建设或用途，不得转租、转让、抵押。具体事宜双方在转让协议中明确。

垃圾处理场的设施归黄山市政府所有。在特许经营期限内，特许经营权获得方有限拥有管理权、使用权、经营权、收益权和维护权，不得将设施出租、抵押。设备更新严格按照协议规定实施，项目公司不得擅自改变设备的权属关系。在特许经营期间，场区内垃圾处理设施的后续投资建设以及设备更新由特许经营权获得方承担，并在交付转让费的同时向政府递交维修保函；待特许经营期满时，需将各种设施完好无偿地交还给市政府。

4. 特许经营企业的资格要求

投资企业必须拥有垃圾处理专业及其他相关专业资质；注册资本不低于承包设施年运行总成本的50%；拥有相应的管理和技术人员。

5. 特许经营企业提供服务水平的标准

按照原建设部《城市生活垃圾卫生填埋场运行维护技术规程》CJJ 93—2003、J 252—2003，《生活垃圾卫生填埋技术规范》CJJ 17—2004、J 302—2004，《生活垃圾填埋场无害化评价标准》CJJ/T 107—2005 以及国家、省、市制定的生活垃圾无害化处理标准执行。

6. 特许经营收费价格的确认、调整和控制

特许经营权转让初始阶段保底垃圾处理量按200吨/天计算（暂定），并在此基础上以每年不低于2.5%的增长率递增。进场垃圾量不足保底垃圾处理量时，以保底垃圾处理量计算；当垃圾处理量高于保底垃圾量时，以实际进场量计算。初始阶段收费按照45元/吨收取，在特许经营期内根据通货膨胀率、经济增长率、电费上涨率、水费上涨率、油料价格上涨率等调整收费标准，并通过召开收费协调会方式确定，收费协调会每两年召开一次。

垃圾处理费由黄山市政府委托市市容局根据每月实际处理量计算并按月支付给特许经营权获得方。其计算方法为：月垃圾处理费＝月垃圾处理量（吨）×每吨垃圾处理价。因此，市政府第一年须支付给项目公司垃圾处理费预计约为324万元（暂定，以后每年按垃圾处理量增长情况递增）。价格调整办法由双方在特许经营转让协议中约定。

7. 特许经营的支付形式和支付保证

黄山市财政局每月将垃圾处理费支付给项目公司，以保证垃圾处理场正常

运营。

为保证市财政能按时足额支付项目公司垃圾处理费，黄山市财政应建立垃圾处理费的专项资金。垃圾处理费的资金来源主要是市政府、休宁县政府、徽州区政府、风景区管委会垃圾处理专项款及用户缴纳的垃圾费。该项费用应该专款专用，按时足额拨付。

8. 特许经营权的延长、转让、终止

特许经营权的延长、转让、终止可参照《城市生活垃圾特许经营协议示范文本》执行。双方可在特许经营转让协议中约定。

9. 特许经营权出让方与受让方的权利和义务

出让方的权利：①特许经营权获得方应允许监督机构随时进入企业进行检查监督；②项目公司违背协议的约定，政府有权发出终止意向的通知；③项目公司在特许经营期有不当行为时，政府有权终止协议或取消其特许经营权。

出让方的义务：①政府须创造条件，为项目公司提供配套优惠政策，并保证国家和市政府对垃圾处理行业的优惠政策能够落实到位；②在经营权转让的初期，政府或指定代理人收取垃圾处理费，必须按协议约定支付给受让方，如果投资回报率（垃圾处理费）达不到招标应付费用，由市政府两级财政解决；③在运营期间内，政府应协调相关部门向项目公司提供安全保障；④项目公司在承担政府公益性指令任务造成经济损失的，政府有相应的补偿责任。

受让方的权利：①项目公司在承担政府公益性指令任务造成经济损失的，有获得补偿的权利；②项目公司在运营期间，根据双方商定，可以向政府申请垃圾处理场范围内的公共安全保障。

受让方的义务：①遵守有关安全生产的相关法律、法规，制定相关管理办法；②组织安全生产运行，确保人员、设施和环境安全，避免有毒有害物质泄漏，尽可能减少污水、气味对环境的影响；③在特许经营期限内不得擅自停业、歇业；④特许经营权获得方不得设置任何障碍阻拦监督部门进场进行检查监督，并且要提供便利条件积极配合监督部门，运营期限内接受主管部门的监督检查。

双方权利义务可在特许经营转让协议中约定。

（六）特许经营权的管理

1. 转让途径

由市政府对已建成的垃圾处理场在资产评估的基础上经市级相关部门推荐的产权交易中心公开招标，向具备相关资格的社会投资者出租资产和转让特许经营权，投资者在租得设施并取得特许经营权后组建项目公司，实施转让后的组织管理工作。

2. 协议的签订和履行

（1）特许经营转让协议的签订

由黄山市政府授权市市容局与通过招标选定并经政府批准的特许经营权获得方签订特许经营转让协议。特许经营转让协议内容应当符法律法规的规定。

在特许经营转让协议签订的同时，特许经营权获得方应向黄山市市容局提交履约保函。该函直至特许经营权获得方全额支付特许经营授让款后才可撤销。

（2）特许经营转让协议的履行

在特许经营转让协议上签字的双方，应严格按照协议规定的条款履行各自的义务。任何一方违约，要向守约方负违约责任。若一方违约，另一方可向违约方发出通知，要求在规定的期限内予以纠正。限期内不予纠正，守约方有权终止协议。

在协议履行过程中，双方如果发生争议，首先由本辖区的仲裁双方派员设立的运营协调委员会进行协商解决，或由专家小组调解。协商调解不成，双方可提交本辖区内仲裁委员会进行仲裁。仲裁不成，双方可向当地法院提起诉讼。

（3）资产的移交及移交费用的承担

黄山市市容局组织垃圾处理场筹建处人员按特许经营协议规定的时间和方式向特许经营权获得方组建的经营企业移交资产，并办理交接手续。移交的全部资产应在资产清单中写明资产的型号（规格）、数量、完好状况等。资产清单一式四份，由交接双方代表签字确认后，双方各持两份。资产移交过程不得影响垃圾处理场正常运行。移交期间所产生的费用由双方按照协议的规定各自承担。

（4）特许经营期限内的监督服务

黄山市市容局下设调度中心，经授权代表黄山市政府对特许经营权获得方及组建的项目公司履行特许经营协议情况实施监督和服务。

调度中心对特许经营实施监督的具体方法及服务内容，在黄山市市容局与特许经营权获得方共同签订的书面协议中规定。该协议应作为特许经营协议的附件，与特许经营协议具有同等法律效力。

监督服务所产生的费用由双方按照协议的规定各自承担。

（5）特许经营期满后的接收工作

特许经营期满前12个月，由黄山市市容局与特许经营权获得方共同组成移交委员会，办理交接事宜。交接前，特许经营权获得方应完成恢复性大修计划。

黄山市市政府授权黄山市市容局组建接收企业。接收企业通过调度中心了解、熟悉垃圾处理场的情况，组建接收组。

接收组以特许经营开始时的交接清单为基础，结合调度中心提出的特许经营期间所有的更新、改造项目的有关资产变化清单，生产设备、设施的型号（规格）、数量、状况和备件库存，供应商、承包商、制造商的担保和保证，设备更新维护测试的各种记录以及所有图纸资料进行核实，并对发现的问题做出明确记录，登记在册，经双方代表在交接清单上签字后通过媒体向社会公示，接收垃圾处理场资产。特许经营权获得方在移交设施后12个月内仍应承担设施非正常损坏的保修责任，到期后方能撤销维修保函。接收企业签字接收前，特许经营企业要负责垃圾处理场的正常运行。签字接收后则由接收企业负责。

资产移交时，对特许经营权获得方在特许经营期间发生的各项债务，由其自行承担。

（七）工作流程

1. 成立领导组

为了加快经营权转让的进程，明确工作责任，加强对工作的领导，成立由分管副市长任组长的领导组，成员有市市容局、市财政局、市法制办、徽州区政府、休宁县政府、黄山风景区管委会、市公安局、市环保局等单位负责人。领导组下设办公室，设在市市容局。

2. 调查摸底

摸清黄山市垃圾场转让资产的详细清单、折旧年限、资产价，聘请中介机构进行资产评估，以确定转让产权的价值。

摸清各类负债的期限、迄止日期、利率、清偿情况。

3. 组织实施

将实施方案报市政府审批通过后，组织实施垃圾处理场经营权转让工作。国有产权转让将进入市级相关部门推荐的产权交易中心进行。在实施阶段完成寻找有实力的战略投资人、出资受让产权、组建项目公司以及完善新企业的组织管理等工作。

（八）其他事项

本实施方案中未尽事宜转让，受让双方可在特许经营权转让实施过程中参照建设部《城市生活垃圾特许经营协议示范文本》执行。

（九）案例分析

本案例详细介绍了黄山市垃圾处理场特许经营项目实施的基本情况和政府监督管理的主要内容，对我们具有一定的启发和借鉴意义。黄山市垃圾处理场采取公开招标方式转让特许经营权（即移交－运营－移交，TOT 模式），由黄山市政府在对已建成的垃圾处理场进行资产评估的基础上通过公开招标向具备资格的社会投资者转让特许经营权，投资者在取得特许经营权后组建项目公司，项目公司在合同期内拥有并运营和维护垃圾处理设施，以获得的垃圾处理费作为项目公司的投资回报。合同期满后，项目公司将运行良好的垃圾处理设施无偿移交给政府。黄山市垃圾处理场的特许经营权转让项目（TOT）在提高管理和技术水平、提高运营效率、引入社会资本、转变政府职能、促进国有企业改革等方面具有积极的社会意义。

参 考 文 献

[1] 白艳娟. 我国市政公用事业特许经营障碍及其对策分析. 经济与管理研究，2010，（2）.

[2] 陈诚，杜凌坤. 市政公用事业特许经营中的政府责任研究. 法制与社会，2008，（9）.

[3] 陈明，胡雪芹. 城市公用事业特许经营中的政府监管研究. 现代管理科学，2010，（10）.

[4] 陈明. 中国城市公用事业民营化研究. 北京：中国经济出版社，2009.

[5] 陈蓁蓁. 市政公用事业特许经营制度的主要内容. 城市燃气，2004，（6）.

[6] 仇保兴，王俊豪等. 市政公用事业监管体制与激励性监管政策研究. 北京：中国社会科学出版社，2009.

[7] 大岳咨询公司. 公用事业特许经营与产业化运作. 北京：机械工业出版社，2004.

[8] 丹尼尔·F·史普博. 管制与市场. 余晖等译. 上海：上海三联书店，1999.

[9] 丹尼斯·C·缪勒. 公共选择理论. 杨春学等译. 北京：中国社会科学出版社，1999.

[10] 道格拉斯·C·诺思. 制度、制度变迁与经济绩效. 杭行译. 上海：上海三联书店，1994.

[11] 邓敏贞. 论公用事业特许经营中的政府责任. 山东社会科学，2010，（9）.

[12] 范子龙. 公用事业价格监管机制的优化与完善. 经济研究导刊，2011，（29）.

[13] 冯云廷. 城市公共服务体制：理论探索与实践. 北京：中国财政经济出版社，2004.

[14] 傅涛. 中国城市水业改革实践与案例. 北京：中国建筑工业出版社，2006.

[15] 黄瑞. 关于BOT项目投资者或经营者招标的法律问题. 中国招标投标，2009，2(3).

[16] 姜润宇. 城市燃气：欧盟的管理体制和中国的改革. 北京：中国市场出版社，2006.

[17] 剧锦文. 非国有经济进入垄断产业研究. 北京：经济管理出版社，2009.

[18] 卡罗尔·哈洛，理查德·罗林斯. 法律与行政. 杨伟东等译. 北京：商务印书馆，2005.

[19] 李青. 自然垄断行业管制改革比较研究. 北京：经济管理出版社，2010.

[20] 刘成云. 我国市政公用事业价格监管的问题与对策. 中国物价，2013，（5）.

[21] 刘戒骄. 公用事业：竞争、民营与监管. 北京：经济管理出版社，2007.

[22] 刘霞，郝前进．我国城市水业特许经营问题探讨．东南学术，2009，(5)．

[23] 刘晓君．城市污水资源化特许经营项目的政府监管．水利经济，2006，(3)．

[24] 卢洪友．中国城市公共事业经营管制机制研究．北京：经济管理出版社，2007．

[25] 吕振宇．公共物品供给与竞争嵌入．北京：经济科学出版社，2010．

[26] 秦虹．城市建设融资．北京：中国发展出版社，2007．

[27] 天则公用事业研究中心．法国城市公用事业特许经营制度及启示．国外城市规划，2004，(5)．

[28] 王建明，李少林．城市垃圾处理行业民营化改革实践研究——现状、特征和管制政策．价格月刊，2011，(7)．

[29] 王俊豪，周小梅．中国自然垄断产业民营化改革与政府管制政策．北京：经济管理出版社，2004．

[30] 王俊豪．特许投标理论及其应用．数量经济技术经济研究，2003，(1)．

[31] 王俊豪．政府管制经济学导论：基本理论及其在政府管制实践中的应用．北京：商务印书馆，2001．

[32] 王俊豪等．深化中国垄断行业改革研究．北京：中国社会科学出版社，2010．

[33] 王俊豪．中国城市公用事业民营化绩效评价与管制政策研究．北京：中国社会科学出版社，2013．

[34] 王丽娅．民间资本投资基础设施领域研究．北京：中国经济出版社，2006．

[35] 王连山．特许经营——我国城市公用企业改革的现实选择．财政研究．2004，(11)．

[36] 王浦劬等．政府向社会组织购买公共服务研究：中国与全球经验分析．北京：北京大学出版社，2009．

[37] 王守清，柯永建．特许经营项目融资(BOT、PFI和PPP)．北京：清华大学出版社，2008．

[38] 王树文．我国公共服务市场化改革与政府管制创新．北京：人民出版社，2013．

[39] 吴海西，戴大双．基础设施项目与BOT模式的匹配方法．北京：经济科学出版社，2012．

[40] 伍佰洲，郑边江．城市基础设施投融资制度演变与创新．北京：知识产权出版社，2006．

[41] 邢恩深．基础设施建设项目投融资操作实务．上海：同济大学出版社，2005．

[42] 徐宗威．法国城市公用事业特许经营制度及启示．城市发展研究，2001，(4)．

[43] 徐宗威．公权市场．北京：机械工业出版社，2009．

[44] 闫海，宋欣．公用事业特许经营的政府监管研究．理论与现代化，2011，(3)．

[45] 闫海. 普遍服务的法理与制度——发展权视域下的重构//李昌麒. 经济法论坛(第4卷). 北京：群众出版社，2006.

[46] 杨松. 北京市政公用事业特许经营制度创新研究. 北京：知识产权出版社，2012.

[47] 余润中，朱红. 公共品特许经营的历史演进. 北京：城市管理，2004，(4).

[48] 袁家楠，郑淑君. 水务特许经营项目招投标实务. 北京：化学工业出版社，2006.

[49] 张文洋. 垄断性资源开发项目业主招标制度的完善. 发展研究，2008，(1).

[50] 张昕竹. 中国规制与竞争：理论与政策. 北京：社会科学文献出版社，2000.

[51] 章志远，黄娟. 公用事业特许经营市场退出法律制度研究. 学习论坛，2011，(6).

[52] 章志远，李明超. 公用事业特许经营中的临时接管制度研究——从"首例政府临时接管特许经营权案"切入. 行政法学研究，2010，(6).

[53] 章志远，朱志杰. 我国公用事业特许经营制度运作之评估与展望——基于40起典型事例的考察. 行政法学研究，2011，(2).

[54] (日)植草益. 微观规制经济学. 朱绍文等译校. 北京：中国发展出版社，1992.

[55] 周建亮. 城市基础设施民营化的政府监管. 上海：同济大学出版社，2010.

[56] 周林军等. 中国公用事业改革：从理论到实践. 北京：知识产权出版社，2009.

[57] 周望军，朱明龙，刘刚. 公用事业价格监管问题研究. 中国物价. 2006，(11).

[58] 周耀东. 中国公用事业管制改革研究. 上海：上海人民出版社，2005.

[59] 周义程. 公共事业竞争性招投标型特许经营的困境及其排解. 探索，2012，(4).

[60] Armstrong M. , S. Cowan, J. Vickers. Regulatory Reform：Economic Analysis and British Experience. Cambridge：The MIT Press，1994.

[61] Averch H. , L. Johnson. Behavior of the Firm under Regulatory Constraint. American Economic Review，1962，52：1052-1069.

[62] Bailey E. E. , W. J. Baumol. Deregulation and the Theory of Contestable Markets. Yale Journal on Regulation，1984，1：111-137.

[63] Barmack Matthew, Edward Kahn, et al. A Cost-Benefit Assessment of Wholesale Electricity Restructuring and Competition in New England. Journal of Regulatory Economics，2007，31：151-184.

[64] Baumol W. J. On the Proper Cost Test for Natural Monopoly in a Multiproduct Industry. American Economic Review，1977，67：809-822.

［65］ Baumol William J. , John C. Panzar, Robert D. Willig. Contestable Markets and the Theory of Industry Structure. New York: Harcourt Brace Jovanovich, 1982.

［66］ Beesley M. E. , S. C. Littlechild. The Regulation of Privatized Monopolies in the United Kingdom. RAND Journal of Economics, 1989, 20(3): 454-472.

［67］ Beesley M. Regulating Utilities: A Time for Change? London: Institute of Economic Affairs, 1996.

［68］ Besanko D. , D. M. Sappington. Designing Regulatory Policy with Limited Information. Chur, Switzerland: Harwood Academic Publishers, 1987.

［69］ Bishop M. , J. Kay, C. Mayer. Privatization & Economic Performance. Oxford: Oxford University Press, 1994.

［70］ Bishop M. , J. Kay, C. Mayer. The Regulatory Challenge. Oxford: Oxford University Press, 1995.

［71］ Boycko A. S. , R. Vishny. A theory of Privatization. Economic Journal, 1996, 106: 309-319.

［72］ Burki Abid A. , Ghulam Shabbir Khan Niazi. The Effects of Privatization, Competition and Regulation on Banking Efficiency in Pakistan//Chancellors Conference Centre, University of Manchester. Conference on Regulatory Impact Assessment: Strengthening Regulation Policy and Practice, 1991-2000.

［73］ Chone Philippe, Laurent Flochel, et al. Allocating and Funding Universal Service Obligations in a Competitive Market. International Journal of Industrial Organization , 2000, 1: 1247-1276.

［74］ Clark J. M. Towards a Concept of Workable Competition. American Economic Review, 1940, 30: 241-256.

［75］ Cowan Simon. Price-Cap Regulation. Swedish Economic Policy Review, 2002, 9: 167-188.

［76］ Crandall Robert W. , Leonard Waverman. Who Pays for Universal Service? Washington, D. C. : Brooking Institution Press, 2000.

［77］ Crew M. A. , P. R. Kleindorfer, The Economics of Public Utility Regulation. London: Macmillan, 1986.

［78］ Demsetz Harold. Why Regulate Utilities. Journal of Law and Economics , 1968, 11:

55-65.

[79] Derthick M. , P. J. Quirk. The Politics of Deregulation. Washington, D. C. : Brookings Institution, 1985.

[80] Dieter H. , T. Jenkinson. The Assessment: Introducing Competition into Regulated Industry, Oxford Review of Economic Policy, 1997, 13: 1-14.

[81] Foster C. D. Privatization, Public Ownership and the Regulation of Natural Monopoly. Oxford: Blackwell, 1992.

[82] Goel Rajeev K. Price-Cap Regulation and Uncertain Technical Change. Applied Economics Letters, 2000, 7: 739-742.

[83] Gormley W. F. The Politics of Public Utility Regulation. Pittsburgh: University of Pittsburgh Press, 1983.

[84] Graeme A. Hodge. Privatization: An International Review of Performance. Westview Press, 2000.

[85] Green R. J. , D. M. Newbery. Competition in the British Electricity Spot Market, Journal of Political Economy, 1992, 100: 929-953.

[86] Gupta Asha. Beyond Privatization. London: Macmillan Press LTD, 2000.

[87] Hemming R. , A. M. Mansoor. Privatization and Public Enterprises. Washington, D. C. : International Monetary Fund, 1988.

[88] Hemphill Ross C. , Mark E. Meitzen, et al. Incentive Regulation in Network Industries: Experience and Prospects in the U. S. Telecommunications, Electricity, and Natural Gas Industries. Review of Network Economics , 2003, 2(4): 316-337.

[89] Henney A. Privatize Power: Restructuring the Electricity Supply Industry. London: Centre for Policy Studies, 1987.

[90] Hodge Graeme A. Privatization: An International Review of Performance. Westview Press, 2000.

[91] Jacobzone S. , C. Choi, C. Miguet. Indicators of Regulatory Management Systems, OECD Working Papers on Public Governance. OECD Publishing, 2007.

[92] Kagami M. M. Privatization, Deregulation and Economic Efficiency. Cheltenham: Edward Elgar Publishing Limited, 2000.

［93］ Kay J. A. , C. Mayer, D. Thompson, Privatization and Regulation: The U. K. Experience. Oxford: Oxford University Press, 1968.

［94］ Kessides Christine. Institutional Options for the Provision of Infrastructure. Washington, D. C: World Bank Discussion Papers, 1993, October 1.

［95］ Kirkpatrick Colin, David Parker. Regulatory Impact Assessment: Towards Better Regulation? Cheltenham, UK, Northampton, MA: Edward Elgar, 2007.

［96］ Lewis Tracy R. , David E. M. Sappington. Regulatory Opinions and Price-Cap Regulation. RAND Journal of Economics, 1989, 20(3): 405-416.

［97］ Littlechild S. Regulation of British Telecommunications Profitablity. London: HMSO, 1983.

［98］ Loube Robert. Price Cap Regulation: Problems and Solutions. Land Economics, 1995, 71 (3): 286-298.

［99］ Mirabel Francois, Jean-Christophe Poudou. Mechanisms of Funding for Universal Service Obligations: the Electricity Case. Energy Economics , 2004, 26: 801-823.

［100］ Mueller Milton L. , Jr. Universal Service: Competition, Interconnection, and Monopoly in the Making of the American Telephone System. Cambridge: The MIT Press, 1997.

［101］ Newbery D. M. Privatization, Restructuring and Regulation of Newwork Utilities. Massachusetts: The MIT Press, 1999.

［102］ OECD. Organization for Economic Cooperation and Development. Restructuring Public Utilities for Competition: Competition and Regulatory Reform, 2001.

［103］ Ordover Janusz, Russell W. Pittman, Paul S. Clyde. Competition Policy for Natural Monopolies in a Developing Market Economy. Antimonopoly Law Handbook, 2001.

［104］ PeltzmanS. , C. Winston. Deregulation of Network Industries: What's Next? Washington, D. C. : Brooking Institution Press, 2000.

［105］ Prajapati Trivedi. How to Implement Privatization Transactions: A Manual for Practitioners. Danbury, Rutledge Books, Inc, 2000.

［106］ Pryke R. The Comparative Performance of Public and Private Enterprise. Fiscal Studies, 1982, 3: 68-81.

［107］ Robinson C. Utility Regulation and Competition Policy. Glasgow: Edward Elgar Publishing

Limited，2002.

[108] Rohlfs Jeffrey H. Regulating Telecommunications: Lessons from U. S. price cap regulation. The World Bank Group: Public Policy for the Private sector，1996.

[109] Sharkey W. W. The Theory of Natural Monopoly. Cambridge: Cambridge University Press，1982.

[110] Shleifer A. A Theory of Yardstick Competition. Rand Journal of Economics，1985，16: 319-327.

[111] Sorana Valter. Auctions for Universal Service Subsidies. Journal of Regulatory Economics，2000，18: 33-58.

[112] Stigler George J. The Theory of Economic Regulation. Journal of Economics and Management Science ，1971，2(1): 3-21.

[113] Sugden R. Industrial Economic Regulation: A Framework and Exploration. London: Routledge，1993.

[114] Vickers J. S. , and G. K. Yarrow. Privatization: An Economic Analysis. Cambridge: The MIT Press，1988.

[115] Viscusi W. K. , J. M. Vernon, J. E. Harrington. Economics of Regulation and Antitrust，4th Edition. Massachusetts: The MIT Press，2005.

[116] Waterson M. Regulation of the Firm and Natural Monopoly. Oxford: Basil Blackwell，1988.

[117] Weizsacker, Ernst Ulrich von, Oran R. Yong, et al. Limits to Privatization : How to Avoid tooMuch of a Good Thing. London: Earthscan，2006.